ŽIVETI SLOBODNO

Nik Vujičić

Živeti slobodno

Inspiracija za iznenađujuće srećan život

Sa engleskog prevela
Biljana Kukoleča

Mono i Manjana
2012.

Naslov originala
Life Without Limits, Nick Vujicic
Copyright © 2010 by Nicholas James Vujicic
Objavljivanje ovog dela odobrio je Doubleday Religion, ogranak Crown Publishing
Group, koji pripada izdavačkoj kući Random House, Inc.
Sva prava zadržana.

Prava za srpsko izdanje © 2011 Mono i Manjana

Izdavač
Mono i Manjana

Za izdavača
Miroslav Josipović
Nenad Atanasković

Glavni i odgovorni urednik
Aleksandar Jerkov

Urednik
Milena Đorđijević

Prevod
Biljana Kukoleča

Lektura
Zorica Bačković

Kompjuterska priprema
Goran Grbić

CIP - Katalogizacija u publikaciji
Narodna biblioteka Srbije, Beograd

159.947.3
ВУЈИЧИЋ, Ник
Živeti slobodno : inspiracija za iznenađujuće srećan život / Nik Vujičić. - 2.
izd. - Beograd : Mono i Manjana, 2012 (Lazarevac : Elvod-print). - 241 str. ;
21 cm
- Izvori: str. 237-242.

ISBN 978-86-7804-817-3
COBISS.SR-ID 188633612

BOGU – Ocu, Sinu i Svetom Duhu.
Takođe, ovu knjigu želim da posvetim porodici
Tot iz San Dijega u Kaliforniji, jer nikada neću zaboraviti
da je Fil Tot položio kamen-temeljac moje vere u život.
Njegova predana vera u Jevanđelje začela je istu tu veru
i u meni.

SADRŽAJ

Uvod

Zovem se Nik Vujičić i imam dvadeset sedam godina. Rođen sam bez udova, ali to me ne ograničava. Putujem po svetu i hrabrim milione ljudi da, uz pomoć vere, nade i ljubavi, prevaziđu zlo koje im je sudbina nanela i nastave da se bore za ostvarenje svojih snova. U ovoj knjizi želim da podelim sa vama svoja iskustva u borbi protiv zle sudbine i u savladavanju prepreka, od kojih su neke tipične samo za moj slučaj, ali većina njih važi za sve nas. Cilj mi je da vam pomognem da savladate prepreke i izborite se sa sopstvenim životnim tegobama, kao i da pronađete svoj cilj i put do iznenađujuće srećnog života.

Često pomislimo da je život nepravedan. Teškoće i razne mučne životne okolnosti bacaju nas u očajanje i ispunjavaju sumnjom. No, u Bibliji piše: „Primite s radošću sva iskušenja na koja naiđete." To je prva životna lekcija s kojom sam se dugo borio, sve dok je nisam naučio. Kad sam je, najzad, savladao, shvatio sam da moje iskustvo može pomoći mnogima, da nam teškoće na koje nailazimo omogućavaju da otkrijemo ko smo zaista i šta nam je suđeno, i da deo iskustva možemo preneti drugima, tako da i oni imaju od njega neke koristi.

Moji roditelji su dobri hrišćani, a kada sam se rodio bez ruku i nogu, zapitali su se šta li je Bog imao na umu kad me je takvog stvorio. Prvo su pomislili da za nekoga kao ja nema nade ni budućnosti i da nikada neću voditi normalan i koristan život.

Međutim, moj današnji život daleko je nadmašio sve ono što su oni tada mogli da zamisle. Svakoga dana razgovaram s nepoznatim ljudima telefonom, preko elektronskih pisama, tekstualnih poruka i tvitera. Ljudi mi prilaze na aerodromima, u hotelima i restoranima, grle me i govore da sam, na neki način, bitno uticao na njihove živote. Zaista sam blagosloven. Zapravo, ja sam *apsurdno* srećan.

Ono što moja porodica i ja nismo mogli da predvidimo jeste činjenica da je moj invaliditet, moj „teret", ipak postao neka vrsta blagoslova, te sam dobio jedinstvenu priliku da utičem na ljude, saosećam s njima i osetim njihov bol, a sve to uz blagoslov porodice pune ljubavi, blagonaklonosti i duboke i postojane vere. Iskreno ću vam priznati, a to pominjem i u daljem tekstu, da nisam stekao veru ni spoznao cilj, sve dok nisam prošao kroz veoma zastrašujuća iskustva.

Čim sam dospeo u ono mučno adolescentsko doba kada se svi pitamo gde, zapravo, pripadamo, pao sam u očaj zbog svog stanja i osećao da nikada neću biti „normalan". Nije se mogla sakriti činjenica da telesno ne ličim na drugove iz razreda. Što sam se više trudio da upražnjavam obične aktivnosti, kao što je plivanje ili surfovanje, sve sam jasnije shvatao da postoji mnogo toga što nikada neću moći da radim.

Nije mi pomoglo ni to što su me neka surova deca nazivala nakazom i vanzemaljcem. Naravno, ja sam u svakom pogledu bio ljudsko biće i želeo sam da ličim na ostalu decu, ali bilo je malo izgleda za to. Želeo sam da me prihvate, ali sam osećao da se to ne događa. Hteo sam da se uklopim, ali mi se činilo da ne uspevam u tome. Udarao sam o zid.

Srce mi se cepalo. Bio sam očajan, obuzet crnim mislima i nisam video svrhu takvog života. Bio sam usamljen, čak i kada sam bio okružen porodicom i prijateljima. Plašio sam se da ću do kraja života biti na teretu onima koje volim.

Međutim, u tome sam grešio. Mogao bih da ispunim celu knjigu svim onim što tada, u tim teškim vremenima, nisam znao: upravo to i jeste sadržaj knjige koju čitate. Na sledećim stranicama prikazaću vam svoje metode pronalaženja nade, čak i usred surovih osuda i bolnih izrugivanja. Osvetliću vam stazu koja vodi do druge strane bola i tuge. Na toj stazi ćete ojačati, postati odlučniji i steći dovoljno snage da vodite život kakav želite, a možda i bolji od ma čega što ste ikada poželeli.

Ukoliko u sebi nosite dovoljno želje i predanosti, vi ćete, po Božjoj volji, uspeti u tome. To je vrlo važna istina. Iskreno rečeno, nisam ni sam uvek verovao u to. Ako pogledate neki od mojih video-spotova na internetu, znajte da je sreća kojom na njima blistam posledica dugog puta koji sam u međuvremenu prevalio. U početku nisam znao sve što je bilo potrebno, međutim, usput sam stekao neka važna saznanja. Da bi čovek slobodno živeo potrebno mu je, po mom mišljenju, sledeće:

Snažan osećaj životnog cilja

Jaka nada koju ništa ne može da sruši

Vera u Boga i beskrajne životne mogućnosti

Ljubav i prihvatanje sopstvene ličnosti

Uzvišeno držanje

Odvažan duh

Spremnost za promene

Poverenje u ljude

Želja za pronalaženjem prave prilike

Sposobnost suočavanja s rizikom i spremnost da se smeje životu

Želja da, pre svega, služi drugima

Svako poglavlje u ovoj knjizi posvećeno je jednoj od tih osobina, a moja objašnjenja će vam, nadam se, poslužiti da pronađete sopstveni put ka ispunjenom i osmišljenom životu. Nudim vam sve to jer osećam i delim božansku ljubav prema ljudima. Želim da i vi osetite radost ispunjenja koju vam je Bog namenio.

Ako spadate u one brojne osobe koje svakog dana vode tešku borbu sa životom, pomislite da se i moj cilj nalazio izvan i iznad granica moje borbe i čekao da ga pronađem. Pokazalo se da je ostvarenje tog cilja daleko, *daleko* iznad ma čega što sam pre toga mogao zamisliti.

Možda ćete i vi proći kroz težak životni period. Možda ćete posustati i osetiti da nemate dovoljno snage da se uspravite i nastavite. Znam kakav je to osećaj. Svi to znamo. Život nije uvek lak, ali kad prevaziđemo neke teškoće, postajemo jači i zahvalniji za prilike koje nam se pružaju. Ono što je zaista bitno jesu ljudi na koje možemo da utičemo, kao i krajnji cilj našeg puta.

Ja volim svoj život a stalo mi je i do vaših. Naše mogućnosti su neverovatne. Šta, dakle, kažete na sve to? Hoćemo li da krenemo na taj put, druže?

ŽIVETI SLOBODNO

Ako vam se nikada nije dogodilo čudo, postanite to sami

Jedan od mojih najpopularnijih video-spotova na internetu je onaj u kome jedrim na dasci, sviram, udaram lopticu za golf, padam, ustajem, obraćam se publici i, što je najlepše od svega, uživam u zagrljajima raznih poznatih ličnosti.

Sve u svemu, to su, zapravo, obične aktivnosti koje svako može da upražnjava, zar ne? Zašto su onda ljudi gledali taj spot *više miliona* puta? Ja mislim da ga ljudi gledaju zato što ja, uprkos svim svojim fizičkim nedostacima, živim sasvim slobodno, kao da tih nedostataka nema.

Ljudi najčešće očekuju da osoba sa ozbiljnim fizičkim manama bude neaktivna, a možda i ogorčena i povučena. Volim da iznenađujem ljude činjenicom da ja, zapravo, vodim avanturistički, i vrlo ispunjen život.

Među nekoliko stotina komentara mog pomenutog spota izdvojio bih jednu tipičnu primedbu: „Kad vidim da je jedan takav momak srećan, upitam se zašto sam, dovraga, toliko puta žalio sebe... ili pomišljao kako nisam dovoljno privlačan ili zabavan, ili već MA ŠTA TOME SLIČNO. Kako sam mogao i da pomislim nešto slično kad taj momak živi bez udova i pri tom je, ipak, SREĆAN!?"

Često su me to pitali: „Nik, kako možeš da budeš tako srećan?" Pošto se i vi, možda, borite sa sopstvenim iskušenjima, kratko ću vam odgovoriti na to pitanje: srećan sam uvek kad shvatim da sam, ma koliko, inače, bio nesavršen, ipak savršeni Nik Vujičić. Ja sam Božje delo i stvoren sam u skladu s njegovim planom. To ne znači da ne mogu biti i bolji. Uvek nastojim da budem bolji da bih bolje služio Bogu, kao i celom svetu.

Vodim vrlo slobodan život. Želim da i vi osetite to isto, ma kakve bile prepreke pred vama. Pre nego što započnemo naše zajedničko putovanje, pomislite na sva ona ograničenja koja ste sebi nametnuli ili dozvolili da vam ih drugi nametnu. Kakav bi bio vaš život ako bi u njemu odjednom sve bilo moguće?

Ja sam zvanično invalid, ali sam, zapravo, sposobniji od ljudi koji imaju udove, baš zbog toga što sam ih lišen. Jedinstven izazov sa kojim sam se suočio predstavlja i jedinstvenu mogućnost da doprem do mnogih ljudi u nevolji. Zamislite šta bi sve moglo biti moguće za vas!

Vrlo često mislimo kako nismo dovoljno pametni, privlačni, a ni daroviti da bismo ostvarili svoje snove. Slušamo šta drugi govore o nama i sami sebe ograničavamo. Šta je gore od našeg lošeg mišljenja o sebi, od ubeđenja da smo bezvredni; kako onda *Bog* može da deluje kroz nas?

Odbacivanjem sopstvenih snova odbacujete i Boga. Najzad, On vas je stvorio. To je učinio s nekim ciljem. Vaš život, dakle, ne treba da bude ograničen, jer je ispunjen ljubavlju vašeg Tvorca, a ona nema granica.

Ja sam napravio svoj izbor. To možete da učinite i vi. Možemo beskonačno da se jadamo zbog naših razočaranja i nedostataka. Možemo postati ogorčeni, ljuti i žalosni. No, kad naiđu teška vremena ili sretnemo zle ljude koji nas vređaju, možemo odlučiti i da nešto naučimo iz tog iskustva i nastavimo životni put, preuzimajući tako odgovornost za sopstvenu sreću.

Kao čedo Božje vi ste, svakako, divni i vredni, dragoceniji od svih dijamanata ovog sveta. Savršeno smo pogodni, i vi i ja, da postanemo baš ono što nam je svima suđeno da budemo. Takođe, treba da nam bude cilj da se sve više usavršavamo i postajemo sve bolje osobe, kao i da pomeramo granice naših težnji. Na tom putu moramo biti prilagodljivi, jer nikome ruže ne cvetaju uvek, ali je svaki život vredan življenja. Ja sam tu da vam saopštim da, bez obzira na okolnosti, sve dok dišete, možete dati svoj doprinos svetu.

Ne mogu vas potapšati po ramenu da bih vam ovo potvrdio, ali mogu da vam se obratim rečima koje dolaze pravo iz srca. Koliko god bili očajni, znajte da uvek postoji nada. Koliko god da su vaše životne okolnosti naizgled strašne, čekaju vas neki bolji dani. Ma koliko vas neka situacija ograničavala, možete se izdići iznad nje. Sama želja za promenom ne može ništa da promeni. No, ako odlučite da odmah stupite u akciju, promenićete sve.

Sve što vam se u životu dešava ima neku dobru stranu. Znam to, jer se u mom životu ta istina potvrdila. Čemu služi život bez udova? Čim me pogledaju, ljudi shvate da sam morao da preživim mnoge patnje i savladam brojne prepreke. Zbog toga su spremni da me saslušaju i prihvate kao inspiraciju. Dozvoljavaju mi da pokušam da im prenesem svoju veru, da im objasnim da su voljeni i da im ulijem nadu.

Ova knjiga je moj doprinos ostvarenju tog cilja. Važno je da budete svesni sopstvene vrednosti. Važno je da znate da možete dati svoj doprinos svetu. Ako osećate da ste trenutno nečim sputani, to je sasvim u redu. To znači da od života želite više nego što vam on u ovom času pruža. To je dobro. Ponekad nam baš životna iskušenja pokazuju šta nam je suđeno da postanemo.

ŽIVOT VREDAN ŽIVLJENJA

Bilo mi je potrebno dosta vremena da shvatim da moj invaliditet ima i svojih prednosti. Moja majka je imala dvadeset pet godina kad je zatrudnela, a ja sam joj bio prvo dete. Bila je profesionalna babica i radila kao pedijatrijska sestra u jednom porodilištu, gde je zbrinula stotine porodilja i prihvatila bezbroj novorođenih beba. Znala je kako treba da se ponaša u trudnoći, pazila na ishranu, izbegavala lekove, nije pila alkoholna pića, nije uzela čak ni aspirin, niti neki analgetik. Odlazila je kod najboljih lekara i svi su je uveravali da se trudnoća odvija kako treba.

Ipak je često pomišljala da nešto može i da se iskomplikuje. Kad joj se približio termin porođaja, saopštila je i mom ocu svoje bojazni, rekavši: „Nadam se da će s bebom biti sve u redu".

U toku trudnoće je dva puta išla na pregled ultrazvukom i nije utvrđeno ništa neobično. Mojim roditeljima je saopšteno da će dobiti sina, ali im niko nije kazao da taj sin neće imati udove. Na dan mog rođenja, 4. decembra 1982, majci nisu odmah dali da me vidi, a prvo pitanje koje je postavila doktoru bilo je: „Da li je s bebom sve u redu?" Zavladala je tišina. Kako su sekunde prolazile a njoj nisu donosili dete da ga vidi, sve je jače osećala da nešto nije u redu. Umesto da me predaju majci u ruke pozvali su pedijatra i izmakli se u ugao sobe, gde su me pregledali i došaptavali se između sebe. Ona je u tom času začula zdrav dečji plač i odahnula s olakšanjem. Ali mome ocu, koji je u toku porođaja spazio da nemam jednu ruku, pripala je muka i izveli su ga iz prostorije.

Doktori i medicinske sestre bili su toliko zgranuti kada su me videli da su me brzo povili.

Međutim, moja majka je prisustvovala brojnim porođajima, pa nisu mogli da je zavaraju. Videla je izraze zgranutosti na licima cele medicinske ekipe i znala da je sa bebom nešto naopako.

„Šta je? Šta je to s mojom bebom?", upitala ih je.

Njen lekar u prvom trenutku nije ništa odgovorio, ali pošto je navaljivala, najzad je promrsio stručni medicinski izraz:

„Phocamelia", rekao je.

Pošto je bila medicinski obrazovana, moja majka je znala da taj izraz znači da je dete rođeno s nepravilno formiranim udovima, ili sasvim bez njih. Nije mogla da prihvati tu istinu.

U međuvremenu je moj izbezumljeni otac stajao u hodniku i pitao se da li je zaista video ono što mu se učinilo da jeste. Kad je lekar izašao iz sobe i prišao mu, odmah je povikao: „Zar moj sin zaista nema jednu ruku?“

„Zapravo“, odgovorio je pedijatar što je mogao obzirnije, „on nema ni ruke ni noge“.

Ocu je pozlilo od šoka i jada.

Sedeo je u hodniku, sasvim zanemeo, nesposoban da izusti ijednu reč, sve dok se nisu uključili njegovi odbrambeni mehanizmi. Potrčao je da vest saopšti majci pre nego što me ugleda, ali je, na svoju žalost, video da ona plače u postelji. Osoblje joj je već bilo objasnilo situaciju. Ponudili su joj da me donesu da bi me uzela u naručje, ali je ona to odbila i kazala im da me iznesu iz sobe.

Medicinske sestre su plakale. Babica je jecala. Naravno, i ja sam plakao. Na kraju su me, onako zamotanog, položili kraj nje, a moja majka nije mogla da poveruje da njeno dete nema udove.

„Nosite ga!“ povikala je. „Ne želim da ga vidim, niti da ga dodirnem!“

Moj otac i danas žali što mu bolničko osoblje tada nije ostavilo dovoljno vremena da na najbolji način pripremi moju majku za lošu vest. Kad je ona malo kasnije zaspala, otišao je u prostoriju za novorođenčad da me pogleda. Vratio se i kazao mami: „Baš lepo izgleda.“ Upitao ju je da li želi da me pogleda, ali je ona još uvek bila suviše potresena i odbila je njegov predlog. On ju je dobro razumeo i uvažio njena osećanja.

Umesto da slave moje rođenje, moji roditelji i cela parohija bili su u žalosti. „Ako je Bog tako pun ljubavi, zašto dozvoljava da se događaju ovakve stvari?“, pitali su se svi.

TUGA MOJE MAJKE

Bio sam prvenac svojim roditeljima. Mada bi u svakoj porodici to bila prava prilika za okupljanje i slavlje, mojoj majci niko nije poslao čak ni cveće povodom mog rođenja. To ju je veoma pogodilo i produbilo njen očaj.

Vrlo žalosna, očiju punih suza, upitala je mog oca: „Zar ne zaslužujem ni cveće?"

„Žao mi je", rekao je tata. „Naravno da zaslužuješ cveće." Otišao je do bolničke cvećare i ubrzo se vratio sa buketom.

Nisam znao ništa od svega toga otprilike do svoje trinaeste godine, kada sam počeo da ispitujem roditelje o okolnostima svog rođenja i njihovim prvim reakcijama na moj nedostatak udova. Tog dana sam loše prošao u školi i kada sam sve ispričao mami, ona je zaplakala zajedno sa mnom. Kazao sam joj da mi je dosta života bez ruku i nogu. Kroz suze mi je rekla da su ona i moj otac shvatili da je Bog imao poseban plan kad me je takvog stvorio i da ću ga jednog dana i ja spoznati. Nastavio sam da ih zapitkujem, nekad samo jedno a ponekad i oboje. To je delimično bila posledica moje prirodne radoznalosti, a donekle i ishod radoznalih zapitkivanja drugova iz razreda.

U početku sam se malo plašio njihovih odgovora, a kada sam shvatio koliko im je teško da o tome pričaju, nisam hteo previše da navaljujem. U prvim razgovorima na tu temu moji roditelji su se ponašali veoma zaštitnički i oprezno. Kako sam rastao i sve više navaljivao s pitanjima, otkrivali su mi sve više detalja o svojim prvim osećanjima i strahovima, jer su shvatili da mogu to da podnesem. Mogu vam reći da mi je bilo teško da prihvatim činjenicu da majka nije htela da me uzme u naručje neposredno posle rođenja, mada je i to blag izraz za ono što sam tada osetio. Bio sam već ionako dovoljno nesiguran u sebe, a kad sam čuo da ni rođena majka nije htela da me uzme u ruke, to je bilo... pa, pomislite kako biste se vi osećali. Bio sam veoma povređen i osećao se odbačeno, ali sam se onda setio svega što su roditelji posle toga učinili za mene. Bezbroj puta su mi dokazali svoju ljubav. U to doba sam već bio dovoljno odrastao da mogu da zamislim kako je bilo majci u času mog rođenja. Osim njene intuicije, u toku trudnoće nije bilo nikakvih nagoveštaja da nešto nije u redu. Bila je zgranuta i preplašena. Kako bih se ja ponašao na mestu mojih roditelja? Nisam siguran da bih se s tim izborio tako uspešno kao oni. To sam im i rekao, a oni su mi, postepeno, saopštavali sve više detalja.

Drago mi je što smo sačekali s tim razgovorima sve dok nisam u dubini srca bio potpuno siguran da me oni vole. Nastavili smo da pričamo o našim osećanjima i strahovima i shvatio sam da je mojim roditeljima vera omogućila da shvate da sam rođen da poslužim nekom Božjem cilju. Bio sam vrlo odlučno i veselo dete. Učitelji, roditelji druge dece i potpuno nepoznati ljudi često su govorili da ih moje ponašanje inspiriše. Ja sam, sa svoje strane, shvatio ovo: ma kolika da su moja iskušenja, postoje ljudi koji posrću pod još težim teretom.

Danas, dok putujem po svetu, često nailazim na primere neverovatne ljudske patnje, i u takvim prilikama zahvalan sam što je moj život takav kakav jeste, a i manje mislim na svoju nesreću sudbinu. Viđao sam razne invalidne siročiće. Viđao sam vrlo mlade devojke osuđene na seksualno ropstvo. Viđao sam ljude koji čame u zatvoru jer su previše siromašni da plate dug.

Patnja je svojstvena celom ljudskom rodu, a sudbina često može biti neverovatno surova, ali čak i u najbednijim čatrljama, i usred najvećih tragedija, viđao sam ljude koji su u stanju ne samo da prežive, već i da napreduju i raduju se, što me je ohrabrilo. Svakako, nisam očekivao da ću naići na radosne ljude u naselju nazvanom „Grad smeća" (Garbage City), koje se nalazi u Egiptu, na periferiji Kaira. Susedni sirotinjski kvart, Menšit Naser, smešten je na visokim stenama. Neslavan ali prikladan naziv i najniži društveni status ovo naselje dobilo je zato što oko pedeset hiljada njegovih stanovnika opstaje kopajući po gradskom đubretu i sakupljajući ono što im izgleda upotrebljivo. Oni svakodnevno pregledaju ogromne gomile đubreta i izdvoje sve što se može prodati, reciklirati ili na neki drugi način iskoristiti.

Na tim ulicama, oivičenim đubretom, svinjcima i svakojakim smrdljivim otpacima, očekujete da sretnete ljude ophrvane očajem, no kada sam 2009. godine posetio to predgrađe, nai-

21

šao sam na sasvim suprotnu situaciju. Ti ljudi, svakako, žive veoma teško, ali se ponašaju brižno, deluju srećno i pravi su vernici. Skoro devedeset odsto ukupnog egipatskog stanovništva čine muslimani, dok u Đubregradu preovlađuje hrišćanski živalj. Oko devedest osam odsto stanovništva naselja čine Kopti.

Bio sam u najsiromašnijim kvartovima širom sveta. Ovo naselje, svakako, spada među najgora okruženja koja sam ikada video, ali u njemu vlada duh srdačnosti koji vam greje srce. U malu betonsku zgradu koja služi kao crkva s mukom je stalo oko sto pedeset ljudi željnih da čuju moj govor. Kada sam počeo da govorim, začudile su me radost i sreća kojom su zračili moji slušaoci. Njihovi pogledi su me prosto obasjavali. Retko kada sam se u životu osećao tako blaženo. Zahvalio sam Bogu što ih je njihova vera izdigla iznad surovih životnih okolnosti i saopštio im da je Isus promenio i moj životni put. Njihova nada nije ovozemaljska, ona je večna. U međuvremenu, ti ljudi se nadaju čudu i zahvaljuju Bogu što postoji, kao i na svemu što je učinio za njih. Pre odlaska smo razdelili nekim porodicama pirinač, čaj i nešto novca, što je bilo dovoljno da im podmiri potrebe za nekoliko narednih nedelja. Podelili smo im i sportsku opremu za decu: fudbalske lopte i konopce za preskakanje. Odmah su nas pozvali da odigramo fudbalsku utakmicu sa mališanima, pa smo dobacivali loptu jedni drugima i smejali se od srca usred sve te bede oko nas. Nikada neću zaboraviti tu decu i njihove osmehe. To me je još jednom uverilo da čovek u najrazličitijim okolnostima može biti srećan, samo ako ima dovoljno vere u Boga.

Kako deca koja su toliko siromašna uopšte mogu da se smeju? Kako zatvorenici mogu radosno da zapevaju? Oni to čine jer umeju da se uzdignu iznad situacije u kojoj se nalaze i prihvataju ono što ne razumeju i ne mogu da kontrolišu, a usmeravaju se na ono što *mogu* da shvate i kontrolišu. Tako su se ponašali i moji roditelji. Probijali su se kroz život sa verom u Božju reč: „Sve će biti dobro za one koji vole Boga, jer će biti pozvani da mu služe.“

PORODICA VERNIKA

Moji roditelji su rođeni u velikoj srpskoj hrišćanskoj porodici, u nekadašnjoj Jugoslaviji. Pojedini članovi moje šire porodice su u mladosti postepeno emigrirali u Australiju, sklanjajući se od komunističkih progona. Moji baka i deda pripadali su apostolskoj crkvi Isusovaca, koja je svojim vernicima branila nošenje oružja. Komunisti su ih zbog toga diskriminisali i proganjali. Morali su da održavaju službe u tajnosti. Finansijski su propadali zato što nisu želeli da postanu članovi komunističke partije, koja je kontrolisala sve vidove života u zemlji. Otac mi je, u svojoj ranoj mladosti, zbog svega toga često gladovao.

Moji baka i deda i po ocu i po majci pridružili su se hiljadama srpskih hrišćana koji su emigrirali u Australiju, SAD i Kanadu, posle Drugog svetskog rata. Iselili su se u Australiju da bi njihova deca i unuci mogli slobodno da upražnjavaju svoje verske obrede. Neki drugi članovi njihovih porodica su, u tom istom periodu, emigrirali u Kanadu i SAD, pa i tamo imam mnogo rodbine.

Moji roditelji su se upoznali u crkvi u Melburnu. Duška, moja mama, pohađala je tada drugu godinu škole za medicinske sestre pri Kraljevskoj dečjoj bolnici u gradu Viktorija. Moj tata Boris radio je kao knjigovođa i administrativni službenik. Kasnije je, pored redovnog posla, postao i pastor naše parohije. Kada sam imao sedam godina moji roditelji su ozbiljno razmatrali mogućnost da se presele u SAD, gde su protetika i medicina bile znatno naprednije, što bi mi olakšalo borbu sa invalidnošću.

Moj stric, Bata Vujičić, imao je preduzeće za građevinske radove i trgovinu nekretninama u Agura Hilsu, oko trideset pet kilometara od Los Anđelesa. On je uvek govorio mome ocu da će ga rado zaposliti u svom preduzeću ako bude uspeo da dobije radnu vizu za SAD. U okolini Los Anđelesa se već bila formirala velika zajednica srpskih hrišćana, što je, takođe, odgovaralo mojim roditeljima. Međutim, otac je saznao da je dobijanje radne vize veoma dugotrajan i zamoran proces. Rešio je da ipak podnese zahtev za vizu, ali baš tada se naša porodica preselila u Brizbejn, u Kvinslendu, koji se nalazi više od hiljadu kilometara severno od Melburna i gde je klima bila pogodnija za mene, jer sam, uz sve druge zdravstvene probleme, patio i od alergija.

Imao sam već deset godina i pohađao četvrti razred osnovne škole kad su se, najzad, stekli uslovi za naš odlazak u SAD. Moji roditelji su smatrali da smo svi mi – moj mlađi brat Aron, sestra Mišel i ja – u odgovarajućem uzrastu za uklapanje u američki školski sistem. U Kvinslendu smo osamnaest meseci čekali da moj otac dobije radnu vizu, i to je, posle trogodišnjeg iščekivanja, konačno rešeno 1994. godine.

Nažalost, naše preseljenje u Kaliforniju nije uspelo, i to iz nekoliko razloga. Kad smo otišli iz Australije, već sam krenuo u šesti razred. Moja nova škola u Agura Hilsu imala je veliki broj đaka. Mogli su da me prime samo u viši razred, što je samo po sebi bilo teško, a i kriterijumi su bili drugačiji. Uvek sam bio odličan đak, ali mi je bilo vrlo teško da prihvatim tu promenu. Pošto se ni školske godine ne poklapaju, ja sam bukvalno bio u zaostatku s gradivom i pre nego što je nastava u Kaliforniji počela. Bilo mi je teško da sustignem ostale učenike. Moje odeljenje je za svaki čas menjalo učionicu, što nije bila praksa u Australiji, pa je i to za mene predstavljalo dodatni problem.

Stanovali smo kod strica Bate, njegove supruge Rite i njihovo šestoro dece, pa je njihova prilično velika kuća na Agura Hilsu bila zaista prepuna. Planirali smo da se što pre preselimo u sopstvenu kuću, ali su cene nekretnina bila znatno više nego u Australiji. Otac je radio u stričevoj agenciji za nekretnine. Majka nije nastavila da radi kao babica jer je imala pune ruke posla oko odvođenja dece u školu i uklapanja u novu sredinu, pa nije ni tražila da joj u Kaliforniji nostrifikuju australijsku diplomu.

Posle tri meseca boravka kod strica Bate moji roditelji su zaključili da naše preseljenje u SAD nije bilo najuspešnije. Ja sam se mučio da savladam školsko gradivo, roditelji su imali muke da reše problem mog zdravstvenog osiguranja, a troškovi života u Kaliforniji su za nas bili previsoki. Postojala je i bojazan da nikada nećemo dobiti trajnu dozvolu boravka u SAD. Advokat je mojim roditeljima objasnio da moja invalidnost predstavlja prepreku za dobijanje te dozvole, jer postoji opravdana sumnja da oni neće moći da plate sve troškove moje medicinske nege, kao ni ostale troškove u vezi sa rešavanjem mog zdravstvenog problema.

S obzirom na sve te prepreke, moji roditelji su odlučili da se, posle četiri meseca provedena u SAD, vratimo u Brizbejn. Pronašli su kuću u istoj slepoj ulici u kojoj smo i ranije stanovali, a mi smo se vratili u iste škole i u naše staro društvo. Tata je držao časove obuke za rad na kompjuteru i kurseve uspešnog rukovođenja na tehničkom fakultetu na kome je i ranije predavao, a majka se potpuno posvetila deci, pre svega, meni.

DETE KAO IZAZOV

Moji roditelji su poslednjih godina postajali sve iskreniji u pričanju o svojim strahovima i košmarima koje su imali neposredno posle mog rođenja. Dok sam odrastao nisu se pretvarali da sam dete o kakvom su sanjali. U toku prvih meseci mog života mama je strahovala da neće umeti da se stara o meni. Tata nije video nikakvu mogućnost za moju sreću u budućnosti i brinuo je razmišljajući kakav bi moj život uopšte mogao da bude. Ukoliko bi to bio život bespomoćnog bića, nesposobnog da iskusi stvarnost, pomišljao je da bi možda za mene bilo najbolje da što pre odem Bogu. Razmatrali su razna rešenja, čak i mogućnost da me daju na usvajanje. Naime, moji baka i deda i po ocu i po majci nudili su im da me usvoje i brinu o meni. No, moji roditelji su ipak to odbili. Zaključili su da su samo oni odgovorni i rešili da brinu o meni najbolje što mogu.

Prvo su očajavali, a onda odlučili da svoje fizički invalidno dete odgajaju što „normalnije". Kao predani vernici, uvek su smatrali da je Bog imao neki razlog da me stvori takvog kakav sam.

Neke rane se brže zaceljuju ako se krećete. To važi i za neke druge situacije u životu. Recimo, izgubili ste posao. Ili vam je možda propala veza. Nagomilali su vam se neplaćeni računi. Nemojte se zaustaviti na tome i kukati zbog nepravedne sudbine, ni jadati se zbog prošlih nevolja. Tražite način da krenete dalje. Možda vas negde čeka bolji posao koji će vas ispuniti i biti isplativiji. Možda vašoj vezi treba nešto da je pokrene, ili možda postoji neko ko bi vam više odgovarao. Možda će vas finansijske nedaće podstaći na veću kreativnost, pa ćete nešto i uštedeti, ili se čak i obogatiti.

Ne možete uvek kontrolisati sve što vam se događa. U životu postoje situacije gde ono što se dešava nije vaša greška, a i ne možete da zaustavite događaje. Imate izbor: ili da odustanete, ili da nastavite da se zlopatite sve dok ne obezbedite bolje uslove za život. Ja vam savetujem da uvek pomislite da postoji razlog za sve što se događa i da će, na kraju, sve biti dobro.

Kao malo dete bio sam, bar prema onome što su mi pričali, veoma ljupka, prirodno šarmantna i draga beba, slična mnogim drugim. Moje srećno neshvatanje situacije je tada bilo pravi blagoslov. Nisam znao da se razlikujem od drugih, niti da me čekaju brojna iskušenja. Znate, često pomišljam da nam u životu nije dato više muka nego što možemo da podnesemo. Garantujem vam da vam vaši *nedostaci* mogu pomoći da savladate prepreke bolje nego neke izuzetne sposobnosti.

Bog mi je dao neverovatnu odlučnost, a i mnoge druge darove. Brzo sam shvatio da sam, iako lišen udova, zapravo sportski tip i da imam dobru koordinaciju pokreta. Bio sam sveden na trup, ali sam bio pravi mali živahni dečak, nalik na sve druge; prevrtao sam se, kotrljao i veoma odvažno ronio.

Naučio sam da se uspravljam oslanjajući čelo o zid i pomerajući se naviše. Mama i tata su dugo vežbali sa mnom da bi me naučili da se lakše i udobnije uspravim, ali sam ja insistirao da to uradim na svoj način. Obavljanje zadataka na teži način postalo je neka vrsta mog zaštitnog znaka.

U svojim prvim danima naučio sam da koristim glavu, a i umno sam se izuzetno razvio (kakav vic!), pa sam uspeo da ojačam vrat poput Braminog bika, a čelo mi je postalo tvrdo kao metak. Roditelji su, naravno, stalno bili zabrinuti za mene. Roditeljstvo je šokantno iskustvo i kada imate potpuno zdravu bebu. Mlade mame i tate se često šale da deca treba da se rađaju zajedno sa priručnikom za upotrebu. Čak ni u knjizi doktora Spoka nije bilo nijednog poglavlja o deci sličnoj meni. No, ja sam tvrdoglavo postajao sve zdraviji i odvažniji. Na kraju „užasavajuće druge godine života" bio sam veći strah i trepet za roditelje nego što bi to bile osmorke.

Kako će ikada uspeti sam da se hrani? Kako će ići u školu? Ko će brinuti o njemu ako se nama nešto desi? Kako će voditi samostalan život?

Uobičajeno ljudsko rezonovanje može biti i blagoslov i prokletstvo. Kao i moji roditelji, i vi ste sigurno strahovali i brinuli zbog budućnosti. No, često se ono čega ste se toliko plašili pokaže kao manji problem od onoga što ste očekivali. Nije loše razmotriti sve okolnosti i planirati budućnost, međutim, vaši najgori košmari lako mogu da se pretvore u iznenađenje. Često sâm život učini da se sve završi dobro.

Jedno od najvećih iznenađenja u mom detinjstvu bila je uspešna kontrola mog zakržljalog levog stopala. Navikao sam da udaram njim, odupirem se i uspravljam. Doktori i moji roditelji shvatili su da to zgodno malo stopalo može da bude od velike pomoći. Imam samo dva prsta na njemu, ali su se oni spojili prilikom rođenja. Doktori i moji roditelji odlučili su da ih treba operativno razdvojiti, tako da mogu njima nešto da uhvatim – recimo olovku – a i da okrećem stranice, ili da ih koristim na neki drugi način.

U to vreme živeli smo u Australiji, u Melburnu, gde je medicinska nega bila najbolja u zemlji. Ja sam postizao rezultate koji su bili iznad najvećih očekivanja medicinskih radnika. Dok su me pripremali za operaciju mama je objašnjavala lekarima da stalno imam povišenu temperaturu i da će to biti glavna opasnost prilikom operacije. Bio joj je poznat slučaj jednog sličnog deteta bez udova koje je u toku operacije dobilo visoku temperaturu, pretrpelo moždani udar i zadobilo trajna oštećenja mozga.

Moja sklonost ka povišenoj temperaturi dovela je do stvaranja naše porodične izreke: „Ako je čak i Nikiju hladno, onda se patke svakako smrzavaju.“ Međutim, to nije bila nikakva šala: ako bih previše vežbao, pretrpeo stres ili dugo ostao ispod jakih svetiljki, telesna temperatura bi mi opasno porasla. Uvek sam morao da vodim računa da izbegnem „tačku topljenja“.

„Molim vas da pažljivo pratite njegovu temperaturu“, kazala je mama timu hirurga koji me je operisao.. Mada su znali da je bolničarka, nisu je shvatili previše ozbiljno. Uspešno su mi razdvojili prste na stopalu, no zanemarili su upozorenje moje majke. Izašao sam iz operacione sale sav u goloj vodi jer nisu ništa preduzeli da ne dobijem visoku temperaturu, a kada su shvatili da ne mogu da je kontrolišu, pokušali su da me rashlade uvijajući me u mokre čaršave. Obložili su me i velikom količinom leda, nastojeći da spreče moždani udar.

Mama je pobesnela. Ne sumnjam da su doktori tada osetili šta je Duškin bes.

Kada sam se, konačno, uspešno (bukvalno) ohladio, moj život je zahvaljujući tek oslobođenim prstima postao kvalitetniji. Ti prsti nisu mogli da se koriste onako kako su to doktori zamišljali, ali sam se ja ubrzo prilagodio i naučio da ih upotrebljavam. Pravo je čudo šta jedno malo stopalo i par prstiju mogu da učine za momka bez ruku i nogu. Korišćenje nove tehnologije i ta operacija oslobodili su me i omogućili mi da upravljam specijalnim elektronskim invalidskim kolicima napravljenim za mene, opremljenim kompjuterom i mobilnim telefonom.

———

Ne znam kakav je vaš životni problem, niti tvrdim da sam ja osetio nešto slično, ali pomislite kako je bilo mojim roditeljima kad sam se rodio. Zamislite šta su osećali. Razmislite malo o tome koliko im je budućnost izgledala mračna.

Možda ni vi sada ne vidite svetlo na kraju tunela, ali budite sigurni da moji roditelji nisu mogli ni da zamisle kakav ću divan život voditi jednog dana. Nisu mogli da znaju da će njihov sin biti u stanju da se sam brine o sebi, da će imati sjajnu karijeru i biti srećan, ispunjen radošću zbog ostvarenog cilja.

Najgori strahovi mojih roditelja nisu se ostvarili. Svakako im nije bilo lako da me podižu, ali mislim da bi vam i sami kazali da je ta naša borba bila puna smeha i radosti. Kada se sve uzme u obzir, imao sam neočekivano normalno detinjstvo i uživao sam da gnjavim brata i sestru, Arona i Mišel, baš kao što to svako najstarije dete u porodici čini.

Možda se život u ovom času gadno obrušio na vas. Možda se pitate da li ćete ikada imati sreće. Mogu vam reći da ne možete ni zamisliti kakvo vas dobro čeka, samo ako odlučite da se ne predate. Usmerite se na svoj san. Učinite sve što treba da ostanete na tom putu. Svakako, uspećete da izmenite okolnosti. Težite uporno onome što želite.

Moj život je avantura koja još traje, a takav je i vaš. Započnite odmah njegovo novo poglavlje. Ispunite svoje dane avanturama, ljubavlju i srećom. Život je priča koju sami pišete.

TRAGANJE ZA SMISLOM ŽIVOTA

Priznajem da dugo nisam verovao da imam bilo kakvog uticaja na svoju sudbinu i nisam znao šta će mi život doneti. Pokušavao sam da shvatim kakav bi mogao biti moj doprinos

NIK VUJIČIĆ

i pitao se kojom stazom da krenem. Dok sam odrastao bio sam ubeđen da ne može biti nikave koristi od mog osakaćenog tela. Doduše, nisam nikada morao da ustajem od stola da bih oprao ruke i nikada nisam saznao koliko boli ubodeni prst, ali mi te male prednosti nisu donele veliku utehu.

Moji brat i sestra i naši šašavi mali rođaci nisu mi nikada dozvolili da sažaljevam sebe. Nisu me mazili, niti su mi popuštali. Prihvatili su me takvog kakav sam i pomogli mi da očvrsnem, jer su me zadirkivali i šalili se, te sam naučio da sagledam smešnu stranu svog stanja umesto da budem ogorčen zbog njega.

„Vidite li to dete u invalidskim kolicima? To je vanzemaljac“, vikali su moji rođaci kad bismo se našli u šoping centru i pritom pokazivali prstom na mene. Svi bismo se histerično smejali na reakcije nepoznatih ljudi, koji nisu znali da su ta deca koja pokazuju na invalidnog druga, zapravo, njegovi najbolji saveznici.

Što sam bivao stariji, sve sam više shvatao da je veliki blagoslov biti toliko voljen. Ako ste ponekad usamljeni, treba da znate da ste i vi *voljeni* i da vas je Bog stvorio iz ljubavi. To znači da nikada niste zaista sami. Božja ljubav prema vama nije ničim uslovljena. On vas ne voli *zbog toga što...* On vas voli uvek. Setite se toga kad vas obuzme osećaj samoće i očajanja. Shvatite da su to samo prolazna osećanja. Nisu stvarna, ali je Božja ljubav prema vama stvarna, jer vas je on i stvorio da bi vam to dokazao.

Važno je da uvek u srcu nosite njegovu ljubav, jer ćete se ponekad osećati ranjivo. Moja brojna porodica nije uvek bila kraj mene, spremna da me štiti. Kad sam jednom krenuo u školu nisam mogao pobeći od činjenice da sam drugačiji od ostale dece. Tata me je uverio da Bog ne greši, ali se ipak ponekad nisam mogao osloboditi osećanja da sam izuzetak od tog pravila.

„Zašto mi nisi mogao podariti bar jednu ruku?“, pitao sam Boga. „Zamisli šta bih sve mogao da uradim kad bih imao jednu ruku!“

Ubeđen sam da ste i vi imali slične trenutke i da ste se molili ili prosto želeli neku suštinsku promenu u životu. Ne treba paničiti ako vam se to čudo ne dogodi, ili ako vam se neka želja ne ostvari u pravom trenutku. Setite se da Bog pomaže onima koji se trude da pomognu sebi. Na vama je da služite višem cilju i pritom iskoristite date talente, kao i da sledite svoje snove.

Dugo sam mislio da bi mi život bio prava pesma ako bih imao neko „normalnije" telo. Nisam shvatao da ne moram da budem normalan – dovoljno je da budem ja, dete svevišnjeg Oca, i da sledim njegov plan. U početku nisam bio spreman da se suočim sa činjenicom da moj stvarni problem nije moje telo, već ograničenja koja sam sebi postavio i skučena vizija mog budućeg života.

Ako niste dospeli tamo gde biste želeli da budete, ili niste ostvarili ono što ste želeli, uzrok, najverovatnije, nije u vašem okruženju već u vama samima. Preuzmite odgovornost i krenite u akciju. To znači da, pre svega, morate verovati u sebe i sopstvenu vrednost. Ne očekujte da neko drugi otkrije vaše skrovište. Ne možete pasivno očekivati čudo, niti „onu pravu priliku". Posmatrajte sebe kao mešalicu, a svet kao lonac s gulašem. Promešajte ga.

Kao dečak proveo sam mnoge noći moleći Boga da mi dâ ruke i noge. Zaspao bih plačući i sanjao o buđenju i čudesnom ostvarenju tog sna. Naravno, to se nije desilo. Pošto nisam prihvatao samog sebe, kad sam narednog dana otišao u školu, shvatio sam da ni drugi ne mogu lako da me prihvate.

U doba pre puberteta bio sam, kao i mnoga druga deca, veoma ranjiv i nastojao da shvatim gde spadam, ko sam i šta nosi budućnost. Oni koji su me vređali često nisu želeli da budu svirepi – bili su samo tipična bezočna dečurlija.

„Zašto nemaš ruke i noge?", često bi me pitali.

Želeo sam da se uklopim u svoju sredinu, baš kao i ostala deca iz mog razreda. Imao sam srećnih dana kada sam mogao da utičem na njih svojom pronicljivošću i spremnošću da se šegačim na svoj račun, vozajući se u kolicima po igralištu. U najtežim trenucima krio sam se iza žive ograde ili u praznim učionicama, nastojeći da izbegnem izrugivanje. Problem je delimično bio i u tome što sam do tada veći deo vremena provodio sa odraslima i starijim rođacima, a ne sa decom mojih godina. Delovao sam starije i razmišljao sam ozbiljnije od vršnjaka, što bi me ponekad dovelo do mračnog raspoloženja.

Nikada neću naći devojku koja bi me volela. Nemam ni ruke kojima bih je zagrlio. Ako nekada budem imao decu, neću moći da ih držim u naručju. Kakav bih posao mogao da obavljam? Ko bi mene zaposlio? Za obavljanje uobičajenih poslova morali bi da angažuju još jednu osobu da mi pomaže. Ko bi zaposlio dva radnika umesto jednog?

Moji problemi su uglavnom bili fizičke prirode, ali bio sam i emocionalno ranjiv. U mladim danima prošao sam kroz period teških depresija. Zatim sam, na sopstveno čuđenje i radost, otkako sam ušao u pubertet postepeno bio prihvaćen: prvo sam prihvatio sebe, a onda su to učinili i drugi.

Svi prolaze kroz periode u kome im se čini da su isključeni iz zajednice, otuđeni, i da ih niko ne voli. Svi smo ponekad nesigurni. Većina dece plaši se da će im se rugati zbog prevelikog nosa ili preterano kovrdžave kose. Odrasli strahuju da neće moći da plate račune, ili da neće moći da žive onako kako se od njih očekuje.

Svakako ćete spoznati trenutke sumnje i straha u sebe. To nam se svima događa. Prirodno je ponekad biti tužan, to je deo ljudske prirode. Takvo osećanje je opasno samo ako dozvolite da vas guše negativne misli, umesto da ih prosto „sperete" sa sebe.

Ako verujete da ste blagosloveni – ako ste talentovani, puni znanja i ljubavi – a sve to možete podeliti s drugima – prihvatićete sebe, čak i ako ti vaši darovi nisu mnogo uočljivi. Ako krenete tim putem, pridružiće vam se i drugi i slediće vas.

OBRAĆANJE

Put do sopstvenog cilja pronašao sam dok sam pokušavao da se uklopim u društvo iz razreda. Ako ste nekada bili u situaciji da budete onaj novi đak u ćošku koji uvek užina sam, svakako ćete shvatiti da je biti novi đak u ćošku koji užina sam u invalidskim kolicima nešto još mnogo teže. Naše selidbe iz Melburna u Brizbejn a zatim u SAD, kao i povratak u Brizbejn, naterali su me, pored svih drugih problema, da se dodatno prilagođavam.

Moji novi drugovi iz razreda često su pomišljali da sam mentalno nesposoban isto koliko i fizički. Zbog toga su me izbegavali sve dok ne bih smogao snage da im se obratim u trpezariji ili hodniku. Što sam to češće činio, sve više su prihvatali činjenicu da nisam vanzemaljac.

Bog ponekad od vas očekuje da prihvatite težak teret i da ga ponesete na svojim plećima. Možete imati razne želje. Možete sanjariti. Možete se nadati. No, morate i postupati u skladu s tim željama, snovima i nadama. Morate gledati u budućnost i postati to što želite da budete. Ja sam želeo da deca iz škole shvate da sam u duši sličan njima, ali sam morao da izađem iz svoje bezbedne zone da bih to postigao. Kada sam, konačno, dopro do njih, bio sam neočekivano lepo nagrađen.

Vremenom sam, počev od razgovora sa drugovima iz razreda o tome kako je teško snalaziti se u svetu stvorenom za ljude s rukama i nogama, stigao do prvih poziva da govorim na studentskim skupovima, pred crkvenom omladinom i u drugim ogranizacijama mladih. Govorio sam o jednoj značajnoj istini, najbitnijoj za ljudski život. Smatrao sam da je čudno što se u školama ne predaje ništa o tome. Ta osnovna životna istina je sledeća: ako imate neki talenat, veštinu, znanje ili sposobnost da nešto uradite a pritom vam to angažovanje donosi zadovoljstvo, put do sreće vodi preko tih darova.

Ako još uvek tragate i pokušavate da utvrdite gde se uklapate i šta vas ispunjava, predlažem vam da se preispitate. Sedite za sto i uzmite papir i olovku, ili upotrebite kompjuter i napišite spisak svojih najdražih aktivnosti. Šta vas privlači? U kom poslu možete istrajati satima, izgubiti pojam o vremenu i prostoru, a ipak želeti da to i dalje radite? Šta drugi vide u vama? Da li vas hvale zbog vašeg smisla za organizaciju, ili zbog analitičkog duha? Ako niste sigurni šta drugi vide u vama upitajte porodicu i prijatelje šta najbolje znate da radite.

Sve su to indicije na osnovu kojih možete pronaći životni put, jer je on sakriven u odgovorima na ta pitanja. Svi dolazimo na svet goli i imamo razne mogućnosti u životu. Dobijamo mnoge darove koji čekaju da ih otvorimo. Kad pronađete šta je to što vas toliko zaokuplja da biste to svakodnevno besplatno radili bićete na pravom putu. Ako, zatim, pronađete nekoga ko je spreman da vam za to i plati, odredili ste svoju pravu karijeru.

Moji prvobitni neformalni govori i obraćanje mladim ljudima omogućili su mi da doprem do njih i pokažem da smo isti. Bio sam usmeren na taj zadatak i zahvalan što mi se pružila prilika da kažem nešto o svom svetu i da se povežem s drugima. Znam da je to obraćanje meni mnogo značilo, ali je prošlo dosta vremena dok sam shvatio da može biti važno i drugima.

PRONALAŽENJE PUTA

Jednoga dana obratio sam se grupi od trista tinejdžera, verovatno najvećoj grupi slušalaca do tada. Govorio sam im o svojim osećanjima i uverenosti da mi se događa nešto divno. Đaci i profesori su povremeno nastojali da prikriju suze dok sam im pričao o izazovima s kojima sam se suočavao, a onda je u toku mog govora jedna devojka iz publike glasno zajecala. Nisam siguran šta se tada zaista desilo – možda sam dirnuo neke njene mučne uspomene. Zapanjio sam se kad je podigla ruku i prikupila hrabrost da govori, bez obzira na svu tugu i suze. Odvažno je upitala da li može da mi priđe i zagrli me. Vau! Bio sam zgranut.

Pozvao sam je da to učini, a ona je brisala suze dok mi je prilazila. Zatim me je srdačno zagrlila i to mi je bio jedan od najlepših zagrljaja u životu. Skoro svima u prostoriji oči su bile pune suza, a to je važilo i za mene. Međutim, sasvim su presušile kad mi je devojka šapnula na uho:

„Niko mi nikada nije rekao da sam lepa takva kakva sam. Niko mi nije kazao da me voli“, rekla je. „Promenio si mi život, i mislim da si i ti divna osoba.“

Sve do tada sam preispitivao svoju vrednost. Mislio sam da sam samo osoba koja drži govore da bi doprla do svojih vršnjaka. Prvo, kazala mi je da sam „divan“ (što nije zvučalo bolno), ali mi je, takođe, prva ukazala na činjenicu da moje reči mogu da budu važne i pomognu drugima. Izmenila je moj pogled na budućnost. *Možda zaista mogu da dam svoj doprinos,* pomislio sam.

Takva iskustva su mi pomogla da shvatim da biti „drugačiji“ za mene znači mogućnost da dam svoj doprinos svetu. Zaključio sam da su ljudi spremni da me saslušaju zato što čim me pogledaju znaju da sam uspešno savladao najveće prepreke u životu. Nije mi nikada nedostajala uverljivost. Ljudi instinktivno osećaju da možda mogu da im kažem nešto što će im pomoći da reše sopstvene probleme.

Bog me je iskoristio da se preko mene obrati ljudima u velikom broju škola, crkava, zatvora, sirotišta, bolnica, stadiona i sala za skupove. Još je bolje to što sam zagrlio hiljade ljudi i sreo se s njima licem u lice, a oni su mi dopustili da im objasnim da su dragoceni. Bilo mi je zadovoljstvo da ih uverim da Bog ima plan i za njih. Bog je u moje čudno telo usadio sposobnost da ljude dirnem u srce i da ih ohrabrim, baš kao što je rečeno u Bibliji: „Ja znam šta nameravam s tobom... da te uzdignem, a ne da ti naudim, da ti dam nadu i budućnost.“

OSTVARENJE

Život nam, nesumnjivo, ponekad izgleda surovo. Nekad se nevolje tako nagomilaju da niste u stanju da nađete izlaz. To vam se možda ne dopada, ali to je zato što još niste uvereni da je to za vaše dobro.

Činjenica je da i vi i ja kao obični smrtnici imamo ograničene mogućnosti shvatanja. Ne možemo da sagledamo budućnost. To je istovremeno i dobro i loše. Želim da vas ohrabrim tvrdeći da ono što vam predstoji može biti mnogo bolje od bilo čega što ste očekivali. No, na vama je da se trgnete, uspravite i prikažete u punom sjaju.

Bez obzira na to da li lepo živite i želite da vam bude još bolje, ili vam je život tako mučan da često poželite da ne ustanete iz kreveta, činjenica je da je to što vam se događa svedeno na odnos između vas i vašeg Tvorca. Ne možete sve da kontrolišete. Često se neke loše stvari događaju dobrim ljudima. Možda vam deluje nepošteno što ne vodite lagodan život, ali ako je stvarnost takva, morate joj se prilagoditi.

Možda ćete često posrtati. Možda će i drugi sumnjati u vas. Kad sam odlučio da držanje govora bude moj poziv, čak su i moji roditelji preispitivali opravdanost te odluke.

„Zar ti se ne čini da bi posao knjigovođe sa sopstvenom firmom u datim okolnostima bio bolji za tebe i obezbedio ti sigurniju budućnost?", upitao me je tata.

Karijera knjigovođe bi, iz više razloga, zaista bila praktičnija za mene, jer sam veoma nadaren za rad s brojevima. Međutim, od najranije mladosti bio sam sklon da delim s drugima svoju veru i nadu u bolji život. Kada pronađete pravi životni cilj obuzme vas strast da ga ostvarite. Počnete da živite za njega.

Ako još uvek tragate za svojim životnim ciljem, znajte da je sasvim normalno da budete i pomalo zbunjeni. To je maratonska trka, a ne sprint. Vaša čežnja za sadržajnijim životom znak je da ste prekoračili granicu koju ste sebi nametnuli i da razvijate svoj talenat. Dobro je s vremena na vreme razmotriti gde se nalazite i zapitati se da li vaše aktivnosti i vreme koje ste im posvetili zaista služe najvišem cilju.

OSVETLJAVANJE PUTA

Kada sam napunio petnaest godina okrenuo sam se Bogu, moleći ga za oproštaj i usmerenje u životu. Molio sam ga da mi osvetli stazu i ukaže na pravi cilj. Kada sam četiri godine posle toga kršten, počeo sam da prenosim drugima svoju veru i shvatio da sam pronašao pravi poziv. Moja karijera govornika i jevanđeliste pretvorila se u ulogu Božjeg poslanika, a pre nekoliko godina dogodilo se nešto što je učvrstilo moju veru i potvrdilo da sam napravio pravi izbor životnog puta.

Te nedelje, kad sam se uvezao u jednu kalifornijsku crkvu s namerom da održim govor, ništa nije izgledalo drugačije nego obično. Za razliku od većine mojih dotadašnjih obraćanja javnosti, koja su se događala u najudaljenijim krajevima sveta, tog dana sam bio prilično blizu kuće. Crkva u Aveniji Not u Anahajmu se, naime, nalazi baš u ulici u kojoj stanujem.

Kada sam se u invalidskim kolicima uvezao u crkvu, hor je zapevao uvodnu pesmu i započela je služba Božja. Smestio sam se na klupu u prvom redu, ispred svih okupljenih vernika, i počeo u sebi da ponavljam govor koji sam nameravao da održim. Bilo je to moje prvo obraćanje vernicima iz Avenije Not koji me nisu poznavali, pa me je začudilo kad sam začuo da me neko doziva: „Nik! Nik!", nadvikujući pritom pevače.

Glas mi nije bio poznat a nisam čak ni bio siguran da je uzvik glasio: „Nik!" Kad sam se osvrnuo, ugledao sam jednog postarijeg gospodina kako mi maše.

„Nik! Ovde sam!", ponovo je viknuo.

Pošto je privukao moju pažnju pokazao mi je mlađeg čoveka koji je stajao kraj njega u prepunoj crkvi i držao dete u naručju. U crkvi je bilo toliko naroda da pri prvom pogledu nisam mogao da vidim ništa, osim svetlih dečjih očiju, čuperka blistave smeđe kose i širokog osmeha.

Čovek koji ga je držao podigao je dečaka uvis, da bih ga bolje video. Kad sam ga ponovo osmotrio, zapljusnuo me je talas takvih osećanja da bi mi kolena (da sam ih imao), svakako, zaklecala.

Taj dečak svetlih očiju bio je sličan meni. Nije imao ruke. Nije imao ni noge. Imao je čak i malo levo stopalo slično mome. Imao je samo devetnaest meseci i izgledao *isto* kao ja u tom uzrastu. Tada sam shvatio zašto su ta dvojica toliko želela da me vide. Kasnije sam saznao da se dečak zove Denijel Martinez, a njegovi roditelji Kris i Peti.

Trebalo je da pripremam govor, ali kad sam ugledao Denijela video sam samog sebe u detinjstvu i obuzela su me takva osećanja da nisam mogao da se priberem. Prvo sam osetio da saosećam s njim i njegovom porodicom. Onda su razna mučna sećanja počela da se obrušavaju na mene kao bombe, setio sam se svega što sam osećao u tom uzrastu, i shvatio da i on svakako prolazi kroz iste muke.

Znam kako mu je, pomislio sam. *Ja sam preživeo sve što će on tek iskusiti.* Čim sam pogledao Denijela, osetio sam neverovatnu povezanost s njim i nalet saosećanja. Sva moja nekadašnja nesigurnost, frustracije i osećaj usamljenosti odjednom su me preplavili i ostao sam bez daha. Osećao sam da gorim pod jakim osvetljenjem na sceni. Osetio sam i vrtoglavicu. Nije to bio pravi napad panike, ali dečak koji je stajao preda mnom dirnuo je dečaka u meni.

Tada sam otkrio nešto što me je smirilo. *Dok sam odrastao, u blizini nije bilo nikoga poznatog u sličnoj situaciji ko bi mi pomogao i usmerio me, ali Denijel ima nekoga. Ja sam taj koji može da mu pomogne. Moji roditelji mogu da pomognu njegovima. Ne mora da prođe kroz ista iskustva kao ja. Možda mogu da mu uštedim bol kakav sam ja osetio.* Jasno sam shvatio da, ma koliko da je teško živeti bez udova, barem mogu s nekim da podelim iskustvo. Ja u detinjstvu nisam imao ništa što bi mi olakšalo činjenicu da se razlikujem od drugih. Zato sam sada srećan kad god ohrabrim i inspirišem druge. Čak i ako ne doprinesem menjanju naše planete onoliko koliko bih želeo, ipak sam siguran da moj život ne protiče uzalud. Bio sam rešen, a i sada sam, da dam svoj doprinos opštoj stvari. I vi treba da verujete da možete to da učinite.

Život bez smisla je beznadežan. Život bez nade čini da gubimo veru. Ako znate kako da doprinesete opštem dobru naći ćete životni smisao u tome, a nada i vera će se, sasvim prirodno, ubrzo roditi i pratiće vas kroz vaš budući život.

Otišao sam u crkvu na Aveniji Not sa namerom da ohrabrim druge. Mada me je prizor dečaka koji toliko liči na mene u početku malo izbacio iz takta, ubedljivo mi je potvrdio da mogu da navedem ljude da promene život, naročito one koji su suočeni s velikim preprekama, poput Denijela i njegovih roditelja.

Taj susret je bio tako podsticajan da sam morao svima da saopštim šta sam tog časa video i osetio, pa sam pozvao Denijela i njegove roditelje da se popnu na pozornicu.

„U životu nema koincidencija", kazao sam. „Bog je predvideo svaki naš dah i korak. Nije slučajno ni to što se u ovoj prostoriji nalazi još jedan dečak bez ruku i nogu."

Kad sam to izjavio Denijelovo lice obasjalo se blistavim osmehom i očaralo sve prisutne. Okupljeni vernici su ćutali dok je Denijelov otac, stojeći kraj mene, podizao dete uvis. Kada su nas ljudi videli zajedno, mladića i dete sa sličnim problemom kako se osmehuju jedan na drugog, začuli su se jecaji i šmrktanje u redovima oko nas.

Ja ne plačem baš često, ali pošto su svima oko nas lile suze i sâm sam zajecao. Sećam se da te večeri kod kuće nisam izustio ni reči. Nastavio sam da razmišljam o tom detetu i kako ono oseća isto ono što sam i ja osećao u tom uzrastu. Mislio sam i kako će se Denijel osećati dok bude odrastao i postajao

sve svesniji i kako će mu biti kad se suoči sa surovostima i od-
bacivanjima kakva sam ja iskusio. Rastužio sam se zbog njega
i patnji koje će verovatno podneti, ali sam se onda oraspolo-
žio, pomislivši da ja, ipak, mogu malo da mu olakšam teret i
ulijem nadu u srce. Bio sam nestrpljiv da ispričam sve to ro-
diteljima, jer sam znao da će i oni biti nestrpljivi da upoznaju
tog dečaka i da njemu i njegovim roditeljima uliju nadu. Moji
mama i tata preživeli su toliko toga a da pri tom nisu imali
nikoga da ih usmeri. Znao sam da će biti srećni zato što im se
pruža prilika da pomognu Denijelovoj porodici.

ZNAČAJAN TRENUTAK

To je bio nadrealan i zapanjujući trenutak za mene. Ostao
sam bez reči (pravo čudo), a kad me je Denijel pogledao, osetio
sam da mi se srce topi. I dalje sam o sebi razmišljao kao o dete-
tu, a nikada pre toga nisam video nikoga sličnog meni i veoma
sam želeo da spoznam da nisam jedini takav – toliko različit
od drugih ljudi. Osećao sam da niko zaista ne shvata kroz šta
prolazim i da niko ne može da razume moj bol i usamljenost.

Kad god sam razmišljao o detinjstvu, patio sam zbog bola
koji sam pretrpeo samo zato što sam drugačiji. Kad su mi se
drugi izrugivali i vređali me, taj bol bi se pojačao. No, u pore-
đenju s beskrajnom milošću i slavom Božjom, imajući u vidu
ono što sam osetio kada sam ugledao Denijela, sve te muke
izgledale su mi potpuno nevažne.

Ne bih nikome poželeo da bude invalid poput mene i ra-
stužio sam se pri prvom pogledu na Denijela. Međutim, znao
sam da mi je Bog poslao to dete zato da bih mu olakšao pat-
nje. To je bilo kao da mi je Bog namignuo i kazao: *Eto, vidiš! Ti
si deo mog plana!*

BODRENJE

Ja, naravno, nemam odgovore na sva pitanja. Ne znam kakav bol izazivaju prepreke koje se nalaze pred vama. Došao sam na ovaj svet fizički osakaćen, ali se nikada nisam suočio sa zloupotrebama i zanemarivanjem. Nikada se nisam suočio ni sa problemom rasturene porodice. Nisam izgubio roditelje, brata, ni sestru. Postoje mnoga teška životna iskustva kojih sam bio pošteđen. Siguran sam da mi je u mnogo čemu bilo lakše nego hiljadama druge dece.

U trenutku koji mi je izmenio život – kada sam ugledao Denijela uzdignutog visoko iznad glava svih vernika u crkvi - shvatio sam da je on to čudo za koje sam molio Boga. Nije mi darovao čudo za koje sam ga prvobitno molio, ali mi je umesto toga poslao Denijela.

Imao sam dvadeset četiri godine kad sam upoznao Denijela. Kad me je, kasnije tog dana, njegova majka Peti zagrlila, kazala je da oseća da je zakoračila u budućnost i da grli svog odraslog sina.

„Ne možeš ni da zamisliš kako mi je, toliko sam molila Boga da mi pošalje znak da nije zaboravio mene ni mog sina", rekla mi je. „Ti si pravo čudo. Zapravo, ti si *naše* čudo."

Jedna od dobrih strana našeg susreta bila je i činjenica da su tog dana moji roditelji bili upravo krenuli iz Australije u prvu posetu Americi otkako sam se, prethodne godine, preselio u SAD. Posle nekoliko dana bili smo svi na okupu – moji roditelji, Denijel i njegovi roditelji i ja. Možete pretpostaviti da su naši roditelji imali o čemu da pričaju.

Možda su Kris i Peti zaključili da sam ja pravi blagoslov za Denijela, ali su moji roditelji smatrali da je on još veći blagoslov za mene. Ko je bolje od njih mogao da im objasni sve što treba i pripremi ih za podizanje deteta bez ruku i nogu? Mogli smo ne samo da im damo nadu, već i čvrste dokaze da Denijel može da vodi prilično normalan život, a i on sam je mogao da sazna da svoje iskustvo treba da deli s drugima. Bili smo

NIK VUJIČIĆ

srećni da im prenesemo naše iskustvo i damo dokaze da ne postoje ograničenja u životu bez udova.

Denijel je na mene delovao poput dinamo-mašine i mogao je da mi pruži mnogo više nego ja njemu jer je bio pun energije i radosti, što je za mene bila još jedna, sasvim neočekivana, nagrada.

PODELJENA ISKUSTVA

Pokojna Helen Keler oslepela je i ogluvela pre nego što je napunila dve godine, što je bila posledica bolesti, ali je ipak postala poznati pisac, govornik i društveni aktivista. Ta izuzetna žena jednom je izjavila da se sreća ostvaruje kroz „predanost nekom značajnom cilju".

Šta to, zapravo, znači? Za mene to znači da treba da budem dosledan u upražnjavanju onoga u čemu sam uspešan, da negujem i razvijam svoje talente, da delim svoje iskustvo sa drugima i da u tome uživam. To znači i da treba da prevaziđem fazu samozadovoljstva i krenem da tragam za životnim smislom i ispunjenjem.

Najveću nagradu dobijate onda kada se prepustite. To znači da nastojite da poboljšate život drugim ljudima, da postanete deo nečega što je veće od vas i da budete različiti, i to na pozitivan način. Ne morate da postanete Majka Tereza da biste uspeli u tome. Čak i jedan „invalidni momak" može da dâ svoj doprinos. Upitajte o tome devojku koja je na adresu naše organizacije *Život bez udova* poslala sledeće pismo:

Dragi Nik,
Ne znam ni sama odakle da počnem. Valjda prvo treba da se predstavim. Imam šesnaest godina. Pišem ti jer sam videla tvoj DVD „Bez ruku i nogu, bez briga" i to je u najvećoj meri uticalo na moj život i oporavak. Pišem ti o oporavku jer se lečim od poremećaja u ishrani, odnosno od anoreksije. Bila sam po raznim

42

centrima za lečenje u toku prošle godine i to je bilo najgore poglavlje mog dosadašnjeg života. Nedavno su me otpustili iz jedne kalifornijske bolnice. Videla sam tvoj DVD dok sam boravila u njoj. Nikada u životu nisam osetila takvu motivaciju i inspiraciju. Zaista si me zapanjio. Sve u vezi s tobom je sjajno i pozitivno. Svaka tvoja reč je na neki način uticala na mene. Nikada u životu nisam nikome bila tako neverovatno zahvalna. Bilo je trenutaka kad sam pomišljala da sam stigla do dna, ali sad uviđam da sve u životu ima neki smisao i da ljude treba ceniti po onome što jesu. Zaista ne mogu dovoljno da ti zahvalim za ohrabrenje koje za mene predstavlja tvoj DVD. Želela bih da te jednog dana upoznam. To je jedna od stvari koje želim da učinim pre nego što umrem. Ti si najbolja osoba koja se može zamisliti – naterao si me i da se često nasmejem (što je vrlo teško kad si na rehabilitaciji). Zahvaljujući tebi, sada sam mnogo jača i svesnija sebe, nisam više opsednuta onim što drugi misle o meni i više se ne opterećujem mislima da ništa ne vredim. Naučio si me da negativna razmišljanja pretvorim u pozitivna. Hvala ti što si mi spasao život i promenio ga. Ne mogu ti nikada dovoljno zahvaliti – ti si moj heroj!

ISKORISTITE ME

Zahvalan sam za brojna pisma slična ovome, a to je, zapravo, vrlo čudno kad se ima u vidu da u detinjstvu nisam bio u stanju da uživam ni u svom životu, a kamoli da pomažem drugim ljudima da uživaju u svojim životima. Mislim da se pravo ispunjenje može postići samo ako služite drugim ljudima. Svako od nas se nada da će nekako iskoristiti svoje talente i znanja u službi drugih ljudi pre nego što dođe do konačnog polaganja računa.

U današnjem svetu, mada smo potpuno svesni velike duhovne praznine kao posledice čisto materijalnih težnji, i dalje nam je potrebno da nas nešto podseća da pravo ispunjenje nema nikakve veze sa posedovanjem. Ljudi zaista pribega-vaju najčudnijim metodama da bi postigli ispunjenje. Neki mogu, recimo, odjednom da popiju šest piva. Drugi se drogi-raju do besvesti. Ljudi mogu izmeniti svoja tela da bi ostvarili neki standardni ideal lepote. Mogu raditi celog veka i stići do nekog zacrtanog vrhunca, da bi se, zatim, u trenu survali s njega. Ali, najrazumniji znaju da nema lakog puta do trajne sreće. Ako se kladite na privremena zadovoljstva, ostvarićete samo privremeno ispunjenje. Uz jeftina uzbuđenja ide i ono što ste za njih platili – danas vam je lepo a sutra više nije.

U životu nije važna imovina – važno je biti čovek. Možete imati sav novac ovog sveta, a da pri tom i dalje budete naj-jadnije stvorenje. Znam neke ljude koji imaju savršena tela, a pri tom nisu spoznali ni polovinu sreće koju ja osećam. Dok putujem po svetu, viđam više radosti u udžericama u Mum-baju ili u afričkim sirotištima nego u bogatim naseljima iza neprobojnih kapija i zdanjima vrednim više miliona.

Zašto je to tako?

Zadovoljstvo možete osetiti samo ako su svi vaši talenti iskorišćeni i ako ste potpuno predani nečemu. Samozadovolj-stvo treba posmatrati iz pravog ugla. Odolite iskušenju da se otimate s drugima oko materijalnih dobara kao što su savrše-ne kuće, najlepša odeća, najmoderniji automobili. Sindrom: *ako budeš imao X, bićeš srećan* vodi u masovnu obmanu. Ako tražite sreću u predmetima, nikada je nećete naći.

Osvrnite se oko sebe. Pogledajte šta predstavlja suštinu života.

―――――

Kao dečak sam često zamišljao da bih, ako bi mi Bog po-dario ruke i noge, ostatak života proveo srećan. To mi nije delovalo sebično jer je sasvim uobičajeno da ljudi imaju udo-ve. Najzad sam, ipak, otkrio da mogu biti srećan i bez njih. Denijel mi je pomogao da se u to uverim. Iskustvo koje mi je omogućilo da doprem do njega i njegove porodice podsetilo me je na razlog mog postojanja.

Kad su moji roditelji doputovali u Kaliforniju, sastali smo se sa Denijelovom porodicom i prisustvovao sam jednom izuzetnom događaju. Moji roditelji i ja satima smo razgovarali s njegovim mamom i tatom, poredili naša iskustva i raspravljali o tome kako smo premostili prepreke kakve njega tek čekaju. Tih prvih dana među nama se stvorila jaka veza koja traje sve do danas.

Godinu dana posle prvog susreta opet smo se okupili i Denijelovi roditelji su nam kazali da njegovi lekari misle da još nije vreme da koristi specijalna invalidska kolica napravljena po meri.

„A zašto da ne?", upitao sam. „Bio sam otprilike Denijelovog uzrasta kada sam počeo da koristim takva kolica."

Da bih to dokazao iskočio sam sa sedišta i pustio Denijela da sedne na moje mesto. Upravljač je savršeno odgovarao njegovom stopalu. Dopalo mu se. Upravljao je kolicima vrlo vešto. Pošto smo svi bili na okupu, mogao je da pokaže roditeljima da ume da upravlja takvom napravom. To je bio samo jedan od načina da mu pomognemo da se snađe na svom putu i to zahvaljujući mom prethodnom iskustvu. Ne mogu vam opisati koliko je bilo uzbudljivo pomagati Denijelu i voditi ga.

Tih dana smo, dakle, dali Denijelu vredan dar, ali mi je on uzvratio još većim – mogao sam da, posmatrajući njegovu radost, osetim ispunjenje svojih težnji. Nije bio u pitanju nikakav luksuzni automobil. Nije bio u pitanju ni stan u mondenskom kvartu. Ništa se ne može porediti sa ispunjenjem sopstvene sudbine i uklapanjem u Njegov plan.

Taj dar je trajan. Kasnije, kada smo viđali Denijela, moji roditelji su se prisećali svojih nekadašnjih strepnji i straha da ću se udaviti u kadi: kada sam bio nešto stariji tata me je povremeno lagano spuštao u kadu, pokazujući mi da lako mogu da plutam na površini. Vremenom sam postajao sve odvažniji i spremniji za avanturu i shvatio da mogu da plutam na vodi sve dok zadržavam vazduh u plućima. Čak sam naučio i da svoje malo stopalo koristim kao propeler i krećem se kroz vodu. Pošto su moji roditelji bili veoma uplašeni kad god bih se našao u vodi, možete zamisliti koliko su se obradovali kada su shvatili da sam postao spretan plivač, koji rado uskače u svaku vodu koju ugleda.

Pošto smo sve to ispričali Denijelovoj porodici, obradovali smo se kada smo, nešto kasnije, saznali da je jedna od prvih rečenica koju je dečak izgovorio bila: „Da plivam, kao Nik!" Denijel danas, takođe, dobro pliva. Ne mogu vam opisati koliko me to raduje. Činjenica da mu je moje iskustvo koristilo daje i mom životu veći smisao. Čak i da moja priča nije delovala na druge ljude, sama Denijelova želja da „pliva kao Nik" bila bi dovoljna da poverujem da moj život, i pored svih muka, ima neki smisao.

Najvažnije je prepoznati cilj. Uveravam vas da i vi možete dati svoj doprinos tom procesu. Možda to sada ne shvatate, ali da to nije istina, ne biste ni postojali na ovoj planeti. Siguran sam da Bog ne greši, ali zato, svakako, čini čuda. Ja sam jedno od njih. I vi ste takvo jedno čudo.

Život bez ruku, nogu i ograničenja

Mnogo puta u životu sam se, na raznim putovanjima, uverio u neverovatnu snagu ljudskog duha. Pouzdano znam da se čuda događaju, ali samo onima koji ne gube nadu. Šta je ta nada? To je glas koji vas usmerava ka cilju. On vam se obraća i ubeđuje vas da ono što vam se trenutno događa ne mora biti deo vašeg života. Možda ne možete da kontrolišete događaje, ali možete da kontrolišete svoje reakcije na njih.

Pokojni velečasni Martin Luter King junior rekao je i ovo: „Sve što je postignuto u ovom svetu učinjeno je zahvaljujući nadi." Siguran sam da, dok je duše u nama, postoji i nada. I vi i ja smo samo ljudska bića. Nemamo dar da predviđamo budućnost. Umesto toga, razmatramo ono što bi moglo da se dogodi. Samo Bog zna šta nam život donosi. Nada je njegov dar nama, prozor kroz koji možemo da pogledamo. Budućnost koju je On isplanirao za nas, nije nam poznata. Verujte mu i gajite nadu u srcu, čak i kada se suočite sa najgorim nevoljama i činite sve što možete da se pripremite za najbolji deo života.

Ponekad, naravno, ne dobijamo odgovor na naše molitve. Tragedije se događaju, bez obzira na našu veru i molitve. Čak i najbolji ljudi, oni najčistijeg srca, ponekad pretrpe velike gubitke i jad. Nedavni smrtonosni zemljotresi na Haitiju, u Čileu, Meksiku i Kini primeri su strašne patnje i tragedije kakve se svakodnevno dešavaju. U tim prirodnim katastrofama stradalo je na hiljade ljudi. Njihove nade i snovi umrli su s njima. Mnoge majke su izgubile decu, a mnoga deca majke.

Kako sačuvati nadu usred takve patnje? Kad god čujem za velike katastrofe, teši me samo jedno – činjenica da se u njima uvek ispoljava velika briga za bližnje. Upravo kada se zapitate, kako usred takve besmislene patnje čovek može i dalje nečemu da se nada, stotine nesebičnih dobrovoljaca idu u postradale oblasti. Studenti, lekari, inžinjeri, spasioci i graditelji usmeravaju svu svoju energiju i talente na pomoć preživelima.

Nada se javlja i u najtežim momentima, da bi nam potvrdila Božje prisustvo. Moje muke izgledaju beznačajno u poređenju sa iskušenjima kroz koja su mnogi koje poznajem prošli, mada i sam znam šta znači izgubiti voljenu osobu. Moj rođak Roj razboleo se od raka i umro u dvadeset sedmoj godini, uprkos predanim molitvama svih članova naše porodice, crkve i zajednice. Gubitak bliske osobe nam uvek slama srce i teško nam je da ga shvatimo, te je, upravo zbog toga, nada toliko važna. Ona obuhvata šire područje od našeg ovozemaljskog života. Najistrajnija nada vodi nas u raj. Moja porodica je, recimo, našla veliku utehu misleći da je moj rođak, koji je verovao u Isusa Hrista, otišao kod Njega na nebo i da više ne pati.

Čak i u najtežim situacijama, za koje verujemo da prevazilaze naše snage, Bog zna koliko smo u stanju da podnesemo. Verujem da je naš zemaljski život privremen i da je to samo priprema za večnost. Koliko god sadašnji život bio mučan, čeka nas nagrada na nebu. I u najtežim situacijama verujem da će mi Bog dati snage da savladam sva iskušenja i patnje i da me čekaju bolji dani, ako ne na zemlji, onda svakako na nebu.

Jedna od najboljih metoda da istrajete i kada vaše molitve nisu uslišene jeste da se obratite drugima. Ako posrćete pod teretom patnji, obratite se nekome i ulijte mu nadu u srce. Ohrabrite ljude saznanjem da nisu jedini koji pate. Ponudite saosećanje ljudima u trenutku kada je i vama potrebno. Ponašajte se prijateljski u času kad su vam potrebni prijatelji. Dajte nadu drugima, onda kada je vama najpotrebnija.

Ja sam još uvek prilično mlad i ne pretvaram se da znam odgovore na sva važna pitanja, ali sve jasnije shvatam da u situacijama koje nam deluju beznadežno, onda kad nema odgovora na naše molitve, spas leži u našem odnosu prema ljudima a posebno u odnosu prema našoj hrišćanskoj braći, kao i u našem odnosu prema Bogu i veri u njegovu mudrost i ljubav.

MOĆAN DAR

Moja vera u sposobnost nade da nadjača svaki bol posebno se učvrstila posle moje posete Kini 2008. godine. Video sam Veliki zid i divio mu se kao jednom od najneverovatnijih svetskih čuda. Međutim, najupečatljiviji utisak ostavio je na mene sjaj u očima jedne mlade Kineskinje. Ona je, zajedno s drugom decom, učestvovala u sjajnoj plesnoj predstavi, koja je bila na nivou programa olimpijskih igara. Njen pobedonosni izraz odmah mi je privukao pažnju i nisam mogao da odvratim pogled. Dok se precizno kretala u skladu s ostalim igračicama, vrtela je žonglerske tanjire nad glavom. Bila je veoma usredsređena na to što je radila, ali je ipak delovala tako srećno da me je to ganulo do suza.

Ta devojčica, kao i sva deca koja su izvodila program, spadala je među četiri hiljade mladih siročića koji su u snažnom zemljotresu, nekoliko meseci ranije, izgubili roditelje. Moj vodič i koordinator putovanja i ja posetili smo to sirotište i doneli im pomoć, a mene su zamolili da se obratim deci i ohrabrim ih.

Na putu do sirotišta veoma me je pogodila šteta koju je cela oblast pretrpela, kao i ljudske patnje prouzrokovane zemljotresom. Uz prizor takvog razaranja odjednom sam se zapitao da li ću biti u stanju da kažem siročićima nešto prikladno. Kao da se zemlja odjednom otvorila i progutala sve što sam voleo i znao. Nikad nisam doživeo tako strašno iskustvo. Šta bih uopšte mogao da im kažem? Doneli smo im tople zimske kapute i drugu odeću, ali kako sam mogao da im ulijem nadu?

NIK VUJIČIĆ

Kad sam stigao u sirotište bio sam dirnut i zbunjen. Deca su me, sva redom, grlila. Nisam znao njihov jezik ali to i nije bilo važno. Njihova lica su mi dovoljno govorila. I pored teških okolnosti, ta deca su prosto zračila. Nisam morao da tražim reči utehe za njih. Nije bilo potrebno da ih inspirišem. Umesto toga, deca su inspirisala mene odvažnim duhom koji su tog dana pokazala u predstavi. Izgubila su roditelje, domove i sve što su imala, ali im je na licima, ipak, lebdeo izraz radosti.

Kazao sam im da se divim njihovoj hrabrosti i pozvao ih da se okrenu budućnosti, da smelo požele bolji život i da, svom snagom volje, slede svoje snove.

ODVAŽNI SNOVI

Imajte hrabrosti da sledite svoje snove i nikad ne sumnjajte da možete da savladate sve prepreke. Upoznao sam mnoge ljude sposobne da se u mislima izdignu iznad trenutnih okolnosti, i to ne samo u kineskom sirotištu, već i u sirotinjskim predgrađima Mumbaja, kao i u nekim rumunskim zatvorima. Nedavno sam držao govor u Južnoj Koreji u centru za socijalini rad, u kome su bili smešteni invalidi i samohrane majke. Njihova snaga duha me je veoma začudila. Posetio sam i jedan južnoafrički zatvor ograđen betonskim zidovima, sa zarđalim rešetkama na prozorima. Najgorim kriminalcima nije bilo dopušteno da prisustvuju službi u zatvorskoj kapeli, ali sam čuo da, negde u zgradi, i oni pevaju iste duhovne pesme kao mi. Izgledalo mi je da je Sveti Duh ispunio radošću celo to mesto. Oni su, posmatrano sa strane, zaista bili u zatvoru, ali su u duši bili slobodni jer su negovali veru i nadu. Kad sam izašao kroz zatvorsku kapiju, pomislio sam da su ti ljudi slobodniji od mnogih koji nisu u zatvoru. I vi, isto tako, možete negovati nadu u srcu.

Kad god ste tužni, pomislite da i tuga ima svoju svrhu. To je sasvim prirodno osećanje, ali mu se ne treba prepuštati danju i noću. Možete kontrolisati tugu, tako što ćete se okrenuti vedrijim mislima i posvetiti se delima koja će vas ohrabriti.

Pošto sam duhovno biće, u vremenu punom tuge uvek se okrećem veri u Boga. No (mada to možda zvuči čudno), moje poznavanje knjigovodstva i matematike nudi mi i jedan pragmatičniji pristup. Ako ste zapali u beznađe, to znači da postoji nulta šansa da vam se ma šta dobro desi u budućem životu.

Nulta šansa! Zar vam se ne čini da je to, ipak, preterano? Snaga vere u bolju budućnost toliko je nesumnjiva da meni izgleda mnogo verovatnije da će u vašem životu doći do promene nabolje. Nada, zajedno sa verom i ljubavlju, čini jedan od stubova duhovnosti. Ma u šta da verujete, ne treba da ih se lišavate, jer sve što je dobro u životu potiče od njih. Da li biste planirali porodicu da se ne nadate nečemu dobrom? Da li biste pokušavali da nešto naučite? Nada je ključna za skoro svaki životni potez, a ja se nadam da ću vas ovom knjigom podstaći da ostvarite bolji i slobodniji život.

U Bibliji piše: „One koji se nadaju Gospod će obdariti snagom. Oni će lebdeti na krilima nade poput orlova; leteće i neće se umoriti, hodaće i neće im biti teško." Kad sam prvi put to čuo, shvatio sam da mi ruke i noge nisu neophodne. Ne zaboravite da vas Bog nikada ne napušta. Nastavite svoj put i dospećete do trenutka koji će vam pružiti neslućene mogućnosti.

NA KRILIMA NADE

Širom sveta mnogi ljudi su tugovali zbog zemljotresa koji je 2009. godine pogodio Haiti. No, i pored svih tragedija koje je izazvao taj zemljotres, teške okolnosti učinile su da se na delu pokažu najbolje ljudske osobine, a preživeli nisu hteli da se predaju jadu, bez obzira na nevolje koje su ih zadesile.

Verovalo se da je Merin sin, Emanuel, poginuo i ostao zatrpan pod jednom srušenom zgradom. Taj mladi krojač, star dvadeset jednu godinu, nalazio se u trenutku zemljotresa s majkom u njenom stanu. Ona je uspela da pobegne napolje ali nigde nije videla sina, a zgrada im se pretvorila u gomilu ruševina. Meri ga je tražila i dozivala baš u trenutku kada su naišla kola koja su kupila preživele, ali Emanuela nije bilo ni u njima. No, ona se i dalje nadala da će se njen sin pojaviti.

Nekoliko narednih dana Meri je, tražeći sina, lutala kroz opšti haos i ruševine. Na mestu nesreće bilo je mnogo građevinskih mašina koje su raščišćavale krš, pa nije bilo lako probiti se između njih, ali je u jednom trenutku Meri začula Emanuela kako je doziva.

„Tada sam shvatila da možemo da ga spasemo", kazala je reporterima.

Meri je svima kazala da je čula kako je sin doziva ispod ruševina, ali niko nije mogao da joj pomogne da ga izvuče. Međutim, kada se pojavila međunarodna grupa spasilaca, pronašla je među njima nekoliko iskusnih inženjera. Ubedila ih je da joj je sin još uvek živ. Uz pomoć dobre opreme, koristeći prethodno iskustvo, raščistili su beton, čelik i ostatke zgrade na mestu gde je Meri čula glas svog sina.

Kopali su na tom mestu sve dok nisu ugledali Emanuelovu ruku. Pružao ju je prema njima. Nastavili su da kopaju dok nisu ugledali i rame, a onda su ga dohvatili i izvukli. Bio je živ zakopan pod ruševinama punih deset dana. Teško je dehidrirao, bio je sav prekriven prašinom i izgladneo, ali je preživeo.

Ponekad vam u životu preostaje samo verovanje da je sve moguće, i tada se obično dešavaju čuda. Merin primer pokazuje da, i kada zavlada haos, čovek ne sme da se prepusti očajanju. Treba umesto toga pomisliti da će se Bog nekako postarati za vas. Takva vera naterala je Meri da se pokrene i učini nešto. To ju je dovelo na mesto na kome je čula glas svog sina. Nije teško zaključiti da je samo njena vera održala Emanuela u životu, zar ne?

Možda vam, u ovom času, ne ide najbolje, ali dok ste živi i dok stremite napred, *sve* je moguće.

ŽIVOT BEZ NADE

Sumnjate li u moju tvrdnju da je sve moguće ako se nadate? Ili ste pali u očajanje, pa vam se čini da nemate snage da se otrgnete? Bilo je trenutaka kada sam se i ja tako osećao. Bio sam potpuno siguran da neću učiniti ništa dobro u životu i da ću uvek biti na teretu onima koje volim.

Moji roditelji nisu očekivali dete bez udova, te su neposredno posle mog rođenja bili očajni. Ko bi im to mogao zameriti? Svi očevi i majke pokušavaju da zamisle budućnost svoje dece. Moji roditelji nisu mogli da zamisle šta će biti sa mnom kada odrastem, pa sam to, umesto njih, učinio sam.

Svima nam se ponekad čini da nam se život zahuktao poput automobila koji juri dok ne udari u zid. Možda su neki detalji vašeg životnog iskustva posebni, ali očajanje je svojstveno celom ljudskom rodu. Adolescenti iz celog sveta šalju mi pisma o slučajevima zanemarivanja i zloupotrebe dece i raspadu porodica. Odrasli pišu o tome kako su im alkohol, droge i pornografija upropastili život i obogaljili ih. Ponekad, u toku jednog dana, polovina mojih sagovornika priča o slučajevima borbe protiv raka ili drugih teško izlečivih bolesti.

Kako se, u takvim situacijama, može sačuvati nada? Ako verujete u Boga, setićete se da ste došli na svet s nekim ciljem i posvetićete se njegovom ostvarenju. Kakve god da su prepreke pred vama, nad vama lebdi blagoslov koji će vam pomoći da ih savladate. Pomislite na moje roditelje i beznađe s kojim su se svojevremeno suočili.

VERA U NAJBOLJI MOGUĆI ISHOD

Vrlo je teško razmišljati pozitivno kad vam je životni teret nesnosno težak. Kada sam dovoljno odrastao da shvatim kakva me sve iskušenja čekaju, često sam padao u očaj i nisam verovao da me, na ovom svetu, očekuje nešto dobro. Sećanje na najmučnije doba mog detinjstva prilično mi je nejasno. Prolazio sam kroz periode kada mi je bilo izuzetno teško zbog toga što se toliko razlikujem od drugih. I vi ste, svakako, imali slične trenutke sumnje u sebe. Svi mi nekad poželimo da se uklopimo u određenu grupu, a pri tom osećamo da joj ne pripadamo.

Moja nesigurnost i sumnja u sebe poticali su najviše od činjenice da nemam ruke i noge. Ne znam šta vas brine, ali meni je pomoglo to što sam uvek bio pun nade. Evo vam primera kako je to, u mom slučaju, izgledalo.

Bio sam sasvim mali kada su lekari preporučili mojim roditeljima da me ubace u grupu dece koju su tretirali kao „invalidnu". Neka deca u toj grupi nisu imala udove, druga su patila od cistične fibroze, a treća su bila ozbiljno mentalno poremećena. Moji roditelji su voleli drugu decu sa specijalnim potrebama i saosećali sa njom, ali su smatrali da nijedno dete ne treba ograničiti na samo jednu grupu drugova za igru. Bili su ubeđeni da treba da vodim slobodan život i nastojali da ostvare taj san.

Moja blagoslovena majka je, u tom ranom periodu mog detinjstva, donela vrlo važnu odluku. „Nikolase, treba da se igraš s normalnom decom jer si i ti sasvim normalan. Možda ti nedostaju neki delovi tela, ali to je sve", izjavila je ona i time odredila moju budućnost. Nije želela da pomislim da sam manje normalan od drugih, niti da me ograničava na bilo kakav drugi način. Nije htela da budem introvertan niti nesiguran u sebe zbog toga što se fizički razlikujem od druge dece.

Tada još nisam shvatao da su mi roditelji, od tog doba, pa nadalje, postepeno usađivali verovanje da moram da se oslobodim svakog etiketiranja i ograničavanja. I vi imate pravo na to. Treba da nastojite da se oslobodite svake kategorizacije i ograničenja koja drugi pokušavaju da vam nametnu. Pošto nemam ruke i noge, sasvim dobro razumem ljude koji slušaju šta drugi govore o njima, a zatim, makar i nesvesno, nameću sebi razna ograničenja. Bilo je trenutaka kad sam i ja bio premoren ili na ivici nerava, i izjavljivao da je učenje ili odlazak lekaru preveliki napor za mene, ali mi roditelji nisu dopuštali da se krijem iza takvih izgovora.

Razne etikete mogu vam stvoriti privremeno utočište. Neki ljudi to koriste kao izgovor. Drugi se uzdignu iznad toga. Za mnoge ljude bilo je rečeno da su „hendikepirani" ili „invalidni", ali ih je to samo podstaklo da vode dinamičan život i urade nešto značajno. Zato vas hrabrim da odolite iskušenju i ne namećete sebi stege koje će vas sprečiti da istražujete i razvijate svoje talente.

Kao pravo čedo Božje, ja shvatam da je On uvek kraj mene i tešim se mišlju da zna koliko patnje možemo da podnesemo. Kada mi drugi pričaju o svojim mukama i iskušenjima, često me ganu do suza. One koji tuguju i pate uvek podsećam da ruka Božja nikada nije prekratka. Ona može da dodirne svakoga od nas.

Neka vam ta misao dâ snagu. Odlučite da živite u skladu s njom i da se uzdignete što više na krilima mašte. Morate računati i na neke prepreke. Prihvatite ih kao „iskustva koja izgrađuju karakter". Naučite nešto iz tih iskustava i premostite ih. Možda je vaš san izuzetan. Budite slobodoumni i prihvatite pomisao da Bog možda za vas ima drugačiji plan od onoga koji ste vi skovali. Postoji mnogo načina da ostvarite svoj san – nemojte se obeshrabriti ako vam na tom putu bude potrebna pomoć.

BIONIČKI DEČAK

Nada deluje na nas kao katalizator. Može premostiti i one prepreke koje vam se čine nepremostive. Ako nastavite da se nadate i ne odustanete, pojaviće se neki povoljan trenutak za ostvarenje vašeg plana. Nada vam može pružiti prilike o kojima niste ni sanjali. Javiće vam se ljudi koji vam mogu pomoći.

Neka vrata će vam se otvoriti i na vašem putu više neće biti prepreka.

Znajte da svaka akcija izaziva reakciju. Ako padnete u iskušenje da odustanete od svog životnog sna, naterajte sebe da istrajete samo još jedan dan, sedmicu, mesec ili godinu. Začudićete se lepom ishodu i svemu što će se dogoditi ako ne odustanete.

Kada je došlo vreme da pođem u osnovnu školu, moji roditelji su insistirali da dobijem standardno školsko obrazovanje. Zahvaljujući njihovoj nepokolebljivoj veri i čvrstoj nameri, bio sam među prvom „invalidnom" decom koja su se uklopila u australijski školski sistem. Bio sam toliko dobar đak da su lokalne novine objavile članak pod naslovom: „Invalidno dete 'procvetalo' zahvaljujući uspešnoj integraciji". Uz tekst je objavljena i slika na kojoj se moja sestra Mišel vozi u mojim invalidskim kolicima zajedno sa mnom, pa je to privuklo pažnju drugih australijskih medija; u posetu su počeli da nam dolaze razni predstavnici vlasti, a nepoznati ljudi su nam slali pisma, dopisnice, poklone i zvali nas da ih posetimo.

Donacije koje su usledile omogućile su mojim roditeljima da pokušaju da me opreme veštačkim udovima. Nastojali su da mi ih nabave čim sam napunio osamnaest meseci. Prva proteza koju sam dobio bila je veštačka ruka koja mi nije najbolje pristajala. Šaka i ruka pokretale su se mehanički, pritiskanjem na razne tastere i poluge, a cela ruka bila je dvostruko teža od mene.

Bilo mi je vrlo teško da održim ravnotežu pod tim opterećenjem. Posle izvesnog vremena, ipak sam uspeo da se naviknem na protezu. Već sam bio naučio da dohvatam stvari malim levim stopalom, bradom i zubima, pa mi je bionička ruka otežavala svakodnevne radnje. Roditelji su se u početku razočarali, ali su kasnije shvatili da je moje samopouzdanje posle toga poraslo, jer sam shvatio da mogu mnogo toga da uradim i sam, bez ikakvih pomagala. Ja sam tada, zapravo, hrabrio njih – bio sam im zahvalan i vedrije gledao na budućnost.

Istrajnost vam daje snagu. Iako je naš prvi eksperiment sa veštačkom rukom bio neuspešan, nastavio sam da verujem da će mi u životu sve poći nabolje. Moj optimizam i dobro raspoloženje inspirisali su našu zajednicu u klubu *Lajons*, međunarodnoj organizaciji za pomoć hendikepiranima, da izdvoji sumu od 200.000 dolara za troškove mog lečenja i izradu novih invalidskih kolica po meri. Deo tog novca poslužio je i za finansiranje mog odlaska u Toronto, na dečju kliniku za usavršavanje protetike. Najzad su i medicinski stručnjaci priznali činjenicu da ja mnogo brže i lakše obavljam razne radnje bez proteza nego sa njima.

Uzbuđivala me je pomisao da postoje naučnici i pronalazači koji bi, jednog dana, mogli da mi naprave odgovarajuće veštačke udove. No, bio sam odlučniji nego ikada u nastojanju da se snalazim sam, ne čekajući da neko drugi pronađe nešto što će mi olakšati život – mislio sam da moram sam doći do odgovora na neka važna pitanja. I danas sam zahvalan ljudima za svaku pomoć, bilo da mi neko otvori vrata da se uvezem u kolicima u određenu prostoriju ili me napoji vodom. Ipak, mislim da moramo preuzeti odgovornost za sopstveni uspeh i sreću. Vaši prijatelji i porodica su tu ako je potrebno da vas podrže. Budite zahvalni zbog toga. Pozdravite njihove napore, ali nastavite i dalje da se trudite. Što se više trudite, imaćete više prilika za ostvarenje plana.

Možda ćete ponekad osetiti da ste skoro pred ciljem, a onda doživite neuspeh. To nije razlog da odustanete. Poraz pretrpe samo oni koji odustanu. Ja i dalje verujem da ću jednog dana biti u mogućnosti da hodam i dohvatam predmete kao svaka normalna osoba. To će biti pravo čudo, bilo da ga Bog ostvari direktno ili preko svojih posrednika na zemlji. Tehnologija robotike veštačkih udova brzo napreduje. Možda ću jednog dana imati proteze ruku i nogu koje će dobro funkcionisati ali sam, za sada, zadovoljan i ovim što sam postigao.

Često nas prepreke, za koje verujemo da nas unazađuju, zapravo ojačaju. Morate biti otvoreni za pomisao da je današnji hendikep možda sutrašnja prednost. Navikao sam da na nedostatak udova gledam kao na nešto što mi je svojstveno. Ljudi, žene i deca koji ne govore moj jezik treba samo da me pogledaju i da shvate da sam ja čovek koji je uspeo da se izbori sa iskušenjima. Moram, doduše, priznati da mi nije bilo lako da to postignem.

ISKUSTVO DONOSI MUDROST

Kad govorim svojim slušaocima da se nadaju boljim danima, govorim to na osnovu sopstvenog iskustva. Možete mi verovati jer sam prošao kroz mnoga iskušenja. U jednom trenutku sam čak izgubio svaku nadu.

Taj mučni trenutak mog, inače, prilično srećnog detinjstva desio se kad sam imao desetak godina – odjednom su me preplavile crne misli. Ma koliko da sam se trudio da budem optimista, odlučan i inventivan, bilo je nekih radnji koje nisam mogao sam da obavljam. To su bile neke obične, svakodnevne aktivnosti. Bilo mi je, recimo, mrsko što ne mogu sam da dograbim bočicu sa sodom iz frižidera, baš kao sva ostala deca. Nisam mogao ni da se sam hranim, a mrzeo sam da to drugi čine. Bilo mi je mrsko i to što su članovi moje porodice prekidali svoj obrok da bi me nahranili.

U tom periodu mučila su me i neka druga važna pitanja: *Da li ću naći ženu koja bi me volela? Kako ću se starati o njoj i našoj deci? Kako ću ih štititi ako ih neko ugrozi?*

Većinu ljudi ponekad more takve misli. Verovatno ste se i vi nekada zapitali da li ćete ostvariti trajnu vezu, imati siguran posao, ili pronaći bezbedno mesto za život. Normalno je i zdravo razmišljati o budućnosti, jer na taj način stvaramo viziju života. Problem nastaje kad negativne misli zamrače tu viziju i na horizontu se pojave crni oblaci. Ja se tada molim i podsećam sebe na reč Božju, koja mi pomaže jer shvatam da je On sa mnom. On me nikada ne napušta. Nikada me ne zaboravlja. Učiniće sve da se i najgore situacije preokrenu u dobre. Podsećam sebe da treba da se držim svojih obećanja Bogu, bez obzira na to kako trenutna situacija, posmatrano sa strane, izgleda. Ako je On dopustio da mi se desi nešto loše, možda ne shvatam prave razloge, ali treba da se i dalje uzdam u Njegovu dobrotu.

BELEŽITE SVOJE MISLI

Negde oko jedanaeste godine ušao sam u onu nezgodnu adolescentsku fazu kada nam mozak vri od svakojakih misli, a u telu se dešavaju čudne hemijske reakcije. Drugi dečaci i devojčice počeli su da se sastaju i izlaze u parovima, zbog čega sam se osećao još usamljenije. *Da li bi neka devojčica poželela dečka koji ne može da je drži za ruku niti da pleše s njom?*

Nisam ni sam shvatao da te mračne misli i negativna ose-ćanja sve više kinje moju dušu. Često su mi se razne crne misli motale po glavi u kasnim noćnim satima, kada nisam bio u stanju da zaspim ili kada sam osećao umor posle dugog dana provedenog u školi. Znate i vi taj osećaj – iznureni ste i čini vam se da teret celog sveta leži na vašim plećima. Svi smo doživeli tako nešto, naročito kada smo neispavani, bolesni, ili nas neka druga muka učini ranjivima.

Niko nije stalno veseo i razdragan. Mračna raspoloženja su sasvim prirodna. I ona imaju svoju svrhu. Prema nekim ne-davnim psihološkim studijama, ta raspoloženja doprinose da se kritički i analitički odnosite prema svom radu. To je korisno ako se bavite poslom kao što je izrada bilansa, obračunavanje poreza ili izdavanje novina. Dok ste ih svesni i dok kontrolišete emocije, negativne misli mogu imati i neke dobre efekte. No, ako emocije preuzmu kontrolu nad vašom aktivnošću, rizikujete da padnete u depresiju i počnete da se ponašate autodestruktivno.

Ključno je, dakle, da ne dozvolite negativnim osećanjima i crnim mislima da vac bace u depresiju. Data vam je moć prilagođavanja. Kada osetite da vas spopadaju crne misli, možete posegnuti za prekidačem za njihovo „isključivanje". Priznajte sebi istinu i pronađite izvor vaših mračnih misli, a zatim se usmerite na rešenje, a ne na sam problem. Sećam se da sam nekada na času veronauke na zidu učionice video sliku „Božjeg oklopa", koji se sastoji od pravednosti kao grudnog štitnika, istine kao pojasa, štita vere u ruci, mača Svetog duha u drugoj ruci i šlema spasenja na glavi. Naučio sam da je sve to oružje neophodno svakom hrišćanskom dečaku. Shvatio sam i da je reč Božja mač kojim se mogu boriti protiv negativnih misli. Taj mač je, zapravo, Biblija. Da biste bili u stanju da se branite od negativnih misli potreban vam je i štit vere.

SPIRALA OČAJA

U adolescenciji su nam samopoštovanje i slika o sebi veoma značajni. Dozvolio sam da me u tom dobu obuzmu strah i brige, pa mi je sve što je bilo loše izgledalo važnije od onoga što je bilo dobro.

Izvukao sam najkraću slamku. Kako ću voditi normalan život i naći posao i ženu, ili imati decu? Uvek ću biti na teretu svima oko sebe.

Nisam se osećao kao invalid sve dok nisam izgubio svaku nadu. Verujte mi da je gubitak nade gori od gubitka udova. Ako ste ikada bili depresivni, znate koliko očaj može biti strašan. U tom periodu sam, više od svega drugog, osećao bes, bol i zbunjenost.

Molio sam se i pitao Boga zašto mi nije dao isto što i ostalima. *Da li sam nešto zgrešio? Da li zbog toga ne odgovara na moje molitve da mi dâ ruke i noge? Zašto mi ne pomogne? Zašto me tera da patim?*

Ni Bog ni razni lekari nisu mogli da mi odgovore na pitanje zašto sam rođen bez ruku i nogu. Mislio sam da bi mi, kad bi bilo ma kakvog objašnjenja – naučnog, medicinskog, duhovnog ili nekog drugog – bilo lakše da sve to podnesem. Bol bi tada, valjda, bio manji.

Često sam zapadao u takav jad da nisam hteo da idem u školu. Ranije nisam patio od samosažaljenja. Nastojao sam da se izborim sa svojom invalidnošću, da obavljam svakodnevne radnje i da se igram, kao i sva druga deca. Uglavnom sam ostavljao dobar utisak na roditelje, učitelje i drugove iz razreda, jer sam bio veoma odlučan i samouveren. No, ja sam, zapravo, patio u sebi.

Odgajan sam u atmosferi duhovnosti. Išao sam redovno u crkvu i verovao u isceliteljsku moć molitve. Bio sam toliko opsednut Isusom da sam mu, za vreme obeda, zahvaljivao što je i On s nama za stolom i ostavljao sam praznu stolicu za Njega. Molio sam se da dobijem ruke i noge. U jednom periodu sam se ponadao da ću se jednoga dana samo probuditi sa rukama i nogama. Zatim sam se molio za samo jednu ruku i jednu nogu. Kad ih nisam dobio, naljutio sam se na Boga.

Pomišljao sam da me je Bog stvorio ovakvog zato da bih bio neka vrsta njegovog pomagača u ostvarenju čuda kroz koje ću shvatiti da On postoji. Sastavio sam ovakvu molitvu: „Bože, ako mi daš ruke i noge, ići ću po celom svetu i svima pričati o tom čudu. Pojaviću se na državnoj televiziji i ispričati šta se desilo, pa će ceo svet upoznati moć Božju“. Sećam se da sam Mu govorio da ću u svemu tome istrajati do kraja života. Moja molitva je zvučala ovako: *Bože, znam da si me stvorio ovakvog da bi mi kasnije dao ruke i noge i učinio čudo koje će celom svetu pokazati tvoju moć i ljubav.*

Još kao dete naučio sam da nam se Bog obraća na više raznih načina. Nadao sam se da će mi ubaciti odgovarajuća osećanja u srce. No, vladala je tišina. Nisam osetio baš ništa.

Roditelji su mi često govorili: „Samo Bog zna što si rođen takav.“ Zato sam postavio to pitanje Bogu, a on nije hteo da mi odgovori. Te neuzvraćene molitve i pitanja bez odgovora pogodili su me još jače zbog moje ranije bliskosti s Bogom.

Morao sam da savladam i neke druge prepreke. Kada smo se preselili više od hiljadu kilometara na sever, u Kvinslend, pored mora, udaljili smo se od većeg dela naše brojne porodice. Nestala je moja zaštitna čaura sačinjena od stričeva, tetki i dvadeset šestoro malih rođaka. Stres zbog preseljenja mučio je i moje roditelje. I pored sve njihove ljubavi i podrške nisam mogao pobeći od osećanja da predstavljam strašan teret za njih.

Činilo mi se da nosim tamne naočare koje sprečavaju svetlo da prodre u moj život. Nisam mogao da smislim način da ma kome budem koristan. Osećao sam da sam greška prirode, prava nakaza, zaboravljeno Božje dete. Mama i tata su činili sve da me uvere u suprotno. Čitali su mi Bibliju. Vodili su me u crkvu. U nedeljnoj školi su nam učitelji govorili da nas Bog sve voli. Ali, ja nisam mogao da se oslobodim jada i gneva.

Bilo je, doduše, i nekih svetlih trenutaka. U nedeljnoj školi osećao sam radost dok sam sa ostalom decom pevao: „Bog voli svu dečicu sveta, crvenu i žutu, crnu i belu, sva su mu dragocena, a i Isus voli svu dečicu." Pošto sam bio okružen onima koji su me podržavali i voleli, pevao sam tu pesmu iz srca. Ona me je tešila.

Želeo sam da verujem da On zaista brine o meni, ali bih se ponekad umorio jer se nisam dobro osećao, pa bi me opet obuzele crne misli. Sedeo bih u invalidskim kolicima na igralištu i pitao se: *Da me Bog zaista voli kao ostalu decu, zar mi ne bi dao ruke i noge? Zašto me je načinio toliko drugačijim od ostalih?*

Slične misli su me mučile svakog dana, čak i u nekim prijatnim situacijama. Borio sam se protiv očaja i osećanja da će mi život biti veoma mučan. Činilo mi se da Bog ne odgovara na moje molitve.

Jedne večeri sam sedeo na kuhinjskom šanku i posmatrao mamu kako nam s puno ljubavi sprema večeru, što me je obično opuštalo i činilo samopouzdanijim. Odjednom su me spopale crne misli. Palo mi je na um da ne želim da se i dalje vučem unaokolo i budem svima na teretu. Osetio sam naglu potrebu da se bacim sa šanka. Pogledao sam nadole. Pokušavao sam da utvrdim pod kojim uglom treba da padnem tako da slomim vrat i ubijem se na mestu.

No, ubrzo sam ubedio sebe da ne treba to da činim, najviše zbog toga što bih, ako ne bih uspeo da se ubijem, morao svima da objašnjavam zašto sam pao u takav očaj. Uplašila me je i sama pomisao da sam bio tako blizu samoubistva. Trebalo je da kažem majci o čemu sam razmišljao, ali sam se uspaničio. Nisam hteo da i nju uplašim.

Bio sam vrlo mlad i okružen ljudima koji me vole ali im se ipak nisam obratio, niti sam nekome rekao šta me muči. Ukazala mi se prilika koju nisam iskoristio, a to je bila greška.

Ako vas more crne misli, ne morate sami da se borite s njima. Onima koji vas vole neće biti teško da vas saslušaju. Oni, svakako, *žele* da vam pomognu. Ako ne možete da se poverite bližnjima, obratite se profesionalnim savetnicima u školi, na poslu, ili u vašoj zajednici. Niste sami. Nisam bio ni ja. Sada to shvatam i ne želim da se ikad nađete na samo jedan korak od fatalne greške, kao što se to desilo meni.

Međutim, u to vreme bio sam u bezizlaznoj situaciji. Zaključio sam da, ako želim da okončam svoje patnje, treba da okončam i sam život.

GLAS SA NEBA

Jednog popodneva zamolio sam majku da me stavi u kadu da se brčkam. Zamolio sam je i da pri izlasku zatvori vrata kupatila. Potopio sam se u vodu preko ušiju. U tišini sam se prepustio teškim mislima i skovao precizan plan.

Ako Bog ne želi da mi olakša bol i ako život za mene nema nikakvog smisla... ako sam došao na svet samo zato da bih iskusio samoću i odbacivanje... ako sam svima na teretu i nemam nikakve budućnosti... treba odmah sve to da okončam.

Kao što sam pomenuo, kad sam opisivao kako sam naučio da plivam, ležao sam u kadi na leđima i nastojao da zadržim vazduh u plućima. Međutim, u ovoj prilici sam, zapravo, nastojao da odmerim koliko dugo mogu da zadržim vazduh pre nego što potonem. *Da li da držim dah sve dok mogu? Da li da duboko udahnem, ili samo napola? Da li da ispustim vazduh iz pluća i potonem?*

Najzad sam se prevrnuo na stomak i uronio lice u vodu. Instinktivno sam zadržao dah. Pluća su mi jaka, pa sam dosta dugo plutao, ili mi se tako učinilo.

Kad sam ispustio sav vazduh iz pluća, opet sam se prevrnuo na leđa.

Ipak ne mogu to da učinim.

Ali, crne misli su me i dalje mučile: *Želim da okončam sve ovo, želim da nestanem.*

Izduvao sam veći deo vazduha iz pluća i opet spustio lice u vodu. Znao sam da mogu da zadržim dah barem deset sekundi, pa sam počeo da odbrojavam... 10... 9... 8... 7... 6... 5... 4... 3...

Dok sam brojao, pred očima mi se ukazala slika mame i tate kako stoje kraj mog groba i plaču. Video sam i svog sedmogodišnjeg brata Arona kako plače pored njih. Svi su jecali, govorili da je to njihova greška i da je trebalo više da učine za mene.

Nisam mogao da podnesem misao da će oni, sve do kraja života, misliti da su odgovorni za moju smrt.

Bio sam sebičan.

Ponovo sam se okrenuo na leđa i duboko udahnuo vazduh. Ipak, nisam mogao to da uradim. Nisam mogao da ostavim porodicu opterećenu takvim osećanjem krivice.

Moj jad je i dalje bio neizdržljiv. Te večeri sam, u našoj spavaćoj sobi, kazao Aronu: „Planiram da se ubijem kad napunim dvadeset jednu godinu."

Pomislio sam da ću nekako pregurati srednju školu, a možda i završiti fakultet, ali ništa dalje od toga nisam mogao ni da zamislim. Nisam verovao da ću ikada naći posao i oženiti se, kao što planiraju svi ostali. Koja bi se devojka uopšte udala za mene? Činilo mi se da je starost od dvadeset jedne godine pravi čas za kraj mog životnog puta. Uostalom, u uzrastu u kome sam tad bio, činilo mi se da do tada imam još dosta vremena.

„Kazaću tati šta si rekao", odgovorio je moj mali brat.

Rekao sam mu da ne priča nikome i sklopio oči s namerom da zaspim. Sledeće čega se sećam je da sam osetio da se krevet ugnuo od očeve težine kad je seo pored mene.

„Kakva je pa sad ta priča da želiš da se ubiješ?", upitao me je.

Pričao mi je srdačnim i ubedljivim tonom o svemu dobrom što me čeka. Pritom mi je lagano provlačio prste kroz kosu. Uvek sam to voleo.

„Svi ćemo biti tu da ti se nađemo", ubeđivao me je. „Sve će biti dobro. Obećavam ti da ćemo uvek biti kraj tebe. Biće ti dobro, sine."

Nežan dodir i pogled pun ljubavi ponekad su sasvim dovoljni da se smiri uzbuđeno dete i olakša patnju zabrinutoj dečjoj duši. Tatina ubeđivanja da će sve biti dobro su mi, u tom času, bila dovoljna. Otac je ubedljivim tonom i nežnim dodirom pokušao da dopre do mene. Svaki dečak želi da veruje ocu, a te noći mi je tata obećao podršku na koju sam mogao da računam. Nema ničega ubedljivijeg za dete od očevih reči. Moj otac je bio rečit i izdašan u uveravanjima i umeo je da nam svima iskaže ljubav i pruži podršku. Tada nisam shvatao šta na kraju može biti dobro za mene, ali, ako mi je tata to kazao, bio sam spreman da mu poverujem.

Posle tog razgovora čvrsto sam zaspao. Imao sam, doduše, i posle toga nekih mučnih dana i noći. Ipak sam verovao roditeljima i gajio nadu mnogo pre nego što sam konačno razradio viziju svog budućeg života. Bilo je i dužih perioda sumnje i straha, ali je taj trenutak verovatno bio najniža tačka očaja do koje sam ikada pao. I danas imam neke loše momente, kao i svi drugi, ali više nikada posle tog dana nisam razmišljao o samoubistvu. Kad se setim tog časa i razmislim o životu koji sam kasnije vodio, mogu samo da zahvalim Bogu što me je izvukao iz očajanja.

NEPOKOLEBLJIVA NADA

Posle raznih govora koje sam održao u dvadeset četiri zemlje, posle mnogo objavljenih DVD-a i spotova na jutjubu dobio sam i mnogo blagoslovenih poruka podrške. Pomislite koliko bih radosti propustio da sam u uzrastu od deset godina oduzeo sebi život. Propustio bih mnoge izuzetne prilike da sa drugima podelim svoje iskustvo, kao i sve ono što sam u međuvremenu naučio od preko 120.000 osoba kojima sam se obratio u Indiji, 18.000 slušalaca kojima sam govorio u areni za koridu u Kolumbiji i 9.000 lica koja sam okupio posle nevremena u Ukrajini.

U međuvremenu sam shvatio da je, mada tog tužnog dana nisam sebi oduzeo život, *Bog to učinio umesto mene.*

On je tog dana preuzeo vođstvo i dao mom životu mnogo više smisla, odredio mi cilj i darovao mnoge radosti, kakve jedan desetogodišnjak nije bio u stanju ni da zamisli.

Nemojte napraviti grešku kakvu sam ja zamalo počinio.

Da sam te 1993. godine ostao da ležim u kadi s licem u vodi, možda bih time okončao svoje trenutne patnje, ali po koju cenu? Ono očajno dete, svakako, nije moglo da zamisli radosnog mladića koji pliva uz havajsku obalu uporedo s morskim kornjačama, jedri na dasci u Kaliforniji ili roni nedaleko od kolumbijske obale. Međutim, od svih tih avantura važniji su mnogi životi na koje sam u međuvremenu uticao.

Ja predstavljam samo mali primer Božje milosti. Pomislite na razne prave junake, poput Majke Tereze, Mahatme Gandija ili prečasnog Martina Lutera Kinga, pa ćete shvatiti da ima mnogo onih koji su u stanju da se nose sa svakakvim nedaćama – zatvorom, nasiljem, čak i pretnjama smrću – i da se pri tom i dalje drže svog sna, koji je važniji od svega.

Kad vas obuzmu negativne misli i mračno raspoloženje, setite se da uvek postoji izbor. Ako vam je potrebna pomoć, potražite je. Niste sami. Pomislite da vas čekaju bolji dani i preduzmite nešto da ih i ostvarite.

Zamislite kako je meni bilo u detinjstvu, a pogledajte šta sam sve do sada postigao. Ko zna kakvi vas lepi dani i značajni poduhvati čekaju? Ko zna koliko ćete života ulepšati ako vaše iskustvo posluži nekome kao čudesan primer? Krenite sa mnom, čovekom bez ruku i nogu, prema budućnosti punoj nade!

Treće poglavlje

Potpuna sigurnost u srcu

Vera se u Bibliji definiše kao suština naših nadanja i sigurnost u ono što ne možemo videti. Ni vi, ni ja ne možemo živeti bez vere, odnosno bez verovanja u nešto što se ne može dokazati. Često o veri govorimo terminologijom raznih religija, ali postoje i mnoge druge vrste vere koje srećemo svakog dana. Ja, kao hrišćanin, živim u skladu sa verom u Boga i mada ne mogu da ga vidim ni dotaknem, znam u srcu da On, ipak, postoji i predajem mu svoj život. Ne znam šta nosi sutrašnji dan, ali zahvaljujući veri u Boga znam ko može da utiče na sutrašnjicu.

To je jedna vrsta vere. Primenjujem je u mnogim segmentima svog života. Prihvatam da postoji nešto što ne mogu dotaći, videti, ni fizički osetiti, ali ipak verujem u to. Verujem, recimo, da postoji kiseonik i smatram da je nauka u pravu kad tvrdi da nam je neophodan za život. Ne mogu da vidim, dodirnem ili nekako drugačije osetim kiseonik, ali znam da postoji zato što *ja* postojim. Ako sam živ, to znači da ga udišem, te prema tome kiseonik, svakako, postoji, zar ne?

Kao što verujemo da nam je kiseonik nužan za život, moramo, da bismo preživeli, verovati i u neke druge nevidljive elemente. Zašto? Zato što svi nailazimo na prepreke u životu. To je nešto što se dešava i vama i meni. U svačijem životu postoje trenuci beznađa i tada vera najviše dolazi do izražaja.

Nedavno sam dobio elektronsko pismo od mlade žene po imenu Keti, koju su zbog zdravstvenih problema otpustili s posla. Bilo joj je potrebno dvadesetak raznih operacija. Naime, rođena je bez butne kosti u jednoj nozi, pa su joj tu nogu amputirali u ranom detinjstvu. Danas Keti ima tridesetak godina i udata je, a meni je priznala da se u životu često pitala: „Zašto se sve to desilo baš meni?"

Pošto je videla neki od mojih spotova, Keti je shvatila da ponekad nema odgovora na to pitanje. Moramo verovati da će nam Bog na vreme otkriti svoj plan. Do tada, međutim, moramo imati dovoljno vere.

„Od srca ti zahvaljujem i verujem da sam ja, baš kao i ti, jedna od izabranih", napisala mi je Keti. „Nadam se da ću jednog dana imati čast da te upoznam i zagrlim, kao i da ti zahvalim što si mi otvorio oči i dozvolio da ugledam svetlo."

Keti je, dakle, pronašla nadu i snagu za život tek kada je odlučila da poveruje u ono što ne vidi i ne shvata. To je suština vere. Nailazite na životne prepreke koje vam se u početku čine nepremostivim. Dok čekate na rešenje, vera je možda jedino za šta možete da se uhvatite, a ponekad vam verovanje da ćete jednog dana dobiti odgovor na neko svoje bitno pitanje pomaže da preživite najtežu krizu.

Zato ja samu reč VERA posmatram kao akronim: VErovati RAdosno. Možda ne mogu naučno da dokažem ono u šta verujem, ali znam da, živeći u veri, mogu da se približim istini mnogo više nego ako se prepustim očaju. Svake godine se obraćam hiljadama školske dece i često im pominjem veru u ono što ne vidimo. (Ponekad se mala deca u početku pomalo uplaše kad me ugledaju. Ne znam zašto, jer sam zapravo njihove visine i uvek im govorim da sam mali za svoje godine.)

Zato se u početku malo šalim s njima, sve dok ne vidim da su se opustili. Kad jednom prihvate moj nedostatak udova većina dece je, to sam zapazio, fascinirana mojim malim levim stopalom. Video sam da ga često pokazuju prstom ili zure u njega, pa ga onda malo mrdnem i našalim se da je to „moj pileći batačić". Na to se uvek nasmeju, jer je taj opis baš odgovarajući.

Moja sestra Mišel, koja je šest godina mlađa od mene, prva je to zapazila. Išli smo često s našim bratom Aronom i roditeljima na porodična putovanja na kojima smo nas troje obično bili „spakovani" poput cepanica na zadnjem sedištu automobila. Moj tata, kao ni mnogi drugi očevi koji voze porodicu, nije voleo da se često zaustavlja na putu. Kad bismo ogladneli, zapomagali smo i gnjavili roditelje.

Kad bismo se sasvim izbezumili od gladi, pretvarali smo se da ćemo pojesti jedni druge. Na jednom takvom putovanju Mišel je izjavila da namerava da oglođe moje malo stopalo jer „izgleda kao pileći batačić". Svi smo se nasmejali, ali sam ja posle toga sasvim zaboravio taj njen opis. Nekoliko godina kasnije Mišel je donela kući neko štene. Ono je stalno pokušavalo, ma gde da bih se smestio, da glocka moje stopalo. Terao sam ga od sebe, ali se štene stalno vraćalo i pokušavalo da mi oglođe stopalo.

„Vidiš, i mom psiću tvoje stopalo liči na batačić", rekla je Mišel.

To mi se dopalo! Od tada sam počeo da pričam tu priču đacima. Kad pomenem stopalo obično upitam decu da li misle da imam samo jedno. To im deluje kao zamka, jer mogu da vide samo jedno, a bilo bi logično da imam i drugo.

Većina dece odgovara prema onome što vidi. Ta deca obično kažu da misle da imam samo jedno stopalo. Tada im pokažem Juniora, moje, još manje, desno stopalo, koje se najčešće ne vidi. Ponekad ih zgranem kad izvučem desno stopalo i zamahnem njime. Tada deca obično zagalame i zaciče. To mi je uvek zabavno, jer su mala deca vrlo neposredna. Ona odmah priznaju da žele nešto da vide kako bi poverovala u to.

Tako hrabrim decu, baš kao i vas sada, da veruju u *mogućnosti* koje se pružaju u životu. Da bismo nekako nastavili život ključno je da nas, bez obzira na sve teškoće, ne vodi ono što vidimo, već ono što smo u stanju da zamislimo. To je suština vere.

POVERENJE U PILOTA

Moja mašta se prelama kroz Božje oči. Uvek verujem njemu. U srcu sam sasvim siguran da, čak i bez ruku i nogu, mogu da vodim sjajan život. Isto tako, i vi možete osetiti da je sve moguće. Verujte da će, ako učinite sve što je u vašoj moći da ostvarite svoje snove, vaš trud, svakako, biti nagrađen.

Ponekad nailazimo na iskušenja pre nego što naš poseban trud bude nagrađen. To sam shvatio 2009. godine u Kolumbiji, za vreme moje južnoameričke ture. Bilo je planirano da u toku deset dana održim govore u devet različitih gradova. Zbog velikih rastojanja i malo vremena, organizator je iznajmio mali avion kojim smo leteli od grada do grada. Bilo nas je osmoro, uključujući i dvojicu pilota sa istim imenom – Migel, a nijedan od njih nije znao engleski. U toku jednog leta u kabini se iz kompjutera začula instrukcija: „Dižite se, dižite se!", izrečena na engleskom jeziku.

Kompjuter je pratio naše brzo gubljenje visine, insistirajući pri tom na ciframa: „Šesto stopa!", „Petsto stopa!", „Četiri stotine stopa!". Uz ta obaveštenja stalno su se čula ona uputstva pilotu: „Dižite se!", „Dižite se!"

Niko od nas se nije izbezumio, ali je atmosfera u putničkoj kabini postala pomalo napeta. Pitao sam svog pratioca da li misli da treba kapetanima Migelu I i Migelu II prevesti uputstva sa engleskog na španski.

„Zar misliš da oni ne znaju da gubimo visinu?", upitao me je.

Nisam znao šta da mislim, ali mi se učinilo da niko drugi u svemu tome ne vidi nikakav problem. Sledio sam primer svojih saputnika i pokušao da ne paničim. Uskoro smo, na moje veliko olakšanje, bezbedno sleteli. Kad je kasnije neko od prevodilaca pomenuo kapetanima moju paniku, obojica su se gromko nasmejala.

„Znamo mi šta kompjuter saopštava, ali prilikom sletanja ignorišemo ta uputstva", rekao je Migel II. Zatim su mi, preko prevodilaca, poručili: „Treba da imaš malo više vere u pilote, Nik!"

Dobro, moram da priznam da je u jednom trenutku moje poverenje u njih bilo dovedeno u pitanje. No, veći deo vremena bio sam veoma ubeđen da se Bog stara o meni i pazi da ostanem živ. Prikazaću vam srž moje vere: uvek držim par cipela u plakaru. Oduvek sam verovao da može doći dan kada ću ih obuti i hodati u njima. To može i da se ne dogodi, ali ipak postoji takva mogućnost. Ako možete da zamislite lepšu budućnost, to znači da verujete u nju, a onda verujete i u njeno ostvarenje.

Neograničena vizija.

Kada sam u uzrastu od deset godina prolazio kroz period depresije, nisam patio od fizičkih bolova. Mada sam rođen bez ruku i nogu, ipak sam uspeo da ostvarim koristan i ispunjen život, kakav danas vodim – uz jedan izuzetak. Nekada sam se oslanjao samo na ono što mogu da vidim. Držao sam se nekih ograničenja, umesto da razmotrim sve mogućnosti.

Svi imamo svoje granice. Ja, svakako, nikada neću postati košarkaška zvezda, ali to ima i dobre strane, jer mogu da inspirišem druge ljude da postanu zvezde svojih životnih priča. Ne treba se ravnati prema nečemu što nam nedostaje. Treba živeti kao da nam je sve dostupno i kao da možemo da ostvarimo sve o čemu maštamo. Čak i ako preživimo tragediju, postoji neko neočekivano, neverovatno, pa čak i nemoguće dobro koje će se iz nje izroditi. To se možda neće desiti odmah. Možda ćete se pitati kakvo dobro može nastati iz vaše teške situacije. No, ako poverujete da sve ima i neku dobru svrhu, čak i tragedije mogu da se pretvore u trijumfe.

SURFERKA

Kada sam 2008. godine bio na Havajima, sreo sam surferku svetskog glasa, Betani Hamilton. Možda se sećate da je ona, 2003. godine, u napadu ajkule izgubila levu ruku. Tada je imala samo trinaest godina. Pre toga je već bila poznata jahačica na talasima, ali kada se posle nesreće vratila sportu i pri tom zahvaljivala Bogu na njegovoj dobroti, međunarodna javnost počela je da se divi njenom nesalomivom duhu i zapanjujućoj veri. Danas ona, kao i ja, putuje po svetu i nastoji da inspiriše ljude i prenese im svoju veru.

Jednom je Betani izjavila sledeće: „Želim da prenesem ljudima svoju veru u Boga i svima objasnim da ih Tvorac voli, kao i da je pazio na mene tog dana. U protivnom, ne bih bila živa, jer sam tog prepodneva izgubila sedamdeset procenata krvi."

Sve do našeg susreta nisam znao šta se, zapravo, desilo tog dana i nisam shvatao koliko je ta neverovatna devojčica bila blizu smrti. Ispirčala mi je da se u ambulantnim kolima molila za vreme vožnje koja je trajala četrdeset pet minuta, a bolničar joj je usput šaputao na uho sledeće reči utehe: „Bog te neće napustiti, ni zaboraviti."

Situacija je bila teška. Kad su, najzad, stigli u bolnicu i pripremili sve za operaciju, ispostavilo se da su sve sale zauzete. Betani je ubrzo izgubila svest. Međutim, jedan pacijent je odustao od operacije kolena na koju su ga upravo poveli, pa je slobodan hirurg mogao da operiše Betani. Šta mislite ko je bio taj pacijent?

Njen otac.

To je baš čudno, zar ne? Hirurg je već bio spreman za operaciju pa se, kad su umesto oca dovezli kćerku, brzo dao na posao. Ta operacija joj je spasla život.

Pošto je bila sportistkinja i snažna devojčica, a pri tom se ponašala veoma pozitivno, Betani se oporavila mnogo brže nego što su lekari očekivali. Samo tri nedelje posle napada ajkule već je jedrila na dasci.

U toku moje posete Havajima Betani mi je kazala da ju je vera u Boga navela da zaključi da je njen gubitak ruke deo šireg Božjeg plana. Umesto da se sažaljeva, ona je prihvatila tu činjenicu i nastavila život. Na narednom svetskom takmičenju za najbolju surferku našla se na trećem mestu, mada je imala samo jednu ruku. Izjavila je da je gubitak ruke za nju u mnogo čemu bio pravi blagoslov, jer sada, kad god se pojavi na nekom takmičenju, samim izgledom poručuje svima da u životu ne treba postavljati granice.

„Bog mi je konačno odgovorio na molitve i iskoristio me. On kroz mene govori svim ljudima koji slušaju moju priču“, izjavila je. „Ljudi mi često kažu da su se preko mene približili Bogu, da su počeli da veruju u njega, da sam im ulila nadu i navela ih da prevaziđu teškoće. Hvalim Boga kad god to čujem, mada nisam ja ta koja to čini za njih – to je sve Božje delo. Zahvalna sam mu što me je učinio delom svog plana.

Ne možete da se ne zadivite Betaninom neverovatno snažnom duhu. Malo ko bi joj zamerio da je, posle napada ajkule, sasvim odustala od surfovanja. Ali, ona je ponovo naučila da uspostavi ravnotežu na dasci, i to je nije nimalo omelo u daljem životu. Verovala je da, mada je doživela nešto strašno, to ipak može imati dobar ishod.

JAHANJE NA TALASIMA

Setite se te neverovatne devojčice kada vas život ošine i naruši vaše planove i snove. To će vam se, svakako, događati. Svima nam se povremeno dešavaju neočekivane neprijatnosti. Verovatno vaš problem neće biti napad ajkule, ali, ma šta da vas ugrozi, pomislite na tinejdžerku koja nije samo preživela napad jedne od najsurovijih grabljivica već je iz tog iskustva izašla jača i odlučnija da vodi uzbudljiv život.

Betani me je toliko inspirisala da sam rešio da probam nešto što sam oduvek želeo. Da li bi mogla da me nauči da jašem na talasima? Na moje čuđenje, odmah je ponudila da me odvede na plažu Vaikiki.

Bio sam očaran mišlju da ću učiti taj sport na plaži na kojoj su razni havajski kraljevi i kraljice prvi put jahali na talasima. Bio sam i prilično nervozan. Betani je trčkarala kraj mene i upoznala me sa velikim surferskim zvezdama, Tonijem Monicom i Lensom Hukanoom, koji su obećali da će nam se pridružiti u vodi.

Kao što sam već rekao, kad se zapitate da li ste u stanju da ostvarite svoj životni cilj, verujte onima koji su spremni da vam pruže ruku i da vas povedu. To je bilo upravo ono što sam ja učinio na putu do svog cilja. Nisam mogao poželeti bolje vodiče od mojih drugara surfera. Počeli su da me obučavaju, pridržavajući me na dasci postavljenoj na travnjak.

Zatim su se smenjivali pored mene na dasci na vodi, davali mi uputstva i bodrili me. Kad sam zaplovio sa Betani na talasima, odjednom me je spopala zastrašujuća misao da nas dvoje raspolažemo sa ukupno tri uda, a sva tri su njena. Dopadala mi se pomisao da budem surfer i dobar plivač. Nisam se plašio vode, ali nisam bio siguran da se mogu održati na talasima, čak ni uz najstručnije instruktore kraj sebe. No, u jednom trenutku sam napravio zaokret od 360 stepeni na dasci, zajedno sa instruktorom. U drugom pokušaju prebacio sam se, dok smo bili na talasima, sa svoje daske na Betaninu.

Hteo sam da pokušam da surfujem sasvim sam. Nisam mogao da odolim – bio sam uporan. Najzad su se svi saglasili oko toga da treba da pokušam. Da bi mi pomogli da se popnem na dasku, načinili su na prednjoj strani malu platformu od presavijenih peškira, pa mi je bilo lakše da se uspnem. Kad bih uhvatio talas, mogao sam ramenima da se oduprem o peškire i tako se uspravim. Ako postoje dobra volja i talas, uvek ima načina da se to izvede.

Tog dana se na Vaikikiju održavalo takmičenje u surfovanju, pa se okupilo mnogo ljudi koji su nas posmatrali. Mada sam bio prilično nervozan, dobio sam i dosta korisnih saveta od stručnjaka.

„Želiš li zaista da pokušaš to i na vodi, druže?"

„Zaista ne znam kako održavaš ravnotežu bez ruku i nogu!"

„Umeš li ti da plivaš? I to brže od ajkule?"

Kad sam izašao iz vode, osećao sam se malo bolje. Vrlo sam lagan, pa mi plutanje na vodi i plivanje ne predstavljaju problem. Mogu lako da otplovim bilo kuda i nikad ne znam gde ću se nasukati. Priviđalo mi se kako plutam po vodi sve do Australije, a talasi me nose pravo u zadnje dvorište mojih roditelja.

Bio je to prekrasan dan. Betani je bila u vodi pored mene i hrabrila me je, ali kad god bih uhvatio talas i uspravio se, pao bih ponovo na dasku. Pokušao sam šest puta i svih šest puta sam se srušio.

Nisam hteo da odustanem. Previše ljudi me je gledalo i previše fotoaparata snimalo. Nisam hteo da se na jutjubu pojave moje slike i da svi vide da sam invalid koji ne može da se održi na dasci. Kao dete sam dosta vremena provodio na skejtbordu, pa sam razvio osećaj ravnoteže. Najzad sam, u sedmom pokušaju, uhvatio veliki talas i uspravio se. Bilo je vrlo uzbudljivo, cičao sam kao uzbuđena devojčica dok sam stajao na dasci koja je jurila prema plaži.

Svi na plaži su me bodrili i zviždali dok sam se približavao obali. Bio sam fanatično zagrizao! Znam to jer su mi svi to govorili: „Momče, baš si fanatik!"

U toku naredna dva sata uspeo sam da to ponovim dvadesetak puta, čim bih uhvatio dobar talas. Na plaži je bilo i profesionalnih fotografa koji su se nadmetali među sobom, pa sam postao prvi novopečeni jahač na talasima kojeg su bezbroj puta slikali za naslovnu stranu časopisa *Surfer*. „Isplovio sam na peškirima" iz tog divnog dana.

Kasnije je Lens Hukano u jednom intervjuu načinio zanimljivu primedbu: „Ceo svoj vek sam proveo na toj plaži", rekao je „a nikada ranije nisam učestvovao u nečemu sličnom. Nik je jedan od najodvažnijih ljudi koje sam ikada video. On to obožava. Kao da mu slana voda teče venama. Navodi vas da poverujete da je sve moguće."

Držite se i vi toga: *sve je moguće*. Kad osetite da posrćete pred nekom preprekom ili da je pred vama preveliki izazov, pokušajte da mislite kako je sve moguće. Možda vam to, u datom trenutku, neće biti moguće. Možda ćete imati osećaj da se ceo svet zaverio protiv vas. No, verujte da se okolnosti mogu promeniti, neka rešenja će se već pojaviti, a pomoć može doći sa neočekivane strane. Tada zaista sve postaje moguće.

Ako momak bez ruku i nogu može da nauči da surfuje na jednoj od najpoznatijih svetskih plaža, onda i vi možete sve što poželite.

ULIVANJE VERE

Jedna od najpoznatijih biblijskih priča je legenda o Sejaču. Seljak je razbacao seme i mala količina je pala na put. Ptice su ga pozobale. Izvesna količina je pala na stene, gde nije moglo da pusti koren. Nešto semena palo je u trnoviti korov koji je ugušio mlade biljke. Samo ono seme koje je palo na pravo tlo moglo je da pusti koren i da proizvede mnogo novog semena, znatno više od onog koje je prvobitno posejano.

Mi ne samo da primamo Božje seme, već ga zadržavamo na „tlu" naših duša. Kad zastanemo pred preprekama možemo se ohrabriti, prisećajući se naših snova o boljem životu. Ti snovi su seme buduće stvarnosti. Naša vera je plodno tlo koje omogućava da to seme proklija i oživi.

Svi koji me vole, uvek su me hrabrili. Posejali su seme ljubavi u mom srcu. Uverili su me da imam dar da pomažem drugima. Nekada sam im verovao, a ponekad i nisam. Ali, oni nisu odustajali. Znali su da neko seme može pasti na kamenu podlogu ili u korov. Ipak su verovali da će neko drugo pustiti koren u mom srcu.

Moja porodica je to činila svakog jutra kad bih pošao u školu. „Lepo se provedi, Nikolase! Učini sve što možeš, a Bog će učiniti ostalo!"

Ponekad sam pomišljao: *Da, ali Bog ima vrlo čudan smisao za humor, jer sam siguran da će mi se danas deca rugati na igralištu.*

izdavač retkih i neobičnih knjiga

Čim bih se dovezao na igralište u invalidskim kolicima, neki blesavko bi mi prišao i kazao da mi se guma probušila, ili da žele da me koriste kao držač za vrata biblioteke. *Baš smešno!*

U tim danima utešne reči mojih roditelja padale su na neplodno tlo. Nije bilo hranljivih sokova koji bi ih održali. Bio sam previše ogorčen što sam se rodio takav.

Međutim, u mesecima i godinama posle mog doživljaja u kadi ohrabrenja su nailazila na sve plodnije tlo. To je, delimično, bilo zbog toga što sam drugovima iz razreda svojim odlučnim ponašanjem pokazao da sam snažna ličnost. I dalje je bilo nekih crnih dana, ali sve manje.

Vrlo inspirativan pisac Norman Vinsent Pil napisao je: „Budite sledbenik *teorije mogućnosti.* Ma koliko vam sve crno izgledalo, podignite pogled i uočićete neku mogućnost. Uvek ih možete sagledati, jer one postoje tu, oko vas.“

Možda nikada nećete postati prezbiterijanac ili rotarijanac, ali treba stalno mahati značkom sledbenika teorije mogućnosti. Šta će vam se dogoditi ako ne verujete da vam se u životu pružaju razne mogućnosti? Gde bismo svi mi bili bez te vere? Povoljan trenutak rađa se iz nade u bolju budućnost. To nas krepi u teškim časovima, kad smo obeshrabreni i očajni.

Moja sklonost ka teoriji mogućnosti ispoljila se vrlo rano. Imao sam šest ili sedam godina kad sam napisao i ilustrovao svoju prvu knjigu. Naslov knjige bio je *Jednorog bez krila.* Nije neka velika tajna kako sam došao na tu zamisao, ali poređenja koja sam izvukao iz sopstvenog života sadrže značajnu poruku o veri. (Ne brinite, priča je kratka jer sam imao samo šest godina kad sam je napisao.)

Bila jednom mama jednorog i imala je mladunče.
Kad je mali jednorog odrastao, nije dobio krila.
Majka se pitala: „Šta se dogodilo s njegovim krilima?“
Kad je mali jednorog pošao u šetnju, video je druge jednoroge kako lete u nebo. Zatim mu je prišao neki dečak i upitao ga: „Šta je bilo s tvojim krilima?“

Jednorog je odgovorio: „Nemam krila, dečače!"

Dečak mu je kazao: „Napraviću ti ih od plastike."

Posle jednog sata dečak se pojavio s plastičnim krilima.

Kad je završio nameštanje krila, dečak je upitao jednoroga da li može da sedne na njegova leđa, a ovaj je odgovorio: „Da, možeš."

Tada su se otisnuli i poleteli u nebo, a jednorog je vikao: „Uspelo je, uspelo je!"

Kad se let završio, dečak je sišao s njegovih leđa. Jednorog se ponovo vinuo u nebo, a dečak je povikao: „Čestitam ti!"

Zatim se vratio kući i ispričao majci, braći i sestrama šta se dogodilo sa jednorogom.

Jednorog je bio srećan do kraja života.

Kraj.

Svi treba da budemo srećni do kraja života. Čak i ako verujete da možete da se izborite s teškoćama i uživate u srećnim periodima života, ponekad ćete biti razočarani. Ipak, uvek treba težiti srećnom kraju. Zašto se i vi ne biste borili za to?

NAGRADA ZA STRPLJENJE

Ekipa iz organizacije *Živeti bez udova* pomogla mi je u ostvarenju plana za put oko sveta 2008. godine. Trebalo je da posetim četrnaest zemalja. Na početku smo odredili budžet i ogranizovali kampanju za prikupljanje novca za putne troškove. U ekipi nije bilo profesionalnih finansijskih stručnjaka, pa nismo uspeli da sakupimo potrebnu sumu. Ispostavilo se da smo prikupili otprilike trećinu potrebnog iznosa. Ipak sam krenuo na put i posetio Kolumbiju, Ukrajinu, Srbiju i Rumuniju. Kad sam se vratio, moji savetnici su bili zabrinuti zbog nedostatka novca za ostatak turneje.

Moj stric Bata, koji uspešno posluje u Kaliforniji, član je našeg upravnog odbora. On je odlučio da izbacimo dva grada iz našeg programa, a nedostatak novca nije bio jedini razlog za to.

„Dobijamo sve više izveštaja o nedovoljnoj bezbednosti putnika u Indiji, a naročito u Mumbaju i Indoneziji", kazao je. „Pošto ionako nemamo dovoljno novca, bilo bi mudro ostaviti odlazak u te zemlje za neki drugi put."

Moj stric je vrlo razborit i nisam hteo da se prepirem s njim. Rekao sam da verujem u njegovu procenu. Zatim sam otišao da držim govore na Floridi, gde mi je 450 dobrovoljaca pomagalo da održavamo red na skupovima. Otišao sam da ohrabrim te ljude, ali su i oni mene ispunili energijom i entuzijazmom. Kada sam se vratio u Kaliforniju ohrabren srdačnim dočekom na Floridi, pomislio sam da mogu da nastavim turneju po svetu u skladu s prvobitnim programom.

Molio sam Boga da mi dâ znak. Osećao sam da treba da odem u Indiju i Indoneziju, bez obzira na eventualnu opasnost i novac koji je nedostajao. Mislio sam da treba da služim drugima, a ostalo će se srediti samo od sebe. Stric Bata me je pozvao na večeru da prodiskutujemo o mojim namerama.

Dok smo pričali o svemu tome, savladala su me osećanja. Prosto sam osećao da treba to da učinim. Stric Bata me je razumeo i ispričao o mojim planovima svima kojih se setio.

„Da vidimo kuda će nas Gospod povesti u toku narednih nedelja", rekao je strpljivo.

Kad se nađete pred iskušenjem, nemojte odustajati od plana. Ne bežite od izazova. Razmotrite situaciju, potražite rešenje i verujte da će, ma šta se desilo, to imati neki dobar ishod. Bacite seme! Savladajte oluju! Sačekajte žetvu! U većini slučajeva, kad se nađete pred preprekom, nemojte očajavati. Ne udarajte glavom o zid! Nemojte ni da se povučete. Potražite pravo rešenje i verujte da i prepreke imaju svrhu.

Kada smo shvatili da nemamo dovoljno sredstava za turneju, nismo požurili da trošimo novac koji nemamo. Pribegli smo molitvi. Tražili smo rešenja. Verovali smo da će se vrata koja su danas zatvorena jednog dana otvoriti za nove prilike.

Važno je znati da ćete, ako uporno tražite, uvek pronaći način da nešto postignete. Možda treba izabrati realnije ciljeve. Ipak, sve dok je daha u grudima, postoji i mogućnost da se nađe rešenje.

Treba da objasnim i ovo: nismo dobili nikakav odgovor na naše molitve koji bi pomogao u finansiranju turneje. Ali, počeli su da se nižu neobični i čudesni događaji.

Nekoliko dana posle mog odlaska na večeru kod strica Bate momak po imenu Brajan Hart, koji je slušao moj govor na Floridi, pozvao me je i uručio nam veliku sumu novca.

Naši agenti u Indoneziji javili su da su mi obezbedili termine za govore na dva stadiona u Hong Kongu. Obećali su da će voditi računa i o mojoj bezbednosti.

Samo dva dana posle toga javila nam se jedna kalifornijska dobrotvorna organizacija i dodelila nam sumu koja nam je bila potrebna za ostatak puta.

Novac, dakle, više nije predstavljao problem. Još uvek nismo bili sigurni u bezbednost izvesnih područja, ali uzdali smo se u Boga.

UZDAJTE SE U MILOST BOŽJU

Već sam rekao da se sve dobro završilo. Zbog nedostatka novca promenili smo program puta po Indiji, ali kada smo došli do potrebne sume, vratili smo se na početni program. Otputovali smo nedelju dana ranije nego što smo prvobitno planirali.

Ta promena nas je, možda, spasla. Samo nekoliko dana posle naše posete Mumbaju na mestima gde sam boravio odigrali su se dramatični teroristički napadi. Hotel *Tadž*, aerodrom i železnička stanica u južnom Mumbaju bili su na listi meta terorista, a u tim napadima je poginulo 180 i ranjeno 300 ljudi.

Nik Vujičić

Prema našem prvom planu, bili bismo u Mumbaju na tim mestima baš u vreme napada. Možete reći da smo prosto imali sreće. Ja, ipak, verujem u Boga i mislim da su nam njegovi planovi nepoznati. Zato je važno verovati u budućnost i stremiti cilju, čak i kad nas pritisnu razne nevolje.

TAČKA OSLONCA

Počeo sam ovo poglavlje pričom o svom levom stopalu koje mi je uvek bilo vrlo korisno. Veoma sam zahvalan Bogu za njega jer svi inovatori koji rade na protezama i korisnim pomagalima svake vrste mogu da ih učvrste za moje malo stopalo. Razne vrste daljinskih upravljača i senzorskih tastera spadaju u prigodna sredstva koja se mogu pokretati stopalom. I bez ruku i nogu mogu, dakle, da vodim život o kakvom moji roditelji nisu ni sanjali, a ni ja kao dete nisam mogao da zamislim tako nešto. Mada mi danas izgleda da sam tada imao malo mogućnosti da se iskažem, savremena tehnologija premostila je neka moja ograničenja, a u tome su mi pomogli i snaga vere i nastojanje da istrajem.

Život može biti težak, surov i nezadovoljavajući, ali treba biti istrajan. Kad sam se rodio, izgledi su mi bili slabi, ali sam uspeo da se izborim za koristan i ispunjen život. Ako mislite da sam ja izuzetak, upoznajte se sa životom jednog od mojih omiljenih junaka, Kristija Brauna.

Kristi je rođen u Dablinu 1932. godine, kao deseto dete u porodici od dvadeset dva člana, mada je samo trinaestoro dece preživelo i odraslo. Kristi je imao sve udove na broju, ali je bio težak invalid – nije mogao da se kreće i jedva bi povremeno ispustio poneki glas. Znatno kasnije je utvrđeno da je patio od teškog oblika cerebralne paralize.

Pošto nije mogao jasno da izgovara reči, lekari su dugo mislili da je Kristi mentalno zaostao. Njegova majka je tvrdila da to nije tačno – on samo nije bio u stanju da komunicira.

Ona i drugi članovi porodice uporno su vežbali s njim. Jednoga dana je Kristi pokušavao nešto da doda sestri i dograbio je levom nogom komadić krede. To je, naime, bio jedini deo tela kojim je mogao da upravlja.

Ubrzo je naučio da piše, crta i slika levim stopalom. Kristijeva porodica je, baš kao i moja, uporno nastojala da ga osposobi za normalan život koliko god je to bilo moguće, pa su ga vozikali unaokolo u baštenskim i drugim kolicima. Ubrzo je, baš kao i ja, naučio da pliva. Tada je njegova majka upoznala lekara koji ga je smestio u bolnicu *Džon Hopkins*. Kasnije je taj lekar otvorio posebnu bolnicu za Kristija i pacijente obolele od iste bolesti.

Lekar je uputio Kristija u književnost i zainteresovao ga za neke irske pesnike, pa je dečak rešio da se i sam oproba kao pisac i pesnik. Njegovi memoari nose naslov *Moje levo stopalo*, a napisao je i bestseler pod naslovom *Kroz mučne dane* po kome je snimljen film sa Danijelom Dej Luisom u glavnoj ulozi (ovaj je, inače, sin Kristijevog književnog sabrata i druga Sesila). Kristi je objavio još šest knjiga i bio je uspešan slikar.

Pomislite na duge, mučne dane koje su Kristi i njegova porodica provodili, pitajući se kakav će biti njegov život. Mogao je da pokreće samo mali deo svog izmučenog tela i da ispušta slabe zvuke. Ipak je postao poznati pisac i vodio neverovatan život, po kome je snimljen popularan film, koji je i nagrađen.

Šta, dakle, vas čeka? Zašto ne biste malo tragali i videli kakve će vam se mogućnosti pružiti.

SAGLEDATI ŠIRU SLIKU

Moja perspektiva je u detinjstvu bila veoma ograničena. Bio sam toliko usmeren na svoje probleme da nisam ni pomišljao da na svetu postoje još nesrećniji ljudi, kao što je bio Kristi Braun. Kad sam imao trinaest godina, pročitao sam članak o jednom Australijancu koji je pretrpeo tešku nesreću. Posle nje ostao je paralizovan, bez moći govora i vezan za krevet do kraja života. Nisam mogao ni da zamislim kako mu je.

Ta priča mi je otvorila oči i proširila moje viđenje sveta. Shvatio sam da moj život bez udova vodi kroz velika iskušenja, ali da ipak imam na čemu da budem zahvalan Bogu, kao i da preda mnom stoje razne mogućnosti.

Vera u sudbinu može vam dati veliku snagu. Njom možete pokrenuti planine. Ja sam postepeno postajao svestan toga. U četrnaestoj godini pročitao sam priču o slepom čoveku iz Jevanđelja po Jovanu. Taj čovek se rodio slep, a kada su ga Isusovi sledbenici ugledali, upitali su svog vođu: „Za čije grehe je kažnjen, svoje ili svojih roditelja?"

To pitanje sam i ja sebi često postavljao. *Da li su moji roditelji učinili nešto loše? Da li sam ja negde pogrešio? Zašto bih, inače, bio rođen bez ruku i nogu?*

Isus je sledbenicima odgovorio: „Nije pogrešio ni on ni njegovi roditelji." Rođen je slep da bi se „kroz njega iskazao Bog na delu".

Kada je slepac čuo taj odgovor, njegova slika života bitno se izmenila i shvatio je da postoje neke nove mogućnosti. Možete zamisliti kako je meni ta priča zvučala kad sam bio tinejdžer, i to veoma svestan da sam drugačiji – invalid i zavisim od drugih. Tada sam, odjednom, sagledao nove mogućnosti. Nisam više bio samo teret za druge. Nisam bio uskraćeno dete. Nisam bio kažnjen. Bio sam Božje delo, stvoreno da bi On progovorio kroz mene.

Kad sam u petnaestoj godini pročitao taj odlomak iz Biblije, osetio sam da me obuzima mir kakav pre toga nikada nisam osetio. Često sam se pitao zašto sam rođen bez udova, a tada sam zaista shvatio da to samo Bog zna. Morao sam to da prihvatim i zapitam se kakve mi se mogućnosti pružaju.

Niko, dakle, nije znao zašto sam rođen takav, baš kao što niko nije znao ni zašto je onaj slepac iz Biblije rođen slep. Isus je rekao da je slepac rođen takav zato da bi se Bog pokazao na delu.

Te reči su me obradovale i dale mi silnu snagu. Tada sam prvi put shvatio da to što ne znam zašto sam rođen takav ne znači da me je Tvorac napustio. Onaj slepac iz Biblije bio je izlečen da bi služio Bogu. Ja nisam izlečen, ali sam na vreme spoznao svoj životni cilj.

Shvatite da ponekad u životu ne dobijate odmah pravi odgovor. Morate da verujete. Ja sam naučio da verujem i mogućnosti mi se pružaju. Ako ja mogu da verujem u njih, možete i vi.

Pomislite i na ovo: kao dete nisam mogao znati da će moj nedostatak udova biti podsticaj da ulivam nadu mnogim ljudima u raznim krajevima sveta. Takva teška vremena i razočaranja koja trpimo nisu bez značaja. Ne treba da se pravite da uživate u njima. No, verujte da vas čekaju bolji dani, da ćete voditi koristan život i ostvariti svoj cilj.

ULOGA UZORA

Prvi put sam iskusio snagu vere u sudbinu na jednom školskom skupu na kome sam prvi put čuo kako neko izlaže teoriju motivacije zasnovanu na ličnom iskustvu. Govornik se zvao Redži Dabs i nije mu bilo lako da nam se obrati. Na tom skupu bilo je oko 1400 učenika. Bilo je vruće i zagušljivo. Razglasni sistem je pucketao, a ponekad bi se sasvim isključio.

Okupljeni đaci bili su prilično nestrpljivi, ali nas je govornik potpuno očarao svojom pričom, saopštivši nam da mu je majka bila neudata maloletna prostitutka iz Luizijane, koja je neko vreme razmišljala da abortusom reši „taj problemčić". No, srećom po Redžija, ipak je rešila da rodi dete. Nije imala porodicu ni dom, pa je trudnoću provodila skrivena u nekom kokošinjcu.

Dok se, prestrašena i usamljena, krila u njemu, odjednom se setila svoje nekadašnje učiteljice, koja joj je rekla da može da joj se obrati za pomoć ako joj nekada bude neophodna. Učiteljica se zvala gospođa Dabs. Doputovala je iz Tenesija i odvela trudnu tinejdžerku svojoj kući, gde ju je čekao muž i šestoro dece. Gospođa Dabs i njen muž usvojili su Redžija i dali mu svoje prezime.

Takođe su mu i usadili svest o moralnim vrednostima, rekao nam je Redži. Jedna od prvih lekcija koje je naučio od njih bila je da, bez obzira na teške okolnosti, čovek uvek može reagovati na događaje pozitivno ili negativno.

Redži nam je zatim ispričao da je skoro uvek donosio prave odluke u životu jer je verovao da mu se pružaju razne mogućnosti. Nije želeo da čini zlo, pošto je verovao da je mnogo toga dobrog pred njim. Jedna njegova rečenica me je posebno ganula: „Ne možete izmeniti prošlost, ali možete promeniti budućnost!“

Te reči sam primio k srcu. Sve nas je ganuo. Posejao je u meni seme vere i ubedio me da mogu da budem govornik. Dopalo mi se i što je taj skromni čovek mogao da utiče na veliku grupu ljudi i očara ih u roku od nekoliko minuta. Svidelo mi se i što putuje po svetu i obraća se raznim ljudima – plaćali su mu, dakle, da ljudima daje nadu.

Kad sam tog dana izašao iz škole, pomislio sam: možda ću i ja jednog dana moći da ispričam ljudima neku dobru priču, baš kao Redži. Zato vas podstičem da shvatite da možda još uvek jasno ne vidite svoj put, ali to ne znači da takvog puta nema. Verujte i vaša priča će se odvijati sama od sebe, a ja pouzdano znam da će biti neverovatna.

Volite svoju nesavršenost

Jednoga dana, na turneji po istočnoj Aziji, obratio sam se grupi od preko tri stotine izvršnih rukovodilaca u Singapuru. Kada sam završio prezentaciju sala je počela da se prazni, a onda sam spazio jednog dostojanstvenog gospodina kako žuri prema meni. Delovao je veoma uspešno i samouvereno, kao i deo te ugledne publike, pa su me prve reči koje mi je uputio malo začudile.

„Nik, pomozi mi!", kazao je.

Kao što sam ubrzo saznao, taj preduzimljivi čovek bio je vlasnik tri banke, ali mi se skrušeno obratio jer mu materijalna dobra nisu nudila zaštitu od problema koji je u tom času imao.

„Imam divnu četrnaestogodišnju kćerku kojoj se, iz nekog groznog razloga, kad god se pogleda u ogledalu učini da je ružna", rekao mi je. „To mi slama srce – zašto ne može da vidi da je divna? Kako da je ubedim da to shvati?"

Bilo mi je lako da razumem njegovu muku jer je roditeljima najteže da podnesu patnju svoje dece. Pokušavao je da joj pomogne da prevaziđe svoju samoodbojnost, što je veoma važno, jer, ako ne možemo da podnesemo sebe dok smo mladi i privlačni, kako ćemo se podnositi kad ostarimo i osetimo sve one zdravstvene tegobe koje vreme neizbežno donosi. Ako mrzimo sebe iz nekog besmislenog razloga, lako je nastaviti takvo izmišljanje i pronaći bezbroj novih, podjednako apsurdnih razloga za samonetrpeljivost. Mladalačka nesigurnost u sebe može da vas povuče u razoran vrtlog, samo ako se mislite na svoje slabosti umesto na vrline.

U Bibliji piše da smo mi „čudesno i zastrašujuće delo Božje." Zašto nam je onda teško da volimo sebe kakvi jesmo? Zašto nas često muči osećaj da nismo dovoljno lepi, visoki, vitki ili dobri? Bio sam ubeđen da taj čovek iz Singapura obasipa ćerku ljubavlju i pohvalama, pokušavajući da joj učvrsti samopouzdanje i samopoštovanje. Naši roditelji i oni koje volimo mogu se beskrajno truditi u nastojanju da nas izgrade, a ipak jedan zlobni komentar druga iz razreda ili neprijatna primedba šefa ili saradnika dovoljni su da sruše sve njihove napore. Postajemo ranjivi i zapadamo u psihozu žrtve, stvarajući mišljenje o sebi na osnovu onoga šta drugi misle o nama. Kada niste spremni da prihvatite sebe manje ste spremni i da prihvatite druge, a to vas može odvesti u izolaciju i usamljenost. Jednoga dana sam držao govor grupi tinejdžera i razgovarali smo o tome kako nas želja za popularnošću navodi da odbacujemo manje privlačne drugove iz našeg školskog društva. Da bih istakao poentu direktno sam ih upitao: „Ko bi od vas poželeo da se druži sa mnom?"

Na moje veliko olakšanje, većina prisutnih je podigla ruke uvis.

Tada sam im postavio pitanje koje ih je malo zbunilo: „Znači, uopšte nije važno kako izgledamo, zar ne?"

Pustio sam da to pitanje nekoliko trenutaka odzvanja u tišini. Prethodno smo govorili o tome kako deca žele da se uklope u sredinu prikladnom odećom, modernim frizurama, idealnom težinom i umereno preplanulim tenom.

„Kako možete da se družite s momkom bez ruku i nogu a da pritom odbacite neke drugove samo zato što ne nose odgovarajuće farmerke, ili nemaju lep ten ni figuru manekena?," upitao sam ih.

Kada sebe strogo procenjujete ili stalno vršite veliki pritisak na svoje misli postajete kritičniji i prema drugima. Ako prihvatate i volite sebe onako kao što vas Bog voli, postižete osećaj većeg spokoja i ispunjenosti.

Taj osećaj, svojstven adolescentima, zapravo je univerzalan. Zamolili su me da se obratim mladima u Kini i Južnoj Koreji jer su roditelji i pedagozi bili zabrinuti zbog velikog broja depresivne i samoubilački nastrojene dece, što je posledica naglog društvenog razvoja i napornog rada dece u tim zemljama.

Boravio sam u Koreji 2010. godine, baš u vreme održavanja Zimskih olimpijskih igara u Vankuveru. Bilo je zabavno posmatrati kako naglo raste nacionalni ponos i entuzijazam u Seulu kada je Kim Ju Na, južnokorejska „kraljica ledene ploče," osvojila svoju prvu zlatnu medalju za umetničko klizanje. Interesovanje za njen nastup u finalu olimpijskog takmičenja bilo je toliko veliko da je promet akcija na državnoj berzi u to vreme bio upola manji nego obično.

Veliki deo hrišćanske južnokorejske populacije gledao je jedan moj dokumentarni film, pa sam dobio nekoliko poziva da održim govore u toj zemlji. Ekspolozija vere u toj zemlji je zapanjujuća. Moji domaćini iz crkve Onuri objasnili su mi da južnokorejski hrišćani čeznu za misionarskim radom. Saopštili su mi i da se predviđa da će, kroz deceniju ili dve, broj južnokorejskih misionara u svetu biti veći od broja severnoameričkih, što je vrlo značajan podatak ako se ima u vidu da je Južna Koreja znatno manja.

Kada smo stigli u Seul iznenadio me je broj hrišćanskih crkava u tom gradu. Pretpostavlja se da se u Seulu nalaze tri najveće hrišćanske bogomolje u svetu. Pre samo sto godina Južna Koreja je imala vrlo mali broj hrišćanskih vernika, dok sada skoro trećina od 48 miliona stanovnika ove zemlje čine hrišćani. Jedna od crkava u kojima sam govorio, evangelstička Joido crkva, ima pastvu od preko 800.000 vernika, a službe se održavaju u dvadeset jednom hramu širom zemlje.

Mnogi moji prijatelji putovali su u Južnu Koreju samo da bi obišli sve te crkve. U njima se održavaju neverovatne službe i glasne grupne molitve, uz zvonjavu zvona, koja označava svaki novi deo liturgije. Međutim, čak i uz svu tu novu posvećenost veri, ljudi u Južnoj Koreji, ipak, često pate od stresa izazvanog dugim radnim vremenom. I đaci u školama su pod velikim pritskom, jer je konkurencija velika i svi žele da budu najbolji. Većina njihove dece misle da je u životu najvažnije biti najbolji đak u školi. Ako se ne nađu na prvom mestu pate od osećanja gubitka. Nastojao sam da ih ohrabrim i objasnim im da jedan nepoložen ispit ne znači da su u svemu neuspešni. Svi smo vredni u Božjim očima i treba da volimo sebe onako kao što On nas voli.

Ta vrsta ljubavi prema sebi i to samoprihvatanje nemaju veze sa uobičajenom vrstom sebičnog samoposmatranja. Ljubav prema sebi o kojoj ja govorim je nesebična ljubav. Dajete više nego što primate. Nudite i kada vam se ne traži. Delite s drugima ono malo što imate. Radujete se kada podstaknete ljude da se osmehnu. Volite sebe zato što niste sebični. Srećni ste zato što ste takvi kakvi ste, jer su ljudi zadovoljni kada se okupe oko vas.

A šta da radite ako ne volite sebe zato što vas niko drugi ne voli? Smatram da to, zapravo, nije moguće. Znajte da smo i ja i vi deca Božja. Svi mi možemo da računamo na Njegovu bezuslovnu ljubav, milost i praštanje. Treba da volimo sebe, da shvatamo našu nesavršenost i da praštamo sebi zato što i Bog sve to čini.

Na putu kroz Južnu Ameriku govorio sam i u jednom centru za rehabilitaciju narkomana u Kolumbiji. Zavisnici i bivši zavisnici koji su bili u publici nisu visoko vrednovali sebe kao ljudska bića, jer su drogom skoro sasvim uništili sopstvene ličnosti. Ja sam im objasnio da ih Bog voli ma kako dugo da su zavisni od droge. Kada im je prevodilac protumačio moje reči da ih Bog bezuslovno voli video sam da su im lica sinula. Ako je Bog spreman da nam oprosti grehe i da nas tako voli, zašto ih ne bismo i mi oprostili i prihvatili sebe onakve kakvi jesmo. Kao pomenuta kćerka singapurskog bankara, i narkomani iz Kolumbije izgubili su se na životnom putu jer su, iz ko zna kojih razloga, potcenjivali sebe. Smatrali su da ne zaslužuju sve najbolje u životu. Objasnio sam im da svi zaslužujemo ljubav Božju. Ako nam On prašta i voli nas, zašto ne bismo i mi oprostili sebi i nastojali da vodimo što lepši život.

Kada su pitali Isusa koje su najvažnije Božje zapovesti rekao je da je najvažnije voleti Boga svim srcem, dušom, umom i snagom, a druga Božja zapovest po važnosti je da treba voleti bližnjeg svog kao samoga sebe. Voleti sebe ne znači biti sebičan, samozadovoljan i usmeren samo na sebe, već je to prihvatanje sopstvenog života sa svim njegovim nesavršenostima, promašajima i greškama i usmeravanje na ono što nam ide od ruke i što možemo dati, koristeći pritom neki naš urođeni dar, znanje, mudrost, kreativnost, naporan rad ili blagorodnu dušu. Ne treba da ispunjavate nečija očekivanja. Možete i sami doći do definicije savršenosti.

UNUTRAŠNJI SJAJ

Psihijatar Elizabet Kibler-Ros napisala je da su ljudi poput prozora od obojenog stakla: „Sijaju i blistaju na suncu, ali kada se smrkne, njihova prava lepota može se otkriti samo ako su obasjani iznutra. "Da biste živeli slobodno i preživeli periode tame i depresije, zavisnost od droge ili alkohola i slična teška iskušenja morate upaliti to svoje unutrašnje svetlo. Morate verovati u svoju lepotu i vrednost, kao i u to da ste važni i različiti od drugih.

Da biste vodili život bez ograničenja morate, kao prvi bitan korak, odrediti svoj životni cilj. Treba se nadati i verovati u buduće povoljne prilike, čak i kada vam je teško i uvek treba uporno stremiti cilju. Da biste bili ispunjeni morate verovati da *zaslužujete* uspeh i sreću. Morate voleti sebe baš kao što Bog voli sve koji veruju u Njega.

Imam prijatelja koji živi u skladu sa sobom i tako je smiren i pun vere u svoje darove da se svima čini da prosto zrači pozitivnim osećanjima. Lepo mi je sa njim. Svi vole njegovo društvo. Zašto? Zato što poseduje taj unutrašnji sjaj. Voli sebe, ali ne na sujetan način, već se smatra blagoslovenim i onda kad mu sve ne ide od ruke i kada se bori sa životnim teškoćama, baš kao i vi i ja.

Siguran sam da i vi poznajete ljude koji šalju slične pozitivne vibracije, kao što znate i sasvim suprotne ličnosti – one čija ogorčenost i samoprezir sputavaju sve oko njih. Ako ne prihvatate sebe, to vodi ne samo u destruktivno ponašanje već i u društvenu izolaciju.

Možda ne posedujete taj unutrašnji sjaj zato što očekujete da vas drugi vrednuju i uliju vam samopouzdanje, odnosno zato što želite da vas drugi cene. Na tom putu ćete se, svakako, razočarati jer morate prvo sebe da cenite. Jedina prava procena vaše vrednosti i lepote dolazi iznutra.

Znam da je to lako reći ali je najčešće teško tako postupati. Kao dete pobožnih hrišćana još u detinjstvu sam naučio da me Isus voli i da sam sâm stvoren u skladu sa Njegovim planom. Naravno, sva ta biblijska učenja i napori mojih roditelja da me ohrabre momentalno su nestali pred uzvikom jednog zlobnog deteta, koje se, u nekom davnom trenutku, zaletelo prema meni vičući: „Nakazo!"

Život može biti vrlo surov. Ljudi često ne razmišljaju o svojim postupcima, ili su prosto zlobni. Morate, dakle, prikupljati unutrašnju snagu, a kada nje nestane morate se obratiti višoj sili, Bogu, kao poslednjem utočištu u kome ćete naći svu potrebnu snagu i ljubav.

Samoprihvatanje i ljubav prema sebi danas se često pominju, ali ih ljudi pogrešno shvataju. Vaša ljubav prema sebi treba da bude odraz Božje ljubavi, a svako od nas nalazi se na ovom svetu zato da bi mu dao svoj doprinos. Mnogi tinejdžeri, a i odrasli ljudi postaju narcisoidni misleći da tako slede poruku da treba voleti sebe. To je, dobrim delom, posledica današnjeg kulta lepote i slave, koji se neguje u televizijskim emisijama snimanim uživo, filmovima, izborima najpopularnijih TV lica i raznim sličnim programima. Kada gledate takve emisije lako zaboravite da u životu postje važnije stvari od lepog izgleda, luksuznog okruženja i seksualnih avantura. Nije nikakvo čudo što se više slavnih ličnosti može sresti u centrima za rehabilitaciju nego u crkvi. Previše ljudi obožava lažne bogove sujete, oholosti i požude.

Ne verujem da je ijedna prethodna generacija obmanjivana toliko kao sadašnja mladež. Naše društvo je zatrpano porukama da nam je potreban izgled u skladu sa određenim normama i da treba da živimo na određen način da bismo bili zadovoljni, voljeni, cenjeni ili uspešni. Stigli smo do kritične tačke propadanja, jer se danas često smatra da je video-snimak seksualnih aktivnosti put do slave, bogatstva i zadovoljstva.

Zar ne mislite da bi ovaj svet bio bolji ako bi fotoreporteri snimali i pratili studente sa visokim ocenama ili misionare koji pomažu sirotinju i sve ugrožene hranom i lekovima i daju im malo nade, umesto što snimaju narkomane na rehabilitaciji, delinkvente sa kriminalističkim dosijeom ili ožiljke od igle? Nemojte, ipak, misliti da je sve izgubljeno. Video sam kako mladi i stari stoje u dugim redovima na ceremonijama prilikom verskih praznika, zadovoljni što su naučili da vole bližnje. Posmatrao sam i kako odrasli i omladina provode odmor gradeći kuće u zemljama u razvoju i pomažući ugroženim licima u nekim krajevima Severne Amerike. Nisu svi opsednuti liposukcijom, plastičnom hirurgijom i torbicama Luja Vitona.

Kad se vežete za materijalna dobra i površnu lepotu i pustite da vam drugi određuju životne norme, lišavate se velikog dela svoje ličnosti i rasipate Božje darove. Kristi mi je, kada je videla moj DVD, napisala ovo: „Naveo si me da shvatim zašto je važno da te neko voli i onda kada ne voliš sebe. Videla sam te uživo pre godinu dana, a sada sam gledala i tvoj DVD, i moram da ti kažem šta si učinio za mene. Naučio si me da se borim za sebe, da se volim i da živim svoj život onako kako želim... Da, treba da kažem i da je, sada kada sam počela drugačije da posmatram sebe, i moj dečko primetio kod mene veliku promenu i veoma ti je zahvalan. Uvek je strahovao za mene i plašio se da bih jednog dana mogla da napravim glupost i ubijem se. Sada sam se promenila i vodim mnogo srećniji život."

SAMOPRIHVATANJE

Moja poruka je uticala na Kristi jer sam i sâm prošao kroz muke slične njenim. Kada sam imao sedam godina, jednog izuzetno mučnog dana, punog osećaja odbacivanja i razočaranja, dugo sam zurio u ogledalo. Većina tinejdžera brine zbog bubuljica i muči se da ukroti neposlušnu kosu. Mene su, takođe, mučili svi ti uobičajeni problemi, ali i onaj osnovni – nedostatak udova.

Zaista izgledam čudno, mislio sam, gledajući svoj lik.

Obuzeo me je jad. Dozvolio sam sebi da se dobrih pet minuta davim u samosažaljenju. No, tada mi je neki unutrašnji glas kazao: *Dobro, kao što obično kaže tvoja mama, nedostaju ti neki delići ali imaš na sebi i nešto lepo.*

Reci mi šta, pomislio sam. *Imenuj samo jedno, biće dovoljno.*

Neko vreme sam proučavao svoj lik u ogledalu i, najzad, pronašao nešto lepo.

Pa eto, imam lepe oči. Devojke govore da imam lepe oči. To niko neće promeniti. Oči mi se neće promeniti, uvek će biti lepe.

Kada klonete duhom zato što vas je neko povredio, uvredio ili zanemario pogledajte se u ogledalu i pronađite na sebi nešto lepo. Ne mora to biti fizička karakteristika, već i neka druga lepa osobina, darovitost, neka karakterna crta, nešto što vam se dopada. Usmerite se na taj detalj. Budite zahvalni zbog toga što je na vama lepo i znajte da je vaša prava vrednost i lepota u tome što ste rođeni kao jedinstvena osoba.

Nemojte se pokunjiti i zaključiti: „Na meni nema ničega naročitog." Često smo nemilosrdni prema sebi, a naročito onda kada se poredimo sa drugima na sopstvenu štetu. Tu pojavu često srećem u razgovoru s tinejdžerima. Mnogi mladi se bore da se uklope u sredinu i misle da ih nikada niko neće voleti.

Zato je važno da im naglasim: „Ja vas volim takve kakvi ste. Meni ste divni."

Te sasvim obične reči im upućuje jedan stranac. U većini govora koje držim đacima i omladini kažem nešto slično. Čini mi se da ih jednostavne reči uvek dirnu u srce. Reakcija na njih je veoma upečatljiva.

Tipična početna reakcija na takvu moju izjavu je tiho jecanje ili prigušeno šmrktanje. Kad pogledam publiku, obično ugledam devojku oborene glave ili nekog momka koji je pokrio lice rukama. Onda se kroz masu, poput neke zaraze, prošire snažne emocije. Niz dečje obraze poteku suze a ramena im se zatresu od prigušenih jecaja. Devojke se zbiju u grupice, a momci često izađu napolje jer ne žele da ih neko vidi kako plaču.

Nekoliko puta kada se to dogodilo bio sam i sâm potresen. *Šta se to događa? Zašto tako žestoko reaguju?*

Na ta pitanja su mi odgovorili sami slušaoci. Posle mojih govora bi, najčešće, i mladi i stari stali u red da me zagrle i kažu mi šta osećaju. Odziv je često neverovatno veliki. Ponekad to traje satima.

Ja jesam prilično privlačan momak, ali oni ne stoje satima u redu da bi me zagrlili zbog moje odvažnosti. Ono što ih stvarno privlači je činjenica da time što im govorim obično uspešno oslobađam moćne sile koje su većini njih nedostajale u životu, a to su, pre svega, *bezuslovna ljubav i samoprihvatanje.*

Kristino pismo je samo jedno od mnogih sličnih koje sam dobio, a vodio sam i brojne razgovore na lične teme sa mladim i starim osobama koje su u nekom trenutku razmišljale o samoubistvu jer su izgubile sposobnost da vole sebe. Kada vas neko povredi obično podignete oko sebe zidove koji će sprečiti da se to ponovi, ali ne možete podići zid oko sopstvenog srca. Morate voleti sebe zbog prirodne lepote koju posedujete, pa će to privući i druge ljude, koji će, takođe, uočiti tu vašu lepotu.

NASMEJTE SE SAMI SEBI

Prijatelji i oni koje volimo mogu nam i sto puta dnevno reći da smo divni, da nas vole i da će teška vremena proći, ali često na to samo slegnemo ramenima i prepustimo se tuzi. Ja sam, barem, to veoma dugo činio. Moji roditelji su se veoma trudili da poprave nepravdu i ublaže bol koji su mi, raznim bezočnim primedbama, nanela deca na igralištu. Međutim, pravi preobražaj pretrpeo sam tak kada mi se obratila osoba mojih godina. Kada mi je jedna devojčica iz razreda kazala da „lepo izgledam" celog meseca sam lebdeo u oblacima.

Naravno, ubrzo sam se osvestio, jer sam se jednog jutra kao trinaestogodišnjak probudio sa bubuljicom na nosu. Uopšte nije lepo izgledala. Bila je poput velikog, zrelog paradajza.

„Vidi ovo, baš je blesavo", rekao sam majci.

„Ne češi je", odgovorila je ona.

Čime bih i mogao da je počešem?, zapitao sam se.

Otišao sam u školu s osećanjem da sam najružniji dečak na planeti. Svaki put kad bih prošao pored prozora i ugledao svoj lik poželeo bih da odjurim nekuda i sakrijem se. Deca su zurila u moju bubuljicu. Nadao sam se da će brzo proći, ali je posle dva dana bila još veća – najveća i najcrvenija bubuljica na svetu. Pomišljao sam da će jednog dana postati teža od mene.

To odvratno čudo prosto nije htelo da nestane. Ogromna bubuljica bila je na istom mestu na mom nosu i posle osam meseci. Osećao sam se kao Rudolf Australijanac sa crvenim nosem. Najzad me je majka odvela dermatologu. Rekao sam da želim da mi odstrani tu bubuljicu makar to zahtevalo pravu operaciju. Proučio ju je pod lupom, kao da nije bila dovoljno vidljiva, i rekao: „Hmm, nije to bubuljica."

Pa, šta god da je, rešite me te bede, pomislio sam.

„To je uvećana lojna žlezda," rekao je lekar. „Mogu da je odstranim ili spalim, ali će ti ostati ožiljak veći od te crvene tufnice."

Crvene tufnice!

„Ali, toliko je narasla da od nje ne vidim dobro, " pobunio sam se.

„Zar bi više voleo doživotni ožiljak?," upitao me je.

Ogromna ne-bubuljica je ipak ostala na vrhu mog nosa. Molio sam se i nervirao neko vreme, ali sam na kraju shvatio da jedna crvena bubuljica, svakako, nije veći problem od nedostatka udova. *Ako ljudi zbog toga ne žele da pričaju sa mnom to je samo šteta za njih*, zaključio sam.

Kada bih ulovio nekoga da zuri u moj nos našalio bih se. Pričao sam svima da gajim još jedan rezervni nos i da nameravam da ga prodam na crnom tržištu. Kada bi ljudi shvatili da sam u stanju da se šalim na svoj račun smejali bi se i saosećali sa mnom. Najzad, ko to nikada nije imao bubuljice? Imao ih je čak i Bred Pit.

Ponekad, shvatajući ih preozbiljno, sami uvećavamo svoje probleme. Bubuljice su deo našeg života. Mi smo savršeno nesavršena ljudska bića, neki od nas su to možda i malo više od drugih, ali svi imamo neke nedostatke i mane. Ne treba preozbiljno shvatati svaku bubuljicu ili boru, jer će vam možda jednoga dana zdravlje zaista biti narušeno, i šta ćete tek onda da učinite? Zato budite spremni da se smejete svojim čvorugama i bubuljicama na nosu.

Utvrđeno je da smejanje smanjuje stres i oslobađa prirodni relaksant endorfin, koji podstiče rad imunološkog sistema, stimuliše cirkulaciju krvi i pomaže većem dotoku kiseonika u mozak. Ne zvuči loše, zar ne? Istraživanja su pokazala i da su ljudi privlačniji drugima kada se smeju. To je dvostruka prednost smeha.

LEPOTA JE U OKU POSMATRAČA

Znate li šta je zbilja smešno? Taština je veoma smešna, jer, čim pomislite da ste zgodni, seksi i da zaslužujete da se pojavite na naslovnoj strani časopisa *Pipl,* život vam da lekciju iz koje shvatite da je lepota u oku posmatrača i da je spoljašnjost mnogo manje važna od onoga što je u nama.

Nedavno sam upoznao jednu malu, slepu Australijanku. Organizovali smo maraton smeha da bismo prikupili novac za decu sa specijalnim potrebama. Ta devojčica ima pet godina, a mama ju je dovela da se upozna sa mnom posle predavanja. Objasnila joj je da sam rođen bez ruku i nogu.

Slepi ljudi me ponekad pitaju da li smeju da me dodirnu, da bi bolje shvatili šta znači nemati udove. Ja nemam ništa protiv toga, pa sam i toj devojčici dozvolio da me opipa. Majka joj je vodila ruku od mojih ramena bez ruku sve do malog levog stopala. Reakcija tog deteta bila je vrlo zanimljiva. Bila je vrlo mirna kad je napipala moje prazne ramene čašice i čudno malo stopalo. Onda je prešla rukama preko mog lica i vrisnula. Baš smešno!

„Šta? Zar te plaši moje lepo lice?," upitao sam je.

„Ne, ali me plaše te dlake po njemu. Zar si ti vuk?"

Do tada nije upoznala nikoga sa bradom. Kad je dotakla moje čekinje na bradi potpuno se prestravila. Rekla je majci da je vrlo tužno što sam tako dlakav. Devojčica je, dakle, imala sopstvene ideje o tome šta je dopadljivo, a brada očigledno nije bila na toj listi. Nisam se uvredio. To me je podsetilo na izreku da je lepota u očima – i dodiru – posmatača.

UŽIVAJTE U SVOJOJ JEDINSTVENOSTI

Mi ljudi smo čudne zverke. Polovinu raspoloživog vremena utrošimo na uklapanje u neku sredinu, a zatim drugu polovinu trošimo na izbegavanje tih istih ljudi. Zašto je to tako? Ja sam to, svakako, ponekad činio, a siguran sam da ste i vi, jer je to opšte mesto i deo naše ljudske prirode. Zašto ne možemo da živimo u miru sa sobom, znajući da smo delo Božje stvoreno u slavu Njegovu.

U školskim danima sam, kao i većina tinejdžera, očajnički želeo da se uklopim. Da li ste uočili da se i tinejdžeri koje žele da budu „drugačiji" uvek druže sa onima koji se odevaju, govore i ponašaju se slično njima. Kako to objasniti? Kako možete biti *autsajder* ako svi u vašem društvu nose sličnu crnu odeću, mažu nokte istim crnim lakom, premazuju usne istim crnim karminom i uokviruju oči crnim ajlajnerom. Zar to ne znači da ste *insajder?*

Tetovaža i pirsing dugo su se tretirali kao znaci pobunjeničkog duha i izraženog individualizma. Sada ih imaju i neke domaćice koje srećemo u samoposluzi. Svakako, postoji bolji način da se izrazi individualnost nego da se imitiraju sklonosti i trendovi domaćica koje viđamo po tržnim centrima, zar ne?

Ja sam usvojio stav koji i vama može biti koristan. Rešio sam da moja lepota leži u mojoj različitosti, odnosno u činjenici da nisam sličan drugima. Ja sam jedinstven. Niko ne može reći da sam „prosečan" ili „sličan drugim momcima". Možda ne štrčim iznad mase, ali se, svakako, izdvajam iz nje.

Taj stav mi je veoma koristan jer se često dešava da deca i odrasli čudno reaguju kad me vide prvi put. Deca misle da sam sa druge planete, ili da sam neka vrsta čudovišta. Tinejdžeri često imaju morbidne asocijacije, pa zamišljaju da sam žrtva ubice sa sekirom ili nešto slično. I odrasli dolaze do čudnih zaključaka. Neki misle da sam neka vrsta lutke, ili Mapetovac.

Prilikom posete našoj rodbini u Kanadi prvi put smo izveli jedan čudan trik. Moji mali rođaci su negde našli masku sa likom strašnog starca koja mi je prekrivala celo telo, pa su me za Dan mrtvih nosili kao lutku od vrata do vrata. U početku nije bilo nekih naročitih reakcija, a onda smo shvatili da je to zato što ljudi ne shvataju da sam živo biće. To smo shvatili tek kad mi je jedna žena ubacila moje omiljene bombone u torbicu, a ja sam na to kazao uobičajenu frazu: „Hvala! Plati ili se plaši!"

Žena je vrisnula, odskočila unazad i povikala: „Pa u tome je dete!". „Mislila sam da nosite lutku."

To znači da sam lep kao lutka, pomislio sam.

Kad god mi je teško koristim svoju jedinstvenost što god više mogu. Volim da me drugari i rođaci voze kroz tržne centre. Pre nekoliko godina smo u jednom tržnom centru u Australiji videli nove modele rublja *Bonds* u izlogu. To je bila malo izmenjena verzija modela *Hejns* ili *Džokej* koji su već dugo bili u prodaji.

Lutka-maneken bila je prilično slična meni – bez ruku i nogu, samo glava i torzo odeven u beli komplet rublja, sa šest redova ocrtanih pločica na stomaku. Pošto sam na sebi imao rublje iste marke, moj rođak i ja smo smislili da treba da izigravam lutku u tom izlogu. Ušli smo u radnju. Rođaci su me smestili u izlog. Namestio sam se baš kraj njihove lutke--manekena.

U toku narednih pet minuta izigravao sam mamac za potrošačke pacove. Čim bi kupci zastali i pogledali me ja bih se se kreveljio, namigivao, smeškao se i klanjao – na njihovo veće zaprepašćenje koje je prelazilo u užas. Naravno, sve to su pratile salve smeha mojih saučesnika koji su stajali ispred prodavnice i posmatrali svu tu zbrku. Posle toga su mi govorili da, ako ikada propadnem kao besednik, mogu da napravim karijeru kao lutka iz izloga.

RAZVESELITE DRUGE

Naučio sam da se smejem svojim nedostacima i reakcijama koje oni izazivaju, ali postoji i bolji način da prevaziđete sumnju u sopstvene vrednosti i volite sebe takve kakvi jeste. Umesto da se borite protiv svoje tuge usmerite se na nekoga ko, takođe, pati. Orijentišite se na one kojima je potrebna vaša pomoć.

Budite dobrovoljac u narodnoj kuhinji. Sakupljajte novac za siročiće. Organizujte dobrotvornu priredbu u korist postradalih od zemljotresa. Nađite sponzore koji će dati novac za dobrotvorne svrhe, organizujte dobrotvornu biciklističku trku, ili plesački maraton. Razdrmajte se i uradite nešto.

Kad god uradim tako nešto osetim da je to najbolji način da se upali moje unutrašnje svetlo.

Ako ne možete da rešite sopstvene probleme budite vi nečije rešenje problema. Bolje je davati nego primati, zar ne? Ako ne volite sebe dajte se drugima. Bićete iznenađeni naglom spoznajom sopstvene vrednosti.

Kako ja to znam? Samo me pogledajte! Vidite li kakav život vodim? Izgledam li vam kao srećna i zadovoljna osoba?

Ako operišete nos da bi lepše izgledao to vas neće ispuniti srećom. Nikakav ferari neće pomoći da vas milioni ljudi obožavaju. Vi, svakako, imate osobine zbog kojih bi vas voleli i cenili, samo ih treba istaći i pokazati to što je u vama. Neće uvek sve biti savršeno, ali to je sasvim normalno. Nije cilj da u životu postignete savršenost, već da joj težite.

Treba samo da se trudite, da se razvijate i dajete od sebe sve što možete, pa ćete, na kraju, moći mirno da se osvrnete na ono što ste uradili i kažete: *Dao sam sve od sebe.*

Pogledajte se u ogledalo i kažite: „Eto kakav sam, ali trudiću se da budem što bolji.“ Divni ste već samo zbog toga što vas je Bog stvorio s nekim ciljem. Treba da saznate koji je to cilj, da budete puni nade, da se oslanjate na veru i da svoju jedinstvenost iskoristite što bolje možete.

Ljubav prema sebi i samoprihvatanje jedini su pravi lekovi za samosažaljenje i kompleks žrtve. Droga, alkohol i promiskuitet donose privremeno olakšanje, a kasnije izazivaju još veći bol. Kad sam jednom shvatio da sam Božje dete i deo Njegovog plana život mi se zauvek promenio. Možda ne verujete u Hrista, ali verujte u sopstvenu vrednost i u svrhu svog postojanja.

PRIJATELJSTVO I SREĆA

Moj najbolji savet za širenje uticaja je da koristite svoju nadarenost, um i ličnost da nekome ulepšate život. Ja sam to doživeo i nimalo ne preterujem kada kažem da mi je to promenilo život.

Imao sam šesnaest godina, pohađao koledž Rankorn u Kvinslendu i obično čekao na prevoz posle škole po ceo sat. Za to vreme sam obično ćaskao sa drugom decom i jednim sjajnim čovekom koji se zvao gospodin Arnold. On nije bio upravnik, pa čak ni nastavnik. Bio je naš školski vratar. No, spadao je u ljude koji zrače posebnim unutrašnjim sjajem. Bio je u takvom skladu sa sobom i tako privlačan u svom radnom kombinezonu da su ga svi cenili i rado bili u njegovom društvu.

Mogao je da priča o svemu. Bio je produhovljen i mudar. Ponekad je, u vreme pauze za ručak, vodio polemike grupe Hrišćanske omladine. Pozivao je i mene da im se pridružim iako sam jednom izjavio da nisam stručnjak za verska pitanja. Ali on mi se dopadao, pa sam počeo da dolazim na te skupove.

Gospodin Arnold je na sastancima ohrabrivao decu da pričaju o svom životu, ali sam ga ja stalno odbijao. „Ama hajde, Nik, želimo da čujemo i tvoju priču", govorio mi je. „Želimo da znamo nešto više o tebi i o tome šta misliš."

Tri meseca sam ga uporno odbijao. „Nemam šta da kažem", tvrdio sam.

Najzad me je ubedio. Deca su vrlo otvoreno pričala o svojim osećanjima i iskustvima, pa sam i ja, na kraju, pristao da na narednom sastanku pričam o svom životu. Bio sam tako nervozan da sam kao podsetnik pripremio neke kartice sa podvučenim tekstom. (Znam da je to smešno.)

Nisam želeo nikoga da impresioniram. Samo sam hteo da to obavim i odem odatle, ili sam barem sebe ubedio u to. Delimično sam želeo i da pokažem ostaloj deci da i ja nešto osećam i patim od istih strahova i istog bola kao i oni.

Prvih deset minuta pričao sam o tome kako izgleda odrasti bez ruku i nogu. Pričao sam im razne priče iz svog života, a neke od njih su bile i smešne. Nisam želeo da sebe prikažem kao žrtvu, pa sam uglavnom govorio o svojim pobedama. Pošto je to bio skup hrišćanske omladine nisam im kazao da sam ponekad pomišljao da me je Bog zaboravio, niti da sam uobražavao da sam jedna od njegovih greški. Izložio sam im kako sam postepeno shvatao da sam deo Božjeg plana, iako tada još nisam znao kakav je to plan.

„Polako učim da verujem da nisam nikakva greška prirode", rekao sam okupljenoj deci, nastojeći da se pritom nasmejem.

Zapravo mi je toliko laknulo kada sam završio govor da sam u tom času mogao da zaplačem. No, na moje veliko čuđenje, većina dece u prostoriji rasplakala se umesto mene.

„Zar je bilo tako loše?", upitao sam gospodina Arnolda.

„Ne, Nik, bio si izuzetno dobar", odgovorio mi je.

Prvo sam pomislio da samo želi da bude ljubazan i da se deca pretvaraju da ih je moja priča ganula. Svi oni su bili dobri hrišćani i bilo je logično da žele da budu ljubazni.

Onda me je jedan dečak pozvao da se obratim omladini u njihovoj crkvi. Posle toga su me pozvali da govorim i u nedeljnoj školi. U toku naredne dve godine dobio sam desetine poziva da održim govore u crkvama, na sastancima raznih omladinskih organizacija i u nekim klubovima.

Pre toga sam izbegavao da govorim na sastancima Hrišćanske omladine u školi, jer nisam hteo da me proglase za propovednika koji drži verske besede. Ponašao sam se prilično grubo a ponekad bih i opsovao, samo da se ne bih razlikovao od drugih. Činjenica je da tada još nisam prihvatao sebe takvog kakav sam.

Bog očigledno ima smisla za humor. Naveo me je da se obratim baš onoj grupi dece koju sam do tada izbegavao i u tom času sam spoznao svoj cilj. Pokazao mi je da, iako nisam savršen, imam šta da podelim sa drugima, kao i dar da olakšam ljudima duhovni nemir.

To važi i za vas. Svi smo mi nesavršeni. Treba da podelimo sa drugima darove koji su nam dati. Zagledajte se u svoju dušu. U vama tinja svetlo koje čeka pravi trenutak da zaplamti.

Peto poglavlje

Stav je najvažniji

Kad sam osnovao kompaniju koja se bavi organizacijom mojih govorničkih aktivnosti nazvao sam je *Stav je najvažniji*, jer bez pozitivnog stava ne bih bio u stanju da prevaziđem svoju invalidnost niti da se obraćam ljudima.

Možda vam je koncept „prilagođavanja stava" postao odbojan zato što se takve parole viđaju na mnogim reklamnim posterima i u pedagoškim tekstovima. Međutim, kontrola sopstvenih stavova daje nam pravu moć i sprečava nas da se ponašamo ograničavajuće i sputavamo svoju slobodu. Psiholog i filozof Vilijam Džouns, profesor sa Harvardskog univerziteta, tvrdi da je jedno od najvećih otkrića do kojih je došla njegova generacija saznanje da se *promenom stava može potpuno promeniti život.*

Da li ste svesni toga ili ne vi život uvek posmatrate iz svoje perspektive, a vaši stavovi se zasnivaju na stečenim pojmovima dobra i zla, poštenog i nepoštenog. Ti stavovi određuju vaše postupke, te ako ono što radite nije uspešno, u vašoj je moći da promenite stavove, a time i život.

Smatrajte svoje stavove nekom vrstom daljinskog upravljača za televizor. Ako vam se program koji gledate ne dopada uzmete daljinski upravljač i promenite ga. Stavove možete menjati uvek kada ne postižete rezultate koje želite, bez obzira na prepreke na koje pritom nailazite.

Profesorka muzike Linda detaljno je opisala kako je prevazišla posledice saobraćajne nesreće iz detinjstva, koja je mogla da joj upropasti život. Dok je išla u osnovnu školu preživela je ozbiljnu saobraćajnu nesreću. Dva i po dana je ležala u komi, a kada se osvestila shvatila je da ne može da govori, hoda, niti da jede sama.

Mada su lekari strahovali da joj je mozak ozbiljno povređen i da nikada neće progovoriti ni prohodati, njen um, govor i telo polako su se oporavljali. Na kraju, jedina posledica strašne nesreće koju je preživela bilo je oštećenje vida na desnom oku.

Preživela je užasne bolove, više operacija i posle svega je imala oštećen vid. Mogla je sebe smatrati žrtvom i ponašati se ogorčeno. Niko joj to ne bi zamerio, jer joj je život naneo tešku nepravdu. No, ona je, umesto toga, odlučila da se ponaša na sledeći način:

„Ponekad sam frustrirana zato što mi vid na oba oka nije najbolje usklađen", napisala mi je. „Onda se setim svega što sam preživela i u kakvom sam stanju mogla da ostanem i shvatim da me je Bog tada spasao sa nekim razlogom – da nastavim život i svedočim o Njegovom delu. Tim oštećenim okom Bog me podseća na moju nesavršenost – mada sam ja slaba, On je jak."

Linda je rešila da svoj oštećeni vid prihvati kao deo „savršenog Božjeg plana" za nju. „Bog je promenio moj stav prema životu koji sam zamalo izgubila, pa zato nastojim da sadašnji život posvetim Njemu. Trudim se i da u svemu vidim bolju stranu, da dajem sve što mogu Bogu i drugim ljudima i da zaista vodim računa o svima koji me okružuju."

Umesto da razmišlja o svom oštećenom oku Linda je odlučila da bude zahvalna što uopšte može da razmišlja, govori i hoda, i da, u mnogo čemu, vodi sasvim normalan život. I vi i ja možemo izabrati svoje stavove baš kao što je to ona uradila.

Za tako nešto nije potrebno biti svetac. Kada doživite tragediju ili zapadnete u krizu sasvim je normalno, a verovatno i zdravo, da prođete kroz faze straha, besa i tuge, ali u nekom času svi moramo reći sebi: „Evo me, još sam tu. Da li želim da ostatak života provedem u jadanju ili želim da se izdignem iznad svega što me je snašlo i sledim svoje snove?"

Da li je to lako? Ne, svakako, da nije. Potrebna je velika odlučnost, a da ne govorimo o svesnom cilju, nadi, veri i shvatanju da posedujete darove i sposobnosti koje želite da podelite s drugima. Linda je samo jedna od mnogobrojnih osoba koje su dokazale da pozitivnim stavom možemo prevazići različite probleme. Stara, dokazana i nepobitna istina je da, mada nemamo apsolutnu kontrolu nad onim što nam se događa, možemo da kontrolišemo svoje reakcije na događaje. Ako se opredelimo za pravi stav možemo premostiti sve prepreke na koje naiđemo.

Verovatno ni vi nećete moći da kontrolišete neki od narednih udaraca sudbine. Tajfun će vam porušiti kuću. Pijani vozač će se zakucati u vaš auto. Poslodavac će vas otpustiti. Vaše drugo ja će tada reći: „Treba mi malo vremena da to prebrodim." Svi smo ponekad zaslepljeni. Budite i vi malo tužni, ali se potom trgnite i zapitajte: *Šta sada?* Pošto ste neko vreme kukali, uzdisali i prolili sve suze koje ste imali, priberite se i pronađite pravi stav.

ENERGETSKO PUNJENJE

Možete promeniti stav i život i bez uzimanja pilula, poseta psihoterapeutu ili pentranja na vrh planine da biste se posavetovali sa guruom. U prethodnom tekstu sam vas hrabrio da pronađete svoj životni cilj i da volite sebe takve kakvi jeste. To će vam biti dobra polazna tačka i razlog za optimizam, koji je moćan pokretač za stvaranje novog stava – nešto slično menjanju baterija u daljinskom upravljaču. Da li ste ikada upoznali ispunjenu i srećnu osobu koja je pritom pesimista? Ja nisam. Optimizam vam uliva snagu i omogućava kontrolu emocija. Pesimizam vam slabi volju i tada neraspoloženje upravlja vašim postupcima. To se ponekad naziva „promenom okvira" jer, mada ne možete uvek upravljati okolnostima, možete promeniti svoj stav prema njima.

U početku ćete to činiti svesno, a kada malo uvežbate radićete to sasvim automatski. Ja sam stalno na turnejama sa pratiocima koji se staraju o meni, i na početku sam se nekontrolisano ljutio i nervirao kad god bi nam otkazali neki avionski let, ili kad bismo promašili vezani let za narednu destinaciju. Najzad sam morao da prihvatim činjenicu da, kad neko stalno putuje, mora da se suoči i sa tom vrstom problema. Bio sam previše odrastao da pravim scene zbog toga, a i shvatio sam da one uglavnom nisu ubedljive ako ne možete da lupite nogom o pod.

Morao sam, dakle, da se prilagodim tim neželjenim prekidima putovanja. Kada satima sedite na raznim aerodromima morate i da menjate planove. Naučio sam kako da izbegnem stres, frustraciju i gnev, usmeravajući se na dobre strane negativnih događaja. Bodrio sam se optimističkim razmišljanjem sledećeg tipa: *Let je otkazan zbog lošeg vremena. To je dobro, jer ćemo bezbednije putovati kad oluja prođe.*

Ili: *Otkazali su naš let zbog nekog mehaničkog kvara. Radije ću na zemlji sačekati ispravan avion nego da se nađem u vazduhu u neispravnom.*

Ja bih, u svakom slučaju, više voleo miran let nego poskakivanje u vazduhu, ali alternativa bi bila razmišljanje o negativnim stranama događaja, a to nije zdravo. Ako dozvolite okolnostima van vaše kontrole da upravljaju vašim postupcima rizikujete da zapadnete u silaznu spiralu ishitrenih odluka i loših procena, te preterujete, odustajete i propuštate prilike koje se uvek, svakako uvek, ukažu baš onda kada pomislite da vam nikada neće krenuti nabolje.

Pesimizam i negativno razmišljanje znače da niste u stanju da se izdignete iznad okolnosti. Kada osetite da vam krv prosto vri od negativnih misli ugušite ih i zamenite nekim pozitivnijim, nađite ohrabrujuće reči unutrašnjeg dijaloga. Navešću vam primere pozitivnog i negativnog razmišljanja koji će vam pomoći da uskladite svoje unutrašnje glasove.

Negativno	Pozitivno
Nikad to neću prebroditi.	I ovo će proći.
Ne mogu više.	Kad sam već dovde stigao,
Ovo je najgore što mi se desilo.	biće bolje.
Neću naći drugi posao.	Neki dani su uvek gori od drugih.
	Jedna vrata se zatvore a druga
	se otvore.

LEKOVITO PONAŠANJE

Moj prijatelj Čak koji ima četrdeset godina saznao je prošle godine da mu se rak, s kojim se uspešno dva puta izborio u svojim dvadesetim godinama, opet pojavio. Tumor je toliko zahvatio neke vitalne organe da se nije moglo primeniti zračenje. Prognoze su bile loše – situacija je zaista bila ozbiljna. Otac i suprug, okružen brojnom porodicom i prijateljima, Čak je odredio svoj glavni cilj. Bio je pun nade, vere i ljubavi prema sebi. Odlučio je da ne namerava da umre. Zapravo, odlučio je da se, bez obzira na bolest, ne ponaša kao bolesna osoba. Rešio je da se drži uspravno, ponaša pozitivno i nastavi normalan život.

Niko u toj situaciji ne bi za Čaka kazao da ima sreće, zar ne? No, pokazalo se da je izbegavanje zračenja bilo dobro. Lekari u bolnici Sent Luis sprovodili su eksperimentalni program primene novog leka protiv raka, uz koji se ne primenjuje zračenje. Taj novi lek „pronalazi" obolele ćelije i uništava ih. Pošto tradicionalne metode nisu bile dobre za njegov tumor, Čak je tražio da ga uključe u to eksperimentalno lečenje, a ono što je navelo doktore da pristanu bio je njegov pozitivan stav prema novoj terapiji. Znali su da će on iskoristiti tu priliku najbolje što može, a to se i desilo.

Dok je intravenozno primao eksperimentalni lek Čak nije hteo ni da leži u postelji. Satima je trčao na traci za vežbanje u teretani. Dizao je tegove. Ponašao se tako pozitivno i bio toliko pun energije da su neki članovi bolničkog osoblja jedva poverovali da se on leči od raka. „Ne izgledate niti se ponašate kao ostali pacijenti," govorili su mu.

Nekoliko nedelja po završetku eksperimentalne terapije Čak je otišao svom lekaru. Ovaj mu je rekao da se desilo nešto vrlo čudno: „Ne mogu da nađem ni trag vašeg tumora," rekao je. „Prosto je nestao."

Lekari ne mogu da objasne da li je tome doprinelo dejstvo eksperimentalnog leka, Čakov stav, ili je to pravo čudo, a možda je i kombinacija sva ta tri elementa, konačno, pobedila tumor. Mogu vam samo reći da je Čak izašao iz bolnice oslobođen tumora i snažan kao bik. Bez obzira na sve indicije da je na pragu smrti usvojio je pozitivan stav i usmerio se ne na bolest već na krajnji cilj – ozdravljenje, a pritom je bio pun nade, vere i siguran da svojim primerom može da pomogne i drugima.

IZABERITE STAV ČIJI SE NAZIV ZAVRŠAVA SA „NJE"

Uočićete da su i Čak i Linda izabrali životne stavove koji su im omogućili da prebrode teškoće, ali su ti stavovi u nečemu, ipak, bili različiti. Linda je odlučila da bude zahvalna umesto ogorčena. Čak je rešio da nešto učini umesto da se preda. Možete izabrati razne stavove, ali mislim da su najefikasniji sledeći:

1. Zahvaljivanje
2. Delovanje
3. Saosećanje
4. Praštanje

1. Zahvaljivanje

To je stav koji je izabrala Linda da bi prevazišla problem povreda zadobijenih u saobraćajnoj nesreći. Umesto da kuka nad onim što je izgubila, bila je zahvalna zato što se oporavila i ostvarila nov život. Ja ozbiljno verujem u moć zahvalnosti. U govorima često pominjem svoje malo levo stopalo. To činim da bi publici bilo lakše da slobodno pogleda taj moj neobični deo tela. Šalim se na tu temu, ali sam zaista veoma zahvalan što ga imam. Njime držim upravljač kolica, mogu da otkucam na kompjuteru više od četrdeset reči u minutu, sviram na klavijaturi i digitalnim dobošima i baratam mobilnim telefonom.

Zahvalnim ponašanjem širite entuzijazam na druge i navodite ih da dele vaše snove. Ponekad takvi ljudi imaju moć da inspirišu druge i promene im život na začuđujući način. Majka mi je, kada sam bio dete, često čitala iz raznih knjiga, a jedna od mojih omiljenih knjiga je bila *Bog koga volim*. Imao sam samo šest godina kada mi je mama prvi put čitala iz te knjige. Tada nisam znao da na svetu postoji još neko sličan meni, neko rođen bez ruku i nogu. Nisam imao kao uzor nekoga ko liči na mene i ko se bori sa sličnim problemima. Ta knjiga, o kojoj često razmišljam, bila je moja velika inspiracija i navela me je da za mnogo šta u životu budem zahvalan, a napisala ju je Džoni Irikson Tada.

Džoni je sedamnaestogodišnja plivačica i jahačica iz Merilenda koja je, pri kraju svog prvog semestra na koledžu, 1967. godine slomila vratni pršljen roneći u jezeru. Ostala je paralizovana od vrata naniže, a u knjizi je pisala o svom očaju i želji da se ubije, da bi, na kraju, zaključila da sve što se desilo „nije bilo neko kosmičko bacanje novčića i okretanje svemirskog ruleta, već deo Božjeg plana" za nju.

Voleo sam tu knjigu, a zatim mi je mama kupila i CD s njenim pesmama, i tada sam prvi put čuo stihove o tome kako „svi imamo točkove," kako i u invalidskim kolicima može biti zabavno, i kako „niko nije savršen." U detinjstvu sam puštao te pesme bezbroj puta, a i danas ponekad uhvatim sebe da ih pevušim. Možete zamisliti kako je tek bio uzbudljiv moj prvi susret sa njom.

Bio sam na proputovanju kroz Kaliforniju 2003. godine, i držao sam govor u jednoj crkvi. Posle govora mi je prišla Džonina mlada negovateljica i pozvala me u sedište njihove dobrotvorne organizacije *Džoni i prijatelji* u Agura Hilsu.

Čim je ušla u sobu bio sam prosto obasjan njenim zračenjem. Nagnula se iz kolica da me zagrli, i to je bio jedinstven trenutak. Ona je zbog kvadriplegije fizički vrlo slaba, pa je, pošto se prethodno nagnula ka meni, jedva uspela da se ponovo vrati nazad. Instinktivno sam se pognuo napred da je poduprem telom i pomognem joj.

„Pa ti si vrlo jak", kazala mi je.

Naravno, bilo je divno čuti tako nešto. Ta neverovatna žena, koja mi je u detinjstvu ulila toliko nade i vere, kazala mi je da sam jak. Džoni je bila slična meni i najvažnije joj je bilo da se bori protiv svoje invalidnosti. U trenutku slabosti je pomislila da se odveze na visok most i baci se s njega, ali se plašila da će možda tako samo ozlediti mozak i postati još veći invalid. Najzad je smislila svoju molitvu: *Bože, ako već ne mogu da umrem, nauči me kako da živim.*

Nedugo posle toga jedan prijatelj joj je poslao sledeći citat iz Biblije: „Budite zahvalni za sve jer je to volja Božja i Isusa Hrista." Džoni tada nije bila naročito religiozna. Bila je ljuta i frustrirana zbog paralize i nije htela ni da čuje za tu poruku.

„Ne misliš valjda ozbiljno. Ne dolazi u obzir," rekla je tom prijatelju.

Onda joj je on objasnio da ne mora da bude zahvalna za paralizu, već treba da veruje i bude zahvalna za ono što će se tek desiti.

Bilo joj je teško da to prihvati. Smatrala se žrtvom i tako je najčešće i govorila o sebi – „žrtva strašnog udesa pri ronjenju." U početku je mislila da su za njenu kvadriplegiju krivi svi, osim nje i želela je da neko plati za to. Podnosila je tužbe. Tražila odštete. Čak je i roditelje krivila što su je doneli na svet u kome postoji takva paraliza.

Džoni je smatrala da joj svet nešto duguje zato što više nije mogla da koristi ruke i noge. Najzad je shvatila da je uloga žrtve vrlo pogodna za skrivanje od života. Svi možemo da se proglasimo žrtvama nekakve nesreće. Neki ljudi misle da su žrtve zato što su rođeni siromašni. Drugi misle da su žrtve jer su im se roditelji razveli, ili zato što su slabog zdravlja, ili zato što nemaju dobar posao, ili zbog toga što nisu vitki, visoki i lepi kao što bi želeli da budu.

Ako verujemo da zaslužujemo sva dobra ovog sveta osećamo da smo pokradeni i prevareni čim nam se desi nešto neprijatno. Tada su nam krivi drugi i tražimo da neko plati za to, ma o kakvoj neprijatnosti bila reč. U takvom egocentričnom raspoloženju pretvaramo se u profesionalne žrtve. Ti periodi samosažaljenja su najjaloviji, najmučniji i najneproduktivniji trenuci koje preživljavamo. Možete mnogo puta slušati nekoga ko ponavlja „jadan ja, nesrećnik", ali, najzad, poželite da počupate svu kosu s glave i pobegnete što dalje od njega.

Treba, po ugledu na Džoni, odbaciti ulogu žrtve, jer to nikuda ne vodi. Džoni smatra da nas patnja vodi do raskrsnice puteva i da možemo izabrati silazni put ka očajanju ili uzlazni put nade, koji će biti pun zahvalnosti. U početku će vam možda biti teško da budete zahvalni, ali ako, ipak, rešite da ne budete žrtva postepeno ćete, iz dana u dan, sticati snagu potrebnu za to. Ako ne možete da smislite za šta treba da budete zahvalni Bogu usmerite misli na lepe dane pred vama i budite unapred zahvalni. To će vam pomoći da postanete optimista, zaboravite na prošle jade i vedrije gledajte na budućnost.

„Shvatila sam da put koji me odvlači od samouništenja vodi kroz stranice Biblije; nije mi dugo trebalo da shvatim onu poznatu istinu: 'Bog nas svakoga dana čini sve jačima i tako se postepeno bližimo pobedi'," kazala mi je Džoni.

Otkrila je da je uloga žrtve uništava gore od paralize i shvatila da je zahvalnost za ono što ima i ono što će tek doći čini jačom. Takav stav vam može promeniti život, baš kao što je promenio Džonin, a i moj. Umesto da očajavamo zbog invalidnosti, izgradili smo živote ispunjene sa puno radosti.

Zahvalnost je, dakle, promenila Džonin život i živote mnogih ljudi koji su radili na prodaji njenih inspirativnih bestselera i DVD-a. Njena neprofitna organizacija *Džoni i prijatelji* bavi se programom *Točkovi za ceo svet,* i isporučila je preko šezdeset hiljada besplatnih invalidskih kolica, kao i bezbroj štaka, štapova i hodalica za invalide u 102 zemlje sveta.

Džoni je kvadriplegičarka. Ja nemam ni ruke ni noge. Međutim, oboje smo odredili naše životne ciljeve i stremimo ka njima. Nada je nadjačala naše očajanje. Verujemo u Boga i u budućnost. Prihvatili smo činjenicu da smo nesavršena ljudska bića, ali i da imamo neke vrline. Izabrali smo pozitivne stavove, zasnovane na zahvalnosti, i aktivirali se na promeni sopstvenih života, kao i života drugih.

Ovo nije parola sa postera već sušta istina. Ako se opredelite za osećaj zahvalnosti umesto za ogorčenost, ulogu žrtve i očajanje, možete savladati sve prepreke na koje naiđete. U stvari, ako vam je teško da budete zahvalni, postoje i drugi životni stavovi koji vam mogu pomoći.

2. Delovanje

Tabita je težak invalid, baš kao i ja, ali je napisala ovo: „Uvek sam osećala da sam blagoslovena mnogim darovima i da treba nekako da uzvratim vasioni zbog njih." To ju je navelo da, zajedno sa porodicom, pokrene akciju slanja „dobrotvornih vrećica" invalidnoj i bolesnoj deci i beskućnicima u skloništima.

Ponekad je najbolji način da se oslobodite rutine ili premostite neku prepreku ulepšavanje života sebi i drugima. Sokrat je rekao: „Onaj ko želi da pokrene svet mora prvo sam da se pokrene." Kada vam se čini da vas srećni trenuci zaobilaze, stvorite sami takav trenutak. Kada doživite neki strašan gubitak ili tragediju dajte sebi malo vremena za tugovanje, a onda to zlo pretvorite u nešto dobro.

Odlukom da delujete sami stvarate pozitivno raspoloženje. Prvi koraci su uvek najteži, u to ne treba sumnjati. U početku će vam se možda činiti da niste u stanju da ustanete iz postelje niti da se pokrenete, ali, čim se jednom pokrenete stupate na stazu budućnosti i ostavljate prošlost za sobom. Pođite uvek od toga. Krećite se korak po korak. Ako ste izgubili nekoga ili nešto, pomozite nekome drugome da pronađe nešto važno, i to će biti vaš pečat i vaš doprinos opštem dobru.

Jedno od najmučnijih iskustava u životu, svakako, je gubitak voljene osobe. Gubitak člana porodice ili prijatelja izaziva bol koji može trajno da nas unesreći. Osim sreće što smo ih voleli, poznavali i provodili vreme s njima nema mnogo toga što nas u takvim situacijama može utešiti. Nismo ničim pripremljeni za strašan bol koji nas potpuno obuzme i parališe. Treba, ipak, preduzeti neke mere da se bol koji osećamo pretvori u nešto dobro. Jedan od primera je i slučaj Kendi Lajtner, koja je svoj gnev i tugu posle saobraćajne nesreće u kojoj joj je pijani vozač pregazio kćerku, pretvorila u konkretnu akciju. Osnovala je udruženje *Majke protiv pijanih vozača* koje je nesumnjivo spaslo mnoge živote svojom aktivnošću i obrazovnim programima.

Kada nas ili naše voljene zadesi neka tragedija dođemo u iskušenje da se negde zavučemo i dobro isplačemo, nadajući se da će jednoga dana naš bol otupeti. No, ljudi poput Tabite, Džoni Irikson i Kendi Lajtner u takvim situacijama odlučuju da rade. Veruju da i u najtežim situacijama imamo priliku da učinimo neko dobro delo. Izuzetno ubedljiv primer za to je Karson Lesli iz Dalasa. Kada sam ga upoznao imao je šesnaest godina, a prethodne dve godine se uporno borio protiv raka. Taj mladi sportista sa blistavim osmehom želeo je, najviše od svega, da jednog dana igra na poziciji između druge i treće baze u bejzbol timu *Njujork Jenkiz,* a onda su mu, u njegovoj četrnaestoj godini, pronašli tumor na mozgu koji se širio prema kičmi. Operisan je i podvrgnut zračenju i hemoterapiji. Došlo je do remisije. Zatim se bolest vratila.

Karson se, i posle svega toga, trudio da se ponaša kao normalno dete. Često je citirao svoj omiljeni stih iz Biblije koju mu je neko poklonio pošto mu je dijagnostikovan tumor: „Zar ti nisam zapovedio da budeš snažan i hrabar. Ne plaši se, nemoj se obeshrabriti, jer će Gospod tvoj biti s tobom kud god da pođeš.“

Karson je govorio da to nije „stih o raku“, već „stih o životu.“

„Nije važno koliko ću dugo poživeti, ali želim da taj stih bude ispisan na mom nadgrobnom spomeniku. Želim da ga ljudi pročitaju i pomisle na borbu koju sam za života vodio i da on i njima pruži utehu koju je pružio meni,“ napisao je Karson u svojoj knjizi *Povedi me*.

Ovaj neverovatno hrabar dečak napisao je tu knjigu zajedno sa svojim profesorom engleskog da bi „zastupao sve tinejdžere i decu obolelu od raka koja ne mogu sama da se oglase i objasne koliko je ta bolest uticala na njihov lični, društveni, fizički i emocionalni život.“ Karson je umro 12. januara 2010. godine, ubrzo posle objavljivanja knjige. Prihod od knjige namenjen je Karsonovoj fondaciji za istraživanje raka kod dece.

Taj mladić je, svakako, bio veoma nesebičan. Mada bolestan i iznuren, poslednje dane proveo je radeći na knjizi koja će poslužiti drugima i pomoći im. Veoma mi se dopadaju poslednje reči iz njegove knjige: „Niko od nas ne zna šta mu život sprema... ali je lako biti hrabar ako znate da ta hrabrost potiče od Boga.“

S Karsonom me je upoznao izvesni juvelir iz Dalasa, Bil Noubl, veoma religiozan čovek koji me je često pozivao da govorim na crkvenim skupovima i u sličnim prilikama. Bilova deca su išla s Karsonom u školu. Prozvao nas je „generalima božje vojske.“

Pored toga što me je često zadirkivao i govorio da „razoružavam ljude iako nemam ruke," Bil je uvek isticao da je za sve nas važno da nešto ostavimo za sobom i iskoristimo svaki sekund života, baš kao što je to Karson činio. „Bog ne određuje čoveka njegovim zemaljskim telom. Sveti Jovan je kazao: 'Sveti duh nam daje život; telo nije važno; moje su reči duhom ispunjene i one znače život'."

3. Saosećanje

Ako vam se čini da niste u stanju da primenite navedeni princip delovanja, postoji još jedno rešenje koje potiče iz srca. Kako sam postepeno odrastao i sticao iskustvo, shvatao sam da je jedan od ključnih faktora koji su me u nekim prilikama navodili na misli o samoubistvu bilo preterano usmeravanje na sopstvene probleme. U takvim danima sam pomišljao da niko drugi nije fizički i emocionalno propatio kao ja. Mislio sam samo na svoj problem.

Međutim, moje ponašanje se poboljšalo čim sam malo odrastao i shvatio da i drugi imaju iste, a možda i veće probleme. Kad sam to shvatio počeo sam da hrabrim druge ljude i pokazujem mnogo više saosećanja. Kćerka jednog našeg prijatelja dala mi je sjajan primer saosećanja za vreme njihove posete Australiji 2009. godine. Pre toga nisam nikada sreo tu devojčicu, koja je imala dve i po godine. Roditelji su je doveli na jedan skup na kome sam govorio. Dugo me je posmatrala, što deca često čine. Kad su se njeni roditelji spremali da pođu upitao sam to ljupko dete hoće li da me zagrli.

Osmehnula se i oprezno mi prišla. Kada mi se približila odjednom je zastala, pogledala me u oči i zabacila ruke iza leđa da pokaže da se poistovećuje s mojim nedostatkom ruku. Zatim se nagnula i spustila mi glavu na rame, grleći me vratom, kao što je videla da ja grlim druge. Svi prisutni bili su dirnuti tim njenim izrazom saosećanja. Mnogi su me i pre toga grlili, ali, iskreno rečeno, taj njen zagrljaj nikada neću zaboraviti jer je to detence očigledno imalo izuzetan dar da shvati šta drugi osećaju. Saosećanje je veliki dar. Podstičem vas da ga negujete i primenjujete kad god možete jer deluje lekovito i na one koji daju i na one koji primaju. Kada vam je teško, kada vas snađu tragedije ili se nađete pred preprekama, nemojte se povlačiti u sebe već se obratite ljudima oko vas. Umesto da budete povređeni i žalite sebe, nađite nekoga kome je još gore i pomozite mu. Vaš bol i tuga su opravdani, ali patnja je deo života i ako se osvrnete na druge ljude i njihove muke to će pomoći i vama i njima.

Ta istina je dobro poznata mom prijatelju Gejbu Marfitu. Upoznali smo se na jednoj dobrotvornoj večeri u Ričlendu u državi Vašington, 2009. godine. Gejb je rođen s teškom deformacijom ruku i nogu, koje su izrasle samo sedam do osam santimetara. U palčevima nema kosti, a i sluh mu je oštećen. No, on je, ipak, izuzetno aktivan, igra bejzbol, košarku i hokej, preskače konopac i udara u bubnjeve.

Gejb je odrastao u okolini Sijetla, ima nesalomiv duh i vrlo saosećajnu prirodu. Studira na Državnom univerzitetu u Vašingtonu i igra bejzbol za Malu ligu još od svoje šeste godine. Sa prijateljima i nekim članovima porodice uspešno se popeo na planinu Rejner. Mada je u srednjoj školi imao dosta problema često se obraćao drugim učenicima držeći jasne govore o hrabrosti, vođstvu, izuzetnom isticanju, stavu i poštovanju. Osnovao je fondaciju NADA (www. Gabes Hope.org), koja dodeljuje stipendije i hrabri mnoge nesrećne ljude, što je rezultat njegove izuzetne saosećajnosti.

Vidite li kakvu moć ima saosećajnost? Gejb se usmerio na srž svog problema i obratio se ljudima. Pretvorio je invalidnost u misiju saosećajnosti i obogatio svoj život, kao i živote drugih.

Zanimljivo je videti kako na moju pojavu reaguju ljudi u oblastima u kojima vladaju velika patnja i siromaštvo. Na takvim mestima uvek srećem muškarce, žene i decu koji izuzetno saosećaju sa mnom. Nedavno sam bio u Kambodži i posle skupa sam želeo da se vratim u hotel pre nego što se onesvestim od zagušljive vrućine. Samo sam mislio na to kako ću da se istuširam i mirno prespavam dan ili dva u klimatizovanoj sobi.

„Nik, da li bi hteo da popričaš s ovim detetom pre nego što krenemo?," upitao me je domaćin. „Čekao te je napolju ceo dan."

Dečak je bio manji od mene i sedeo je sam na prljavoj ulici. Oko njega su se muve rojile u tolikom broju da su stvorile taman oblak. Na glavi je imao gadnu zjapeću ranu ili posekotinu. Jedno oko mu je skoro iskočilo iz glave. Zaudarao je na đubre i prljavštinu. No, u njegovim očima sam video toliko saosećanja, ljubavi i simpatije da sam se osećao sasvim dobro.

Prišao je mojim kolicima i lagano prislonio obraz uz moj, u želji da me uteši. Učinilo mi se da danima nije ništa jeo. Izgleda da je bio siroče koje se mnogo namučilo u životu. Ipak je hteo da pokaže da saoseća sa mnom. Bio sam toliko ganut da su mi potekle suze.

Upitao sam domaćine možemo li da učinimo nešto za tog dečaka, pa su mi obećali da će se postarati da bude nahranjen i zbrinut, kao i da će mu naći prenoćište, ali ja, pošto sam mu zahvalio i vratio se u automobil, nisam prestao da plačem. Toga dana sam mislio samo na njega. Nisam bio u stanju da zaboravim dečaka koga mi je bilo veoma žao i koji uopšte nije mislio na svoju patnju, saosećao je sa mnom.

Ne znam šta je sve to dete pretrpelo, ni koje su ga muke morile. Mogu samo da kažem ovo: on je imao neverovatnu sposobnost da, uprkos svojim mukama, misli na druge i teši ih. Posedovanje tolike saosećajnosti i obzira vrlo je redak dar.

Kad god poverujete da ste žrtva ili požalite sebe pokušajte da to pretvorite u saosećajnost. Usmerite se na nekog kome je vaša pomoć potrebna. Koristite sopstveni gnev ili tugu da bolje shvatite bol drugih ljudi i nastojte da im pomognete.

4. Praštanje

Četvrti stav koji možete usvojiti da biste se promenili je-
ste praštanje. Možda je to najbolji stav ali je najteže izgraditi
ga. Verujte mi da znam o čemu govorim. Nekada u detinjstvu,
kao što sam već rekao, nisam mogao da oprostim Bogu što je
načinio grešku i nije mi dao udove. Bio sam ljut i krivio Ga za
sve. Nisam ni pomišljao na praštanje.

I vi ćete, baš kao i ja, proći kroz periode gneva i odbijaćete
da praštate. To je prirodno, ali nemojte se predugo prepuštati
tim osećanjima, jer ćete, ako im dopustite da vam se uvreže u
srcu, na kraju samo vi stradati.

Gnev nije dugotrajno osećanje. Kao što se automobil po-
kvari od preterane vožnje, tako i naše telo oslabi pod pretera-
nim gnevom. Medicinska istraživanja pokazuju da dugotrajna
ljutnja izaziva fizički i psihički stres koji slabi imunološki si-
stem i oštećuje vitalne organe. Sve dok sam mislio da je neko
drugi kriv za to što nemam ruke i noge nisam bio u stanju da
preuzmem odgovornost za sopstvenu budućnost. Kada sam
jednom svesno odlučio da oprostim Bogu i svojim lekarima
i nastavim da živim, ojačao sam i fizički i emotivno i osetio
odgovornost za ostatak svog života.

Praštanje me je oslobodilo. Ako se stalno prisećate starih
rana, time dajete moć i mogućnost kontrole onome ko vas je
povredio, ali ako mu oprostite, time presecate svaku vezu s
njim. Tada on više ne može imati nikakve veze s vama. Ne-
mojte misliti da je praštanje neka usluga ljudima kojima ste
oprostili, već to učinite sebe radi.

Ja sam, recimo, oprostio onoj deci koja su mi se nekada
rugala i zadirkivala me. Nisam im oprostio zato što sam hteo
da ih oslobodim krivice. To sam učinio samo da bih se sâm
oslobodio gneva i odbojnosti. Volim sebe, pa sam želeo da bu-
dem slobodniji.

Zato nemojte da brinete o onome što će praštanje doneti
ljudima koji su se neprijateljski poneli prema vama. Uživajte u

svemu što vam praštanje donosi. Kad jednom naučite da pra-
štate osvetlićete svoj put i slediti snove bez tereta prošlosti.

Moć praštanja je više nego lekovita. Kada je Nelson Men-
dela oprostio onima koji su ga dvadeset godina držali u zatvo-
ru stekao je snagu koja je izmenila sudbinu jednog naroda i
uticala na ceo svet.

Tu vrstu snage, možda manje izraženu, sreo sam u bivšem
Sovjetskom Savezu. U Ukrajini sam upoznao sveštenika koji
se kasnije preselio s porodicom u Rusiju da bi u području pre-
punom nasilja osnovao svoju crkvu. Kada se saznalo za te nje-
gove namere gangsteri su počeli da prete i njemu i petorici
njegovih sinova, a sveštenik je na to ovako reagovao: „Bog mi
je već naznačio da ću platiti visoku cenu za osnivanje te crkve
ali će ishod biti zapanjujući."

Sveštenik je, bez obzira na sve pretnje, osnovao tu crkvu.
U početku je bilo malo vernika. Samo nedelju dana pošto su
vrata crkve prvi put otvorena jedan od njegovih sinova ubijen
je nasred ulice. Ožalošćeni sveštenik opet je zatražio savet od
Boga. Dobio je odgovor da treba da ostane u crkvi. Tri meseca
posle tog događaja sveštenika je na ulici zaustavio neki čovek
čudnog izgleda i upitao: „Želite li da upoznate onoga ko vam
je ubio sina?"

„Ne," odgovorio je sveštenik.

„Da li ste sigurni?" rekao je čovek. „A šta ako taj čovek za-
traži vaš oproštaj?"

„Već sam mu oprostio," kazao je sveštenik.

„Ja sam taj koji vam je ubio sina", rekao je očajni čovek. „Že-
lim da se pridružim vernicima vaše crkve."

U toku narednih nekoliko nedelja vernicima se pridružio
veliki broj tamošnjih gangstera i u celoj toj oblasti uskoro više
nije bilo kriminala. To čini moć praštanja. Ako znate da praštate
time pokrećete neverovatnu količinu energije. To vam, takođe,
omogućava da oprostite i sebi. Ja kao hrišćanin znam da Bog
prašta onima koji mu se obrate, ali mi prečesto sebi ne prašta-
mo prethodne greške, nepovoljne ishode i neostvarene snove.

Oprostiti sebi važno je isto koliko i oprostiti drugima. Ja sam grešio, a i vi ste. Loše smo postupali prema ljudima. Nismo bili pravedni prema njima. Pravili smo zbrku. Treba se osvrnuti i priznati da smo pogrešili, izviniti se onima koje smo povredili i obećati da ćemo se u budućnosti bolje ophoditi, a zatim oprostiti sebi i krenuti dalje.

S takvim stavom može se lepo živeti.

U Bibliji je rečeno da žanjemo ono što smo posejali. Ako ste ogorčeni, besni, puni samosažaljenja i niste nimalo spremni da praštate, šta mislite kuda će vas to odvesti? Kakvo vam zadovoljstvo može doneti takav život? Odbacite sva mračna i pesimistička raspoloženja, ispunite se optimizmom i budite zahvalni, aktivni, puni saosećanja i praštanja.

Ja sam iskusio takvu promenu životnih stavova i mogu vam reći da mi je to promenilo život i uznelo me do visina o kojima nisam ni sanjao. To se može desiti i vama!

Šesto poglavlje

Bez ruku, ali ne i bespomoćan

Moja prva i jedina tuča na igralištu bila je sa Čakijem, naj-krupnijim dečakom u mojoj osnovnoj školi. Nije se zaista zvao Čaki, ali je imao upadljivo riđu kosu, pege i velike uši, baš kao jedan lik iz popularnog horor-filma za tinejdžere, pa sam mu dao taj nadimak s namerom da prikrijem njegov pravi identitet.

On je prva osoba koja me je ozbiljno uplašila. Svi se u životu suočavamo sa raznim strahovima, stvarnim i umišljenim. Nelson Mendela je izjavio da nije hrabar čovek onaj ko se nikada ne uplaši, već onaj ko pobedi svoj strah. Svakako, bio sam uplašen dok je Čaki pokušavao da me obori na zemlju, ali je druga priča kako sam to prevazišao.

Tada me niko ne bi u to ubedio, ali moji i vaši strahovi, zapravo, su dobrodošli. Naši osnovni strahovi – od vatre, pada, ili divljih životinja – dati su nam kao osnovna sredstva za preživljavanje. Zato treba da im se radujete i vladate njima, ali nikako ne dozvolite da strah ovlada vama.

Preterana plašljivost nije dobra. Često nas strah od pada, razočaranja ili odbacivanja potpuno parališe. Umesto da se suočimo sa takvim strahom mi mu se predajemo, i time sebi namećemo ograničenja.

Nemojte dozvoliti da vas strah odvrati od ostvarenja snova. Prema strahu se treba ponašati kao prema detektoru dima. Obratite pažnju na njega kad se pojavi – ali se potom osvrnite i razmislite da li postoji stvarna opasnost ili je u pitanju samo alarm. Ako nema stvarne opasnosti zanemarite strah i nastavite normalan život.

Čaki, moj mučitelj iz osnovne škole, naučio me je kako da pobedim strah, i to je bila pozitivna posledica moje prve i poslednje tuče u tom periodu detinjstva. Bio sam u prijateljskim odnosima sa skoro svima u školi, čak i sa decom nezgodne naravi, ali je Čaki bio pravi siledžija. Bio je nesiguran u sebe i stalno je tražio žrtvu koju bi kinjio. Bio je krupniji od mene, ali i od svih ostalih u školi.

Ja, zaista, nikome nisam predstavljao pretnju. Bio sam samo prvak od dvanaestak kilograma koji se vozi u invalidskim kolicima. Čaki je bio nekoliko godina stariji, a i pravi džin u odnosu na mene.

„Kladim se da ne umeš da se biješ", rekao mi je jednog dana za vreme našeg jutarnjeg okupljanja.

Nisam imao mnogo iskustva sa tučama. Bio sam dete iz porodice hrišćanskih vernika. Učili su me da nasilje ne rešava ništa, ali nisam bio ni slabić. Često sam se rvao sa bratom i rođacima. Aron, moj mlađi brat, i danas priča o mojim zahvatima. Pre nego što je porastao i postao mnogo viši i veći od mene znao sam da ga oborim na pod i pritisnem mu ruke bradom.

„Skoro si mi slomio ruku tom snažnom bradom", kazao mi je jednom prilikom. „No, kad porastem i ojačam biće dosta da ti uprem rukom u čelo, pa nećeš moći da mi priđeš."

To me vraća na problem sa Čakijem. Nisam se plašio tuče ali nisam znao kako to da izvedem. Svaka tuča koju sam ikada video na televiziji ili filmu podrazumevala je udarce rukama i nogama. To je značilo da nemam osnovni pribor za tuču.

Činilo se da ništa ne može da odvrati Čakija od njegove namere: „Ako umeš da se biješ, dokaži to!"

„Dobro, naći ćemo se na Ovalnom platou za vreme pauze za ručak," zarežao sam.

„U redu," kazao je Čaki. „Biće ti bolje da zaista dođeš."

Ovalni plato bio je jajolika betonska površina na našem školskom igralištu. To mesto je bilo neka vrsta školskog ringa, ili naša glavna pozornica. Ono što se tu događalo ubrzo bi se saznalo u celom kraju. Ako dobijem batine na Ovalnom platou neću lako preživeti tu bruku.

U toku jutarnjih časova engleskog jezika, geografije i matematike lupao sam glavu oko podnevnog susreta sa školskim siledžijom. Nije mi mnogo pomoglo ni to što se po školi naveliko pričalo da sam izazvao Čakija. Sve đake je interesovao moj plan napada, a ja ga, zapravo, nisam imao.

Zamišljao sam kako me Čaki prebija. Molio sam se da neko od nastavnika naiđe i spreči tuču. Nažalost, nisam bio te sreće.

Čas koga sam se plašio, najzad, je kucnuo. Zazvonilo je zvono za ručak. Drugovi su se okupili oko mojih kolica i odvezli me u tišini do Ovalnog platoa. Tu se okupilo pola škole. Neki su poneli i ručak. Petoro je primalo opklade.

Možete pretpostaviti da sam u tim prvim opkladama loše prošao.

„Jesi li spreman za tuču?“ pitao me je Čaki.

Klimnuo sam glavom potvrdno ali nisam imao pojma šta treba da uradim.

Ni Čaki nije bio siguran šta treba da radi. „Uh, a kako ćemo to da izvedemo?“ upitao me je.

„Ne znam,“ odgovorio sam mu.

„Izađi iz tih kolica,“ zahtevao je. „Nije fer da budeš u kolicima.“

Činilo se da se Čaki plaši da ću ga brzo udariti kolicima i pobeći. To mi je dalo priliku da pregovaram. Nisam bio vičan tuči ali sam oduvek bio dobar pregovarač.

„Ako ja izađem iz kolica, ti moraš da klekneš na tlo“, rekao sam.

Čakiju se nije dopadala ideja da tek tako udara dete u invalidskim kolicima, pa je pristao na moj zahtev. Moj snažni neprijatelj spustio se na kolena, a ja sam iskočio iz kolica, čekajući priliku u stilu filma *Krokodajl dendi* i pokušavajući da smislim kako da se bijem bez pesnica.

Nikada se ne kaže „borba ramenima", zar ne?

Masa se tiskala oko nas, a mi smo kružili jedan oko drugoga. Ja sam i dalje mislio da me neće udariti. Ko bi bio tako bedan da udari dete bez ruku i nogu?

Devojčice iz mog razreda su plakale: „Niki, ne čini to, povrediće te!"

To me je pogodilo. Nisam želeo sažaljenje devojčica. Moj muški ponos se bunio. Zaleteo sam se prema Čakiju kao da sam siguran da mogu da ga prebijem.

Udario me je snažno u grudi, pa sam se preturio na leđa kao džak krompira.

Čaki me je bacio na tlo. Nikada me niko nije tako udario. *To je bolelo!* Drugovi su se, potpuno užasnuti, okupili oko mene. Devojčice su plakale i pokrivale oči da ne gledaju ono što su smatrale žalosnim prizorom.

On zaista nastoji da me povredi, shvatio sam. Prevrnuo sam se na grudi i pritisnuo čelom o zemlju. Zatim sam se odupro ramenom o kolica i uspravio se. To je zahtevalo jako čelo i snažan vrat, što mi je ubrzo donelo prednost nad Čakijem.

Nisam više sumnjao: Čaki zaista hoće da me prebije. Bilo je udri ili beži, a nije bilo realno računati na bekstvo.

Ponovo sam ga napao, ali tog puta nešto brže. Prišao sam mu u tri skoka. Pre nego što sam mogao da smislim šta da uradim Čaki me je udario opruženom rukom u grudi, i to tako jako da sam tresnuo na zemlju i jednom ili dvaput odskočio.

Lupio sam glavom o tvrdi beton. Sve mi se zamračilo. Neki vrišteći ženski glas me je dozvao svesti. Mislio sam se da će nastavnici pritrčati. Zašto se pomoćnik upravnika nikada ne pojavi kada je to potrebno?

Najzad mi se razbistrilo pred očima. Bucmasti kreten je pobednički cupkao nada mnom.

To je delovalo. Rešio sam da ga sredim.

Opet sam se prebacio na stomak, podigao čelo i spremio se za poslednji napad. Proradio mi je adrenalin. Tom prilikom sam brzo nasrnuo, mnogo brže nego što je Čaki očekivao.

Počeo je da se povlači unazad na kolenima. Odbacio sam se stopalom i poleteo poput ljudskog projektila. Glavom sam ga, u letu, tresnuo pravo u nos. Čaki se preturio. Skočio sam na njega i okrenuo se licem ka njemu, da bih mogao da vidim šta sam uradio.

Čaki je ležao opružen na zemlji i držao se za nos, nekontrolisano balaveći.

Umesto da se osećam pobednički, spopao me je osećaj krivice. Sveštenički sin je uvek spreman da traži oproštaj. „Izvini, da li ti je dobro?"

„Pogledajte, Čaki krvari!", povikala je jedna devojčica.

Nije moguće, pomislio sam.

Njemu je zaista tekla krv iz nosa i curila kroz debele prste. Kad ih je sklonio krv mu je potekla niz lice i umrljala košulju jasnim crvenilom.

Polovina okupljene dece je klicala. Drugi su žalili – Čakija. On je bio posramljen – prebio ga je dečak bez ruku i nogu. To neće lako preživeti. Čakijevi siledžijski dani u našoj školi su prošli. Stisnuo je nos prstima i otrčao u kupatilo.

Moram vam iskreno reći da ga posle toga više nikada nisam sreo. Verovatno je zbog bruke napustio školu. Čaki, ako si tamo negde, znaj da mi je žao i nadam se da si posle toga vodio srećniji život.

Bio sam ponosan što sam se odbranio ali me je mučio i osećaj krivice. Posle škole sam se vratio kući i još sa vrata sve priznao roditeljima. Plašio sam se stroge kazne. Nije trebalo da brinem zbog toga. Mama i tata mi uopšte nisu poverovali. Nisu mogli da veruju da sam pobedio većeg, starijeg i potpuno normalno razvijenog dečaka.

Nisam se previše trudio da ih ubedim da je to istina.

Mada ljudi rado slušaju ovu priču koja ima i smešnu stranu, uvek me, dok je pričam, muče različita osećanja, jer nisam pristalica nasilja. Sećam se te svoje prve i jedine tuče najviše zbog toga što sam tada shvatio da, ako sam dovoljno izazvan, mogu da prevaziđem svaki strah. U tim godinama bilo mi je važno da znam da sam sposoban da se odbranim. Možda sada mogu sebi da dozvolim blagost zato što sam prikupio dovoljno snage za to.

NEUSTRAŠIVI MOMAK BEZ RUKU I NOGU

Možete imati jasan cilj, verovati u prilike koje će vam se pružiti u budućnosti, ceniti svoje sposobnosti i imati ispravan stav, a da vas, ipak, pritom u snu progone razni strahovi. Ima i gorih sudbina od nedostatka ruku i nogu, a strah vas može izuzetno osakatiti. Ne možete voditi ispunjen život ni koristiti svoje sposobnosti ako strah upravlja vašim postupcima.

Strah vas unazađuje i ne dozvoljava vam da budete osoba kakvu želite. Strah je, zapravo, samo jedno određeno stanje ili raspoloženje – on nije stvaran. Često ste strahovali od nečega – posete zubaru, razgovora za posao, operacije, ili testiranja u školi – da biste potom otkrili da stvarno iskustvo nije ni približno tako loše kao što ste zamišljali.

Plašio sam se da ću u svojoj prvoj tuči sa Čakijem pretrpeti poraz, ali pogledajte kako se to završilo! Odrasli ljudi se često vraćaju strahovima iz detinjstva. Ponašaju se kao deca koja vide granu kako udara u prozor spavaće sobe i misle da je to čudovište koje će ih pojesti.

Viđao sam da strah parališe ljude koji se, inače, potpuno normalno ponašaju. Ne mislim na filmove strave, dečje strahove, ni noćne jeze. Mnogi ljudi su sputani strahom od neuspeha, greške, obaveze, pa čak i strahom od uspeha. Neizbežno je da se ponekad uplaše, ali ne treba popuštati strahu. To je izbor koji vam se uvek pruža.

Psiholozi tvrde da su naši strahovi uglavnom posledica iskustva. Rađamo se sa dva osnovna straha: plašimo se velike buke, kao i ispuštanja i pada. Ja sam se u prvom razredu uplašio da će me Čaki prebiti, ali sam to brzo prevazišao. Rešio

Bila je to sjajna čokolada!
Hvala, mama!

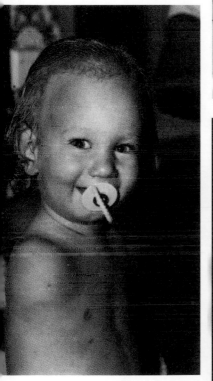

Moja omiljena fotografija iz vre-
mena kada sam imao šest meseci.
Srećan, samouveren i sladak – zar
ne? Moje blaženo neshvatanje je u
tom uzrastu bilo pravi blagoslov, jer
nisam znao da sam drugačiji i da
ne čekaju brojna iskušenja.

Sa dve i po godine sam se vozio u svojim
prvim kolicima. Pazi na noge, narode!

Ovo je uvek bilo jedno od mojih omiljenih mesta za igranje automobiličićima i kamionima. Voleo sam pesak sunčanog Kvinslenda i u trećoj godini sam skakutao po talasićima uz obalu.

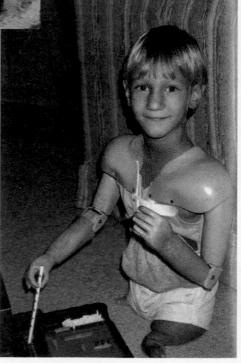

Omiljena igra mog brata i mene bila je borba brodova. Tada sam povremeno koristio veštačke ruke, ali je ubrzo postalo jasno da mogu sam da obavljam većinu radnji i bez pomoći proteza.

Kao što je Džoni Irikson-Tada kazala: „Svi imamo točkove." Osećao sam se slobodno kada sam dobio prva elektronska kolica načinjena po porudžbini. (Fotografija preuzeta od *Ally*.)

Misija je izvršena: godine 2003, kada sam napunio dvadeset jednu godinu, na Univerzitetu Grifit dobio sam dve diplome – iz trgovine i planiranja finansija i iz računovodstva.

Ja sa mamom i tatom (Duškom i Borisom) na anahajmskom Stadionu anđela 2009. godine, neposredno pre nego što sam izašao na pozornicu da održim govor pred 55.000 gledalaca.

U društvu brata Arona i njegove supruge Mišel.

Uživam u letnjoj vrućini, koja me potpuno prožima, sa mojom divnom sestrom Mišel.

Prvi put u bazenu razrađujem sistem ručnih signala sa instruktorom ronjenja, da bih ih sve dobro naučio. Sjano iskustvo!

Neverovatno iskustvo surfova-
nja sa Betani Hamilton na Ha-
vajima. Ljubazno mi je ponudila
da koristimo istu dasku, sve
dok se ne osmelim da se sam
otisnem na talase.
(Fotografija preuzeta sa sajta
NorthHamiltonPhoto.com)

Svi na plaži su se prosto poma-
mili!
(Fotografija preuzeta sa sajta
NorthHamiltonPhoto.com)

Preznojavam se od treme neposredno pred izlazak pred brojnu publiku u Gani.

Kud god da sam putovao po svetu, pokušavao sam da ohrabrim sve koje sam upoznao da premoste životne prepreke uz pomoć vere, ljubavi i hrabrosti i da slede svoje snove. Ovi radosni dečaci nosili su me na rukama i nikada neću zaboraviti svoj boravak u Južnoj Africi 2002. godine.

Još uvek osećam uzbuđenje kada se, ma gde, nađem pred masom dece sa kojom mogu da se poigram i osetim da sam ljudsko biće, koja me spuste na zemlju, a to sam osetio i sa ovom decom iz Kolumbije koja vole da igraju fudbal. (Fotografiju snimio Karlos Vergata.)

Imao sam čast da upoznam mno-
ge inspirativne osobe koje su me
ostavile bez daha. Nikada neću
zaboraviti kako me je Dženet hra-
brila onda kada sam imao sreću
da je upoznam. Neko bi pomislio
da je izgubila borbu protiv raka,
ali mi je kazala da će, zapravo,
Nebeski tatica samo
odneti njeno umorno telo kući.
Nije ništa izgubila, mada nam je
slomila srca, ali nam je pokazala
kako se iz slabosti rađa savršena
snaga.
(Fotografiju snimio Toni Kruz.)

EVO ME!

sam da ne čekam da prikupim hrabrost već da se ponašam hrabro i, na kraju, sam *zaista bio* hrabar.

Kada odrastemo u mislima se i dalje plašimo situacija koje se nikada ne ostvare. Zato se strah često opisuje kao lažna stvarnost. Negujemo naše strahove sve dok ne postanu sasvim stvarni i dok, na kraju, ne preuzmu kontrolu nad nama.

Teško je verovati da neko tako veliki, poznat i uspešan kao Majkl Džordan može javno da ispriča kako mu strah pomaže da bude bolji sportista. Na kraju jednog govora Džordan je kazao: „Možda ćete me videti na terenu i u pedesetoj. Ne, nemojte se smejati. Nikad ne recite nikad. Sva naša ograničenja i strahovi, zapravo, su samo iluzije."

Džordan je možda bolji košarkaš nego pedagog, ali ta njegova tvrdnja ima poentu. Sledite njegova pravila i prepoznajte svoj strah kao nešto nerealno, pa ga zatim odbacite ili iskoristite. Bez obzira da li najviše strahujete od letenja, neuspeha ili vezivanja, shvatite da taj strah nije stvaran. U pitanju je samo jedna vaša emocija, a reakcije na emocije možete kontrolisati.

To sam u svojoj govorničkoj karijeri rano naučio. Bio sam veoma zaplašen i nervozan. Nisam znao kako će ljudi reagovati na moje reči. Nisam bio siguran ni da li će me saslušati. Srećom po mene, prvo sam se obratio učenicima, svojim vršnjacima. Znali su me i bilo mi je prijatno sa njima. Kasnije sam počeo da govorim i većim grupama ljudi okupljenim u crkvi, i tada bih uočio tek ponekog prijatelja u masi. Postepeno sam, ipak, prevazišao tu nervozu i strah od javnih govora.

I sada se pomalo plašim dok govorim hiljadama ljudi, desetinama, pa i stotinama hiljada slušalaca. Putovao sam u udaljene krajeve Kine, Južne Amerike, Afrike i neke druge daleke delove sveta i nisam znao kako će me ljudi primiti. Uvek se plašim da će neka moja šala imati sasvim drugo značenje u njihovoj kulturi i da će ih možda uvrediti. Taj strah me tera da uvek prvo pročitam govor prevodiocu i domaćinima pre nego što izađem pred okupljenu masu i eventualno napravim grešku.

Naučio sam da strah shvatam kao izvor energije i pomoćno sredstvo u pripremama za govore. Plašim se i da ne zaboravim tekst ili da nešto ne pobrkam, a to me tera da redigujem i uvežbavam govore.

Mnogi strahovi su korisni na taj način. Recimo, strah koji vas navodi da stavite sigurnosni pojas u automobilu pomaže vam da se obezbedite od povreda u slučaju udesa. Ako se plašite prehlade ili gripa, češće ćete prati ruke i uzimaćete neke vitamine, a to je, svakako, dobro.

Često nas ti stečeni strahovi dovode do ludila. Umesto da prosto preduzmu uobičajene mere protiv gripa i prehlade neki ljudi se zatvaraju u kuće i odbijaju da izađu. To je nerazuman strah koji nas sprečava da radimo ono što bismo želeli, i da budemo onakvi kakvi bi trebalo da budemo.

STRAH TIPA „ŠTA AKO?"

Imam prijateljicu čiji su se roditelji razveli kada je bila dete. Svađali su se čak i posle prekida braka. Sada je ona odrasla osoba ali se plaši braka. „Ne želim da budem poput mojih roditelja," izjavila je.

Možete li da zamislite da neko nikad ne ostvari trajnu vezu samo zato što se plaši neuspeha? To je bolestan strah. Ne možete razmišljati o braku kao o prvom koraku na putu do razvoda. Setite se onih Tenisonovih stihova: „Bolje je voleti i izgubiti ljubav, nego ne voleti uopšte."

Ne možete voditi prijatan i ispunjen život ako ste paralizovani od straha zbog nečega što će se možda, jednoga dana, na neki način dogoditi na nekom mestu. Ako bismo svi ujutru ostajali u našim posteljama zbog straha od munje ili ujeda malaričnog komarca ovaj svet bi postao veoma žalosno mesto, zar ne?

Mnogi plašljivci se stalno pitaju: *Šta ako?*, umesto da pomisle: *Zašto da ne*?

- *Šta ako ne uspem?*
- *Šta ako nisam dovoljno dobar?*
- *Šta ako me ismeju?*
- *Šta ako me odbace?*
- *Šta ako ne mogu da se nosim s uspehom?*

Ja shvatam takav način razmišljanja. Dok sam odrastao najviše sam se plašio odbacivanja, neuklapanja i svog zavisnog položaja. To nije bilo nikakvo umišljanje – mom telu su zaista nedostajali osnovni delovi. No, roditelji su mi uvek govorili da ne mislim o onome što mi nedostaje već o onome što imam i što mogu maštom da stvorim, samo ako budem dovoljno odvažan.

„Sanjaj velike poduhvate, Nik, i nikad se ne plaši da radiš na njihovom ostvarenju", govorili su mi. „Ne daj da ti strah određuje budućnost. Izaberi život kakav želiš i izbori se za njega."

Do sada sam održao govore u više od devetnaest zemalja sveta. Prenosio sam poruke nade i vere masama okupljenim na stadionima, u arenama, školama, crkvama i zatvorima. To ne bih ostvario da me roditelji nisu hrabrili da se suočim sa svojim strahovima i prevaziđem ih.

STRAH KAO MOTIVACIJA

Ni vi, a ni ja nećemo postati čuveni sportisti kao Majkl Džordan, ali možemo se povesti za njegovim primerom korišćenja straha kao motivacije za ostvarenje želja.

Lora Gregori je moja dobra školska drugarica i uvek sam bio siguran da govori ono što misli. Nikada nije oklevala ni okolišila. Jednom prilikom, u prvom razredu srednje škole, Lora me je upitala: „U školi ti pomažu naši nastavnici, a ko ti pomaže kod kuće?"

„Pa roditelji", kazao sam, pitajući se zašto me je uopšte to pitala.

„Misliš li da je to u redu?"

„Da mi roditelji pomažu. Svakako, pa šta bih inače radio?"

„Govorim o oblačenju, tuširanju, odlasku u toalet", rekla je. „Gde ti je dostojanstvo? Zar ti nije malo čudno što sve to ne radiš sam?"

Lora nije nameravala da me povredi. Bila je uvek u poteri za istinom i zaista ju je zanimao svaki detalj mog života i ono što osećam u tim prilikama. Međutim, dotakla je osetljivu temu. Dok sam odrastao, jedno od mojih najvećih strahovanja bilo je vezano za osećaj da sam na teretu ljudima koje volim. Nikada nisam smetnuo s uma da sam potpuno zavisan od roditelja, brata i sestre. Nekad sam se noću budio obliven hladnim znojem, sa užasnim osećajem da sam izgubio roditelje i da zavisim samo od Arona i Mišel.

To je bio vrlo realan strah. Ponekad sam bio očajan zbog te zavisnosti od drugih. Lorina direktna pitanja o mom dostojanstvu učinila su da me taj strah više ne *muči* – postao je neka vrsta *motivacije.* Pitanja o zavisnosti uvek su mi se zadržavala negde u podsvesti, ali sam od tog časa počeo intenzivno da mislim o tom svom problemu i odlučio da ga rešavam na agresivniji način.

Koliko ću nezavisan postati ako se zaista pozabavim tim problemom? Strah od zavisnosti naterao me je da dođem do jednog značajnog zaključka, mada tada nisam ni sam shvatao koliko je važan. Strah me je pokrenuo i naterao da se trgnem. *Moram da učinim nešto više za sebe! Ali, kako da to uradim?*

Roditelji su mi uvek govorili da su oni tu da mi pomažu i da im nije teško da me nose, podižu, odevaju i čine za mene sve što treba. No, pomisao da ne mogu sam ni da se napijem vode i da neko uvek mora da me smesti na klozetsku dasku bila mi je mučna. Postepeno sam odrastao i želeo da budem što nezavisniji i da sam brinem o sebi. Strah me je naterao da preduzmem nešto da tu želju i ostvarim.

Jedna od podsticajnih misli bila je i ta da ću, kad roditelja jednom više ne bude, biti na teretu bratu Aronu. To me je često mučilo, jer, ako je iko zaslužio da vodi normalan život, to je moj jadni mlađi brat. Osećao sam da mu Bog to duguje jer je veći deo života proveo pomažući mi, živeći sa mnom i vodeći računa o meni. On, eto, ima i ruke i noge, ali je na neki način prošao gore od mene jer je uvek morao da me pazi.

Moja odluka da postanem što samostalniji bila je deo procesa samoodržanja. Lora me je podsetila na činjenicu da zavisim od ljubaznosti i strpljenja drugih ljudi. Znao sam da to ne može trajati doveka. I ponos je u tome odigrao izvesnu ulogu.

Sasvim sam sposoban da jednoga dana zasnujem porodicu i ne očekujem da me žena nosi. Želim decu, nameravam da budem dobar otac i da se staram o porodici, pa zato *moram nekako da se izvučem iz tih invalidskih kolica,* mislio sam.

Strah je ponekad neprijatelj, ali je u mom slučaju imao prijateljsku ulogu. Objasnio sam roditeljima da želim da se sam brinem o sebi. U početku su se malo uplašili.

„Ne moraš to da radiš. Postaraćemo se da uvek budeš zbrinut", govorili su.

„Mama, tata, moram to da učinim i zbog sebe i zbog vas, pa hajde da zajedno razmislimo o tome", kazao sam.

To smo i učinili. Naši kreativni napori podsećaju na film *Švajcarska porodica Robinson.* Izolovani na ostrvu, svi ti ljudi drže se na okupu i upražnjavaju najčudnije načine kupanja, pripremanja hrane i preživljavanja. Nijedan čovek nije ostrvo, a naročito čovek bez ruku i nogu. Možda ja više ličim na poluostrvo ili zaliv.

Majka mi je bolničarka a otac pravi majstor za kućne poslove, pa su zajedno smislili način da se sam istuširam i operem kosu. Tata je slavine na česmi zamenio polugama koje mogu da podignem ramenom. Mama je iz bolnice donela raspršivač za tečni sapun koji može da se pokreće stopalom pomoću nožne pumpe, a hirurzi ga koriste prilikom operacija. Prilagodili smo ga i ja sam uvežbao da istiskujem sapun i šampon stopalom.

Onda je tata usavršio zidni držač za električnu četkicu za zube. Sada mogu da uključim prekidač i sam operem zube pomerajući glavu unapred i unazad.

Rekao sam roditeljima da želim i da se sam oblačim, pa mi je mama napravila poseban šorts sa elastičnim „velkro" trakama, u koji mogu da lako uskočim, kao i da se sam izvučem iz njega. Dugmad na košulji su mi uvek predstavljala problem, pa smo pronašli modele košulja kod kojih samo treba provući glavu kroz izrez, tako da mogu da se uvučem u njih, a i da se izmigoljim kada želim da ih svučem.

Tako smo, sve zbog mog straha, nas troje preduzeli poduhvat koji je bio izazovan i zabavan i pronašli razne načine da se što više osamostalim. Daljinski upravljači, mobilni telefoni, baterijski upravljači za otvaranje vrata garaže – sve je to za mene pravi blagoslov jer mogu da koristim stopalo i da upravljam njima.

Neka rešenja do kojih smo došli nemaju mnogo veze sa visokom tehnologijom. Naučio sam kako da isključim kućni alarm koristeći nos za pritiskanje tastera, a štapom za golf, uglavljenim između brade i vrata, lako otvaram vrata i prozore i palim svetlo.

Neću iznositi previše ovakvih detalja, ali smo razradili i neke zgodne metode koje mi pomažu da sam odem u toalet. Neke od njih možete videti na adresi: www. youtube.com/ watch?v=oDxLJWJ-WIA. Budite uvereni da spotovi ne traju predugo.

Zahvalan sam Lori zato što mi je svojevremeno održala onaj mali govor o dostojanstvu i zavisnosti, kao i o teretu za porodicu, jer me je to nateralo da se osamostalim. Pošto sam savladao neke rutinske radnje koje svi drugi normalno obavljaju moje samopouzdanje se učvrstilo, ali nikada ne bih sebe naterao na sve to da nisam negativna osećanja pretvorio u pozitivnu energiju.

I vi to možete učiniti. Energija koju stvara vaš strah od neuspeha, odbacivanja, ili nečega sličnog, može se upotrebiti za pozitivno delanje koje će vas dovesti do ostvarenja cilja.

PREVAZILAŽENJE STRAHA

Možete biti paralizovani od straha i boriti se protiv tog osećaja samim strahom. Pomislite na ono čega se najviše plašite. Recimo da se najviše plašite mogućnosti da se nađete pred brojnom publikom i odjednom zaboravite govor. To je strah koji ja mogu da razumem. Zamislite, dakle, tu situaciju: zaboravili ste govor i ismevaju vas dok stojite na pozornici. Stvorite tu sliku u mislima! Zamislili ste to? U redu. Sada zamislite kako lepo govorite i svi vam aplaudiraju.

Opredelite se za drugi scenario i utuvite ga sebi u glavu, tako da uvek kada pripremate govor preskočite sopstveni strah i setite se scene u kojoj stojite na pozornici a svi iz publike vam tapšu. Meni je to pomoglo, pa će, svakako, pomoći i vama.

Slična metoda borbe protiv straha je sećanje na neko stvarno iskustvo u kome ste premostili prepreku. Recimo, kad god sam nervozan i uplašen zbog susreta sa nekom važnom ličnošću, kao što je Opra Vinfri, prisetim se nekih činjenica da bih sebi ulio hrabrost.

Bojiš se susreta s Oprom? Pa šta će to ona da ti uradi – da ti odseče ruke i noge? Već dvadeset pet godina opstaješ bez ruku i nogu i proputovao si pola sveta. Dakle, Opra, spreman sam za susret s tobom! Dođi i zagrli me!

UKOČENI OD STRAHA

Kao dete sam patio od prilično uobičajenog straha od doktora koji barataju iglama. Kad god smo u školi dobijali vakcine protiv boginja i rubeole ili protiv gripa ja sam to krio od mame i nisam išao na vakcinaciju. Jedan deo mog problema bio je taj što je na mom telu bilo vrlo malo mesta za ubode. Druga deca su mogla dobijati vakcine u mišice ili zadnjicu. I na mom telu je, doduše, postojala mogućnost uboda u zadnjicu koja je vrlo blizu tla, pa mi je svako davanje injekcija bilo vrlo bolno, a naročito kada bi me uboli visoko u bedro. Posle svake injekcije sam celog narednog dana bio nepokretan.

S obzirom na moju specifičnu invalidnost u detinjstvu sam poslužio kao jastuče za igle mnogim lekarima i stekao veliki strah od igle. Mogao sam da se onesvestim na sam pogled na špric.

Jednom, u osnovnoj školi, dve bolničarke, koje nisu mnogo znale o mojoj bolesti a ni o anatomiji uopšte, dograbile su me između sebe dok sam sedeo u kolicima i ubole u oba ramena, u mesta gde nije bilo mnogo mišićnog ni masnog tkiva. To je bilo pravo mučenje. Toliko me je bolelo da sam zamolio drugara Džerija da me odgura napolje jer nisam bio u stanju da upravljam kolicima, a zatim sam se i onesvestio. Jadni Džeri nije znao šta da radi sa mnom, pa me je odgurao na čas prirodnih nauka i zamolio nastavnika za pomoć, a ja sam i dalje bio bez svesti i ležao presamićen u kolicima.

Pošto je mama znala koliko se bojim igle nije govorila ni meni, a ni bratu, i sestri kada treba da idemo na obavezne vakcinacije. U dvanaestoj godini imao sam jedan buran doživljaj sa vakcinacijom, koji je postao deo naše porodične istorije. Mama nam je kazala da idemo na uobičajeni kontrolni školski pregled. Prvi šok doživeo sam u čekaonici. Video sam da je jedna devojčica mojih godina ušla u ambulantu i čuli smo je kako vrišti kad je dobila injekciju.

„Da li ste to čuli?", upitao sam Arona i Mišel. „I nama će dati te injekcije."

Obuzeo me je strah i bio sam u panici. Plakao sam i urlao, vikao mami da ne želim injekciju, to je previše bolno, želim da se vratim kući. Pošto sam bio najstarije dete, mlađi su sledili moj sjajni primer i rasplakali se iz sveg glasa. Kukali su i tražili da idu kući.

No, moja mama je bila profesionalna bolničarka i nije nam se nimalo smilovala. Bila je veteranka mnogih borbi oko igle. Odvukla je naš urlajući i ritajući čopor u ambulantu kao kada mornarički narednik vuče pijane vojnike natrag na brod.

Pošto sam shvatio da mi panika i moljakanje nimalo ne pomažu pokušao sam da pregovaram s porodičnim lekarom. „Zar nemate nešto što bih mogao da popijem umesto te injekcije?," cvilio sam.

„Sinko, bojim se da nemamo."

Bilo je vreme za plan B, kao bratska pomoć. Okrenuo sam se Aronu i zamolio ga da mi pomogne u bekstvu. Sve sam isplanirao. Aron je trebalo da se sruši sa stola za preglede i zamaje doktore, tako da ja mogu da se odvezem napolje i pobegnem. Međutim, mama me je presrela. Čak je moja poslušna sestrica jurnula na vrata, ali ju je neka bolničarka ščepala u hodniku. Odupirala se rukama i nogama o dovratak, pa nisu mogli da je unesu u ambulantu. Bila je moja junakinja dana!

Naša histerična dreka mogla se čuti u celoj klinici. Osoblje je dotrčalo da vidi koga to tako grubo kinje. No, pojačanje je stalo na stranu protivnika. Dvoje bolničara me je držalo dok su mi davali injekciju, a ja sam vrištao kao vila banši.

Otimao sam se i kada su prineli iglu mojoj zadnjici, pa su morali nekoliko puta da je zabadaju. Toliko sam se drao da su se aktivirali alarmi na nekim automobilima parkiranim na ulici.

Nisam ni do danas shvatio kako smo svi – brat, sestra, naša mama, ja i osoblje na klinici preživeli taj dan. Nas troje smo glasno zavijali sve do kuće.

Zbog preteranog straha bol je bio gori nego što je bilo normalno – da sam mirno pustio da mi daju injekciju manje bi me bolelo. Bol se udvostručio zato što nisam znao da kontrolišem strah. Umesto uobičajenog jednog, posle tog ispada, nisam mogao da se krećem naredna dva dana.

Zapamtite ovu moju pričicu: ako dozvolite da strah upravlja vašim postupcima od toga će vas samo jače zaboleti zadnjica.

Ne kukajte nad neuspesima

Kao što možete zamisliti, imam dugu istoriju sticanja modrica po celom telu i uboja na licu. Padao sam sa stolova, visokih stolica, kreveta, stepenica i ograda. Pošto nisam imao ruke da se njima zadržim najčešće sam padao na bradu, nos i čelo. U nekim prilikama sam se i gadno ugruvao.

Ipak, nikada nisam ostao da ležim na podu. Postoji japanska izreka koja tačno opisuje taj moj stav: „Sedam puta padni i osmi put ustani!"

Imaćete i vi neke promašaje. Ja sam ih, svakako, imao. To se događa i najboljima. Onima koji se ne usprave i ne nastave poraz može izgledati kao nešto konačno. Ono što svi treba da znamo jeste da život nije ispit na kome se pada ili prolazi, već proces koji podrazumeva razna iskušenja i greške. Uspešni ljudi su oni koji su u stanju da se priberu, a kada vide da su pogrešili, na greške gledaju kao na privremena iskustva na kojima se uče. Svaka uspešna osoba koju poznajem načinila je nekada u životu i neku grešku. Ti ljudi često tvrde da su te greške bile ključne za njihov kasniji uspeh. To je i zato što posle neuspeha nisu odustali. Uočili su problem, napornije radili i tražili kreativnija rešenja. Ako su pet puta uzastopce pretrpeli neuspeh, radili su pet puta više nego ranije. Vinston Čerčil je to uočio i kazao: „Do uspeha nas vodi sposobnost da, bez gubljenja entuzijazma, idemo iz greške u grešku."

Ako ne možete da prevaziđete neuspeh, to možda znači da ga shvatate isuviše lično. Ne čini vas svaki neuspeh gubitnikom, kao što ni jedno ispadanje iz igre ne znači da će čuveni igrač bejzbola zauvek ostati na klupi. Sve dok ste u igri i krećete se unapred možete se prilagođavati situaciji. Ako niste spremni za to, nije problem u tome što ste pretrpeli neuspeh, već u vama samima. Da biste uspeli treba da verujete da to zaslužujete, a i da na sebe preuzmete odgovornost za uspeh.

Da bih to ilustrativno prikazao publici, za vreme govora koje držim ponekad se prevrnem na stomak i nastavim da pričam. S obzirom na to da nemam udove, mogli biste pomisliti da ne mogu sam da se podignem iz tog položaja. Moja publika često baš to pomisli.

Međutim, mene su roditelji u ranom detinjstvu naučili da se sam uspravljam iz horizontalnog položaja. Stavljali su jastuke na pod i učili me da se poduprem njima. Ja sam, ipak, uvek želeo da sve uradim na svoj način – onaj teži. Nisam koristio jastuke, već bih otpuzao do zida, stolice ili kauča, odupro se čelom o njih i polako se uspravljao.

To nije baš lako izvesti. Pokušajte i sami. Lezite na stomak i pokušajte da se podignete na kolena ne koristeći ruke ni noge za odupiranje. Ne osećate se baš spretno, zar ne? U stvari, šta vam je draže – da ležite i dalje, ili da ustanete? Niste stvoreni za puzanje po tlu. Stvoreni ste da stalno iznova ustajete, dok ne iskoristite sve mogućnosti.

Povremeno, dok prikazujem slušaocima ovo podizanje s poda, i sam doživim neku nezgodu. Obično govorim ljudima sa nekog podijuma, pozornice ili katedre, naročito ako se nalazimo u učionici ili u konferencijskoj sali. U jednoj školi sam skliznuo sa katedre pre nego što sam uvideo da je neko, u najboljoj nameri, uglačao njenu površinu, tako da je bila klizavija od ledene ploče na olimpijskom klizalištu. Tražio sam neko mesto koje nije poprskano sprejom i uglancano, ali ga nije bilo. Bilo mi je neprijatno, ali sam morao da prekinem izlaganje i zatražim pomoć: „Može li neko doći da mi pomogne, molim?“

U drugoj prilici sam držao govor u Hjustonu, prikupljajući novac u dobrotvorne svrhe, a u publici je bilo dosta poznatih ličnosti, počev od Džeba Buša, guvernera Floride, i njegove žene Kolambe. Pričajući o tome kako nikad ne treba odustati, ja sam se, kao i obično, opružio potrbuške. Masa je, kao i obično, zaćutala.

„Svi ponekad pretrpimo neuspeh“, kazao sam. „To je slično padanju. Morate se uspraviti i ne smete nikada odustati od svojih planova.“

Publika je shvatila moju poruku, ali pre no što sam uspeo da im pokažem da i ja mogu sam da se pridignem, neka nepoznata žena je, sa kraja sale, dotrčala do mene.

„Evo, ja ću da vam pomognem“, kazala je.

„Nije mi potrebna pomoć“, procedio sam kroz stisnute zube. „Ovo je deo mog govora.“

„Ne budite smešni. „Pustite me da vam pomognem“, navaljivala je žena i dalje.

„Gospođo, pokušavam da istaknem poentu, i nije mi potrebna vaša pomoć.“

„Pa dobro, dušice, ako si sasvim siguran,“ kazala je i vratila se na svoje mesto.

Verujem da je i ostalima u sali laknulo kada su videli da je sela, baš kao što bi im laknulo uvek kada vide da mogu sam da se uspravim. Ljudi su obično ganuti kada shvate koliki mi je napor potreban samo da bih se podigao s poda. Solidarišu se sa mnom i shvataju moju borbu, jer se svi mi borimo za nešto. Pomislite na to kada vam se planovi izjalove ili kada naiđu teška vremena. Vaša iskušenja i nastojanja da ih savladate deo su iskustva svojstvenog svim ljudima.

Čak i kada odredite svoj životni cilj razmotrite razne mogućnosti, verujete u budućnost, cenite sebe, imate pozitivan stav i ne dozvoljavate strahu da vas koči, može vam se desiti da se razočarate. No, nikada ne smatrajte neuspehe nečim konačnim, ne poistovećujete ih sa smrću, jer kroz borbu koju vodite stičete životno iskustvo. Svi smo u igri. Iskušenja na koja nailazimo mogu nas ojačati, popraviti nam karakter i pripremiti nas za uspeh koji će tek doći.

ZNATI GUBITI

Možete posmatrati svoje neuspehe kao poklon – oni vas jačaju i vode ka uspehu. Šta je to dobro u neuspehu i nazadovanju? Mogu vam navesti barem četiri dobre strane neuspeha.

1. Neuspeh je poučan.
2. Neuspeh izgrađuje karakter.
3. Neuspeh vas motiviše.
4. Neuspeh vas navodi da cenite uspeh.

1. Neuspeh je poučan

Činjenica je da je svaki neuspeh poučan. Svaki pobednik je nekada izgubio neku igru. Svaki šampion je imao i neke neuspehe. Rodžera Federera smatraju jednim od najboljih svetskih tenisera, ali ni on nije dobio svaki meč, gem ili set. U svakom meču je mnogo puta poslao lopticu u pogrešnom smeru. Ipak je iz tih promašaja nešto naučio i nastavio da igra. Zbog toga je Federer šampion.

Pitate se želi li on da mu svaki udarac bude savršen i da dobije svaki meč, gem i set? Naravno, a tako treba i vi da razmišljate, ma čime da se bavite. Radite naporno! Vežbajte! Savladajte osnove i nastojte da uvek učinite najviše što možete, znajući da ćete ponekad pretrpeti i neuspeh, jer je to deo puta ka uspehu i pravom majstorstvu.

Brat me često zadirkuje prisećajući se vremena kada sam počinjao da se bavim govorništvom i teško nalazio publiku. Molio sam uprave škola i raznih organizacija da mi pruže priliku da govorim, ali su me obično odbijali zbog mladosti i neiskustva, a i zbog mog neobičnog izgleda. To je ponekad bilo mučno, ali sam iz tog iskustva nešto naučio i shvatio šta sve mora da zna i kako treba da se ponaša uspešan govornik.

Kad je Aron išao u srednju školu vozikao me je po celom gradu tražeći mi publiku, makar i malobrojnu. Držao sam besplatne govore da bih stekao iskustvo. Čak ni to nije bilo dovoljno. Zivkao sam sve škole u Brizbejnu i nudio im da besplatno održim govor. Većina me je u početku odbijala, ali me je to samo navelo da narednih godina budem još uporniji.

„Nemoj da odustaneš!," govorio mi je Aron.

Nisam odustao, jer me je svako njihovo odbijanje toliko bolelo da sam, zahvaljujući tome, konačno, shvatio da sam pronašao poziv koji volim. Zbilja sam želeo da budem govornik. Čak i kad sam pronašao publiku spremnu da me sasluša, to nije uvek bilo najuspešnije. U jednoj školi u Brizbejnu loše sam započeo govor. Nešto mi je odvuklo pažnju i nisam mogao da se vratim na temu. Počeo sam da se ponavljam. Poželeo sam da otpuzim odatle i da se nikada više ne pojavim u javnosti. Toliko sam loše govorio da sam mislio da će se to razglasiti i da nikada više neću dobiti poziv da održim neki govor. Kada sam, konačno, otišao iz te škole osećao sam da sam ispao smešan. Reputacija mi je bila uništena.

Mi smo obično najoštriji sopstveni kritičari. Ja sam, svakako, tog dana bio takav. Ali taj loš govor me je samo još više usmerio prema ostvarenju zacrtanog cilja. Uvežbavao sam govore i obraćanje publici. Kad jednom odlučite da se usavršavate u nečemu, to nije previše teško ostvariti. Čak i svaki pogrešan korak nešto znači, svaka nova lekcija nešto vredi, a svaka nova prilika može dovesti do cilja.

Shvatio sam da odustajanje posle neuspeha znači da se nikada neću pridići. Ako naučite nešto iz neuspeha i nastavite da se trudite što više možete bićete, svakako, nagrađeni, i to ne samo odobravanjem drugih ljudi već i osećanjem ispunjenja i saznanjem da ste iskoristili svaki svoj dan na najbolji mogući način.

2. Neuspeh formira karakter

Da li je tačno da vas promašaj može izgraditi i učiniti podobnijim za uspeh? Jeste! Ono što nas ne uništi sigurno može da nas ojača, usmeri, učini kreativnijim i odlučnijim da sledimo plan. Možda jurite za uspehom, i to nije loše, ali je i strpljenje vrlina, a neuspeh će, svakako, doprineti da razvijete tu osobinu. Verujte mi kada kažem da sam iz svog iskustva naučio da se moj plan ne mora uvek poklapati s Božjim namerama. On je odredio vreme za sve, a mi samo treba da ga dočekamo.

Tu lekciju sam dobro naučio kada sam sa stricem Semom Radivojevićem radio na marketingu i proizvodnji njegovog specijalnog bicikla, nazvanog hipocikl. Taj posao smo započeli 2006. godine, a naša kompanija još nije zaista zaživela, ali naš svaki korak unazad i svaka greška vode malo bliže konačnom cilju. Ne stvaramo samo novi posao već kroz njega i gradimo karaktere. Naučio sam i to da, mada ponekad radimo najbolje što možemo, to nije dovoljno da neki posao uspe. Važno je i vremensko uklapanje. Privreda je zapala u recesiju baš u trenutku kada smo mi započeli taj posao. Moramo da budemo strpljivi i istrajni i da sačekamo da se trendovi okrenu u našu korist.

Ponekad treba sačekati da se svetski tokovi usaglase s vašim planovima. Tomas Edison je odradio više od deset hiljada neuspešnih eksperimenata pre nego što je usavršio komercijalni model sijalice, a svi oni koji sebe smatraju gubitnicima najčešće ne znaju koliko su blizu uspeha bili u trenutku kada su odustali. Bili su nadomak cilja, pretrpeli jedan neuspeh i našli se na pragu uspeha. No, odustali su pre no što su se okolnosti promenile njima u prilog.

Nikada ne znate šta vas čeka iza ugla. To može biti odgovor na vaša sanjarenja. To znači da treba da se saberete, sačuvate snagu i nastavite da se borite. Šta ako ste pretrpeli neki neuspeh? Edison je kazao i ovo: „Svaki pogrešan korak vodi nas bliže cilju."

Ako radite najbolje što možete Bog će učiniti ono preostalo, a to što vam je suđeno, svakako će se i desiti. Morate imati snage da pobedite, a svaki promašaj je još jedno iskustvo koje izgrađuje karakter samo ako ste se dovoljno otvorili za njega.

Godine 2009. govorio sam u hrišćanskoj školi Oaks u Vestlejku, u Kaliforniji. Ta mala škola proslavila se svojim sjajnim ragbi timovima. Njihov kvoterbek bio je sin čuvenog kvoterbeka tima NFL, Džoa Montane. U timu je bio i sin Vejna Greckija, legendarnog hokejaša. Hvatač im je bio sin poznatog glumca Vila Smita.

Taj školski tim je šest puta osvajao titulu šampiona. Prilikom pomenute posete sreo sam se sa osnivačem škole, Dejvidom Prajsom, i shvatio da su njihovi sportisti vrlo uspešno naučili neke važne stvari o formiranju karaktera.

Dejvid je ranije bio advokat u velikoj holivudskoj firmi čiji su klijenti bili filmski studiji. Zatim je radio za izvesnog vlasnika hotela i odmarališta na kalifornijskoj obali, koji je posedovao i terene za golf. Dejvid je bio dobar menadžer, pa je odmah uočio da te terene za golf nadgledaju profesionalni igrači koji nemaju smisla za poslovni uspeh.

Dejvid je zato jednoga dana otišao šefu i rekao mu da želi da kupi jedan od njegovih terena za golf.

„Ali ti već radiš za mene, pa ne znam zašto bih ti prodao taj teren? Drugo, ne razumeš se u golf. Treće, nemaš ni novca za to.“

Dejvid nije uspeo da iz prvog pokušaja ubedi šefa u to što je želeo, ali je nastavio da ga pritiska sve dok mu, najzad, nije prodao teren koji mu je zatražio. To je bio prvi od 360 terena koje je Dejvid kasnije stekao – kupovao ih je ili iznajmljivao.

Kad je golf postao manje popularan Dejvid je prodao sve te terene. Sada se bavi kupovinom, iznajmljivanjem i upravljanjem aerodromima. Šta je, dakle, Dejvid naučio iz svog početnog neuspeha? Kada je interesovanje za terene za golf opalo Dejvid je shvatio da njegov osnovni posao nije da se bavi terenima već rukovođenjem uopšte. Posle toga se lako prebacio na drugi posao.

Dejvid je i član upravog odbora moje neprofitne organizacije *Živeti bez udova* i tvrdi da veća iskušenja više ojačaju naš karakter. „Nik, da nisi rođen bez udova, mislim da ne bi bio toliko uspešan kao što danas jesi," rekao mi je jednom. „Da li bi deca slušala tvoje govore da ne mogu sama da se uvere da si nešto što je izgledalo negativno pretvorio u pozitivnu silu?"

Setite se toga uvek kada naiđete na prepreke. Svaka zatvorena staza vam otvara neku novu. Svaka „invalidnost" je nadomeštena nekom posebnom sposobnošću. Vi ste došli na svet da poslužite nekom cilju, te nemojte dozvoliti sebi da poverujete da ne možete pobediti. Sve dok je daha u vama uvek postoji način da se uspe.

Ja sam zahvalan za svoje neuspehe, a i za svoju istrajnost. Oni su uticali na mene da budem strpljiviji i uporniji. Te su mi osobine pomogle u radu, a i u mojim javnim nastupima. Jedan od mojih omiljenih načina relaksacije je pecanje. Roditelji su me prvi put odveli na pecanje kada sam imao šest godina. Zaglavili bi moj štap u rupu ili u držač, pa bismo čekali da riba zagrize. Tada bih bradom pritisnuo štap da mi riba ne pobegne i držao ga tako sve dok neko ne bi došao da mi pomogne.

Jednoga dana nisam imao mnogo sreće u pecanju, ali sam uporno sedeo i posmatrao svoj štap. Sunce je pržilo i dobio sam ljubičastocrvenu boju lica, ali sam bio rešen da toga dana, ipak, upecam neku ribu. Moji roditelji su se malo udaljili i pecali su na dugom delu obale, pa sam bio sasvim sam kad je riba, najzad, zagrizla. Vukao sam udicu nožnim prstima i vikao: „Mama, tata!" sve dok nisu dotrčali. Kada su izvukli ribu pokazalo se da je bila dva puta veća od mene. Nikada ne bih došao do nje da nisam ostao na tom mestu i uporno potezao štap nožnim prstima.

Neuspeh podstiče i skromnost. U srednjoj školi sam jednom dobio lošu ocenu iz računovodstva, što je za mene bilo ponižavajuće iskustvo. Pomišljao sam da možda i nemam toliko smisla za brojeve kao što sam verovao, ali me je nastavnik hrabrio i bio mi je pravi tutor. Učio sam i učio, i posle nekoliko godina sam stekao diplome iz računovodstva i finansijskog planiranja.

U đačkom uzrastu mi je očigledno bila potrebna lekcija iz skromnosti. Trebalo je da pretrpim neuspeh da bih naučio sve ono što nisam znao a što mi je, svakako, bilo potrebno. Tomas Man je napisao: „Ponizan čovek se ne plaši neuspeha. On se, zapravo, ne plaši ničega, čak ni sebe, jer savršena skromnost podrazumeva i savršenu veru u Božju moć, kao i verovanje da nema ničega moćnijeg na svetu i da za Njega ne postoje prepreke."

3. Neuspeh vas motiviše

Možemo na gubitak ili neuspeh reagovati tako što ćemo odustati, ili što ćemo to shvatiti kao iskustvo i motivaciju da nešto uradimo bolje. Moj prijatelj koji radi kao sportski instruktor kazao je klijentima koji se bave dizanjem tereta da „nastave sa vežbama sve do prvog neuspeha." To baš i ne zvuči ohrabrujuće, zar ne? U stvari, njegova ideja je da, ako dižete teret sve dok ne zamorite mišiće, sledećeg puta možete preći tu granicu i postati jači.

Jedan od ključeva uspeha u sportu, a i u poslu, jeste vežbanje. Na taj način postižete neuspehe koji vode uspehu, a sjajan primer za to sam ja i moj mobilni telefon. Možda i vi verujete da je pametni telefon veliko savremeno otkriće, no za mene je on pravi dar s neba. Ponekad mislim da su pronalazači mislili baš na mene kada su smislili kako da naprave spravu kojom i momak bez ruku i nogu može da telefonira, šalje elektronska pisma i tekstualne poruke, pušta muziku, snima govore i izjave, prati vremensku prognozu i događaje u svetu, a sve to pokretima nožnih prstiju.

Pametni telefon, ipak, nije bio idealno sredstvo za mene, jer je deo tela kojim baratam njime daleko od mojih govornih organa. Mogu, doduše, da koristim razglas, ali kada se nalazim na aerodromu ili u restoranu ne želim da svi čuju moje razgovore.

Uvežbavao sam da nekako približim telefon ustima pošto okrenem broj nožnim prstima. To je dalo novo značenje pojmu mobilnog telefona i predstavlja dobru lekciju na temu uspeha i neuspeha. Proveo sam nedelju dana nastojeći da stopalom dobacim telefon do ramena, gde bih ga zatim prikljeŝtio bradom i razgovarao. (Deco, ne vežbajte to kod kuće!) U toku tog perioda uvežbavanja pretrpeo sam brojne neuspehe. Po licu sam imao silne modrice od bacanja telefona uvis, pa sam izgledao kao da su me udarali vrećicom punom kovanog novca.

Vežbao sam kada nikoga nije bilo u blizini. Da me je neko video mogao je pomisliti da sam smislio novu metodu samomučenja mobilnim telefonom. Ne znam ni sam koliko puta me je telefon tresnuo pravo u glavu i raspao se. Mogao sam da dozvolim sebi da ih razbijam i nabavljam nove telefone umesto onih koje sam uništio, ali nisam mogao da dozvolim sebi da odustanem.

Kad god bi me mobilni telefon tresnuo posred lica postajao sam još odlučniji da savladam tu veŝtinu, a na kraju sam i uspeo. Naravno, kako to već biva u životu, čim sam uspeo da ostvarim svoju nameru na tržištu se pojavio novi Blutut telefon, koji se postavlja direktno na uho. Moj stari model mobilnog telefona, koji je toliko puta leteo uvis, sada je samo uzorak tehnologije prošlosti, a ja svojom veŝtinom bacanja telefona zabavljam prijatelje kada im je dosadno.

Želim, dakle, da vas ohrabrim da svoje propuste i neuspehe posmatrate kao izvore motivacije i inspiracije. Nema nikakve sramote u neuspehu, promašajima, zastranjivanju i brljanju. Sramota je samo ako sve to ne iskoristite kao motivaciju da se ubuduće malo više potrudite i ostanete u igri.

4. Neuspeh vas navodi da cenite uspeh

Četvrta dobra strana neuspeha je to što vas on navodi da cenite uspeh. Verujte kad vam to kažem, jer sam baš to osetio posle nedelju dana bezuspešnog bacanja telefona uvis, kad mi je, konačno, pao na rame, baš kao što sam i želeo. Što se više trudite da ostvarite neki cilj, više ćete ceniti konačni uspeh. Koliko puta ste se posle nekog velikog uspeha zamislili i shvatili kako vam je slatka pobeda posle vrlo duge borbe. Morate priznati da je ovo tačno: što je teži uspon uz brdo, to je bolji pogled s vrha.

Među moje omiljene biblijske legende iz detinjstva spada priča o Josifu, koji je dugo bio loše sreće. Lažno su ga optužili za zločin, bacili ga u tamnicu, a ljudi kojima je verovao više puta su ga izdali. No, Josif se nije predao. Nije dozvolio da ga ogorčenost i neuspeh poraze. Istrajao je, i postao vladar Egipta koji je spasao svoj narod.

Iz njegove životne borbe i konačnog uspona na presto može se mnogo naučiti. Ja sam, recimo, shvatio da se do uspeha ne dolazi bez muke. Josifova iskušenja pomogla su mi da shvatim da, mada mi život izgleda teži nego drugima, ti drugi često više pate i zato mogu više i da se uzdignu. Mada nas Bog voli, ne obećava nam lak život. Shvatio sam i da je Josif mnogo naučio iz brojnih iskušenja i izdaja koje je pretrpeo i da je njegov tijumf, kada je postao pravedni kralj, bio utoliko veći.

Kada se svim srcem unesete u postizanje nekog cilja i prođete kroz mnoge patnje i bol, pa na kraju postignete cilj, to je tako neverovatan osećaj da želite da nikada ne nestane, zar ne? Ne verujem da se to događa slučajno. Možda je baš zbog toga ljudski rod ovoliko napredovao. Mi slavimo naše teške pobede ne zato što smo preživeli velike napore, već zbog sopstvene prirode koja nas tera ka sve višem stepenu ispunjenja.

Verujem da me je, onda kada me je Bog terao da radim sve napornije da bih ostvario cilj i stavljao mi na put jednu prepreku za drugom, zapravo, On pripremao za važnije dane. Bog nas iskušava jer zna da nas neuspesi jačaju.

Kada pomislim na sve ono što sam pretrpeo u ranom detinjstvu – bol, neizvesnost, jad, usamljenost – ipak nisam nimalo tužan. Osećam se ponizno i zahvalno jer sam uspešno savladao sve prepreke, a uspeh mi je zbog toga još slađi. Sve me je to ojačalo i bilo je vrlo značajno – postao sam sposobniji da razumem druge i da im pomognem. Bez upoznavanja patnje ne bih mogao da pomognem drugima u njihovom bolu. Ne bih imao ni tako dobre odnose sa ljudima. Kada sam dorastao do tinejdžerskog uzrasta bio sam sigurniji u sebe baš zbog svega što sam pretrpeo. To moje novo samopouzdanje privuklo je drugu decu. Stvorio sam veliki krug muških i ženskih prijatelja. Dopala mi se tolika pažnja! Vozikao sam se u kolicima po školskom igralištu obavijen pravim plaštom topline.

Znate i sami kuda me je to, konačno, odvelo – u politiku. Konkurisao sam za školskog kapitena, što je značilo da ću se naći na čelu mase od hiljadu i dve stotine učenika državne škole Mekgregor – kombinacije niže i više srednje škole i jedne od najvećih škola u Kvinslendu.

Nisam bio prvo invalidno dete koje je konkurisalo za kapitena, ali pobedio sam čak i jednog od najboljih sportista u toj školi – Metjua Mek Keja – koji je danas poznati australijski fudbaler. Moj profesor, gospodin Harli, terao me je da se kandidujem i bio sam iznenađen kada su me drugovi nominovali. Pozivao sam se na multikulturalnost i različitost i predložio da se, u okviru moje izborne kampanje, za vreme sportskog dana održi i trka u invalidskim kolicima u našem školskom dvorištu.

Na kraju sam, ipak, pobedio. (Žao mi je, Metju). Moja majka i danas čuva isečak iz lista *Kurir mejl* u kome je objavljena moja fotografija i članak naslovljen „Kapiten hrabrost.“

U tim istim novinama objavljene su i moje reči: „Deca u invalidskim kolicima treba da se što više angažuju u svemu.“

Možda moj čuveni slogan iz detinjstva, koji se pretvorio u nadimak „Nik – učini to“ i nije najtačniji, ali mi je dobro poslužio. Svi ljudi greše. I vi ćete ponekad zastraniti na teškom putu. Međutim, znajte da su te greške deo života i iskoristite ih što bolje možete. Ne staj, druže! Razmahni se!

Novi drugar iz šikare

Imao sam dvanaest godina kada se moja porodica iz Australije preselila u SAD i bio sam na smrt prestrašen saznanjem da moram sve da počnem iz početka u sredini u kojoj nemam prijatelje. U avionu kojim smo leteli za Ameriku moj brat, sestra i ja vežbali smo američki izgovor jer smo se plašili da će nas deca u novoj školi zadirkivati zbog našeg govora.

Nisam mogao da promenim svoje čudno telo, ali sam mislio da mogu barem da izmenim australijski izgovor. Tek kasnije sam shvatio da se mnogim Amerikancima taj izgovor dopada. *Krokodajl dendi* bio je veliki filmski hit nekoliko godina pre našeg dolaska. Nastojeći da što više ličim na drugove iz razreda propustio sam, dakle, mnoge prilike da ostavim dobar utisak na devojčice.

To je bila prva velika promena u mom životu, a nastojanje da usvojim američki izgovor nije bilo moja jedina greška. Moja nova škola zvala se Lindero Kenjon i nalazila se u podnožju planina Santa Monika, nedaleko od mesta na kome danas živim. Bila je to sjajna škola, ali sam se u njoj u početku prilično namučio. Svakom detetu teško pada preseljenje iz okruženja u kome je odraslo, kao i promena škole i prijatelja. Pored svih uobičajenih problema koje donose nove situacije, ja uopšte nisam ličio na „normalno dete". Bio sam jedini u invalidskim kolicima i samo su meni nastavnici morali da pomažu. Većina tinejdžera iznervira se na pomisao da će im se neko rugati zbog bubuljice. Zamislite kako je tek bilo meni.

U mojoj osnovnoj školi u Melburnu nekako sam se izborio da me deca prihvate, a zatim smo se preselili u Brizbejn. Trebalo mi je mnogo truda da ubedim nove drugove da sam dovoljno dobar da se družim s njima. U Americi sam morao sve to ponovo da učinim.

PROMENITI SEBE

Ponekad nismo ni svesni koliko promene utiču na nas. Stres, sumnja u sebe, pa i depresija često su posledice preseljenja iz neke bezbedne zone, ma kako da je to preseljenje bilo lako. Morate imati jasno zacrtan cilj, mnogo nade, snažnu veru i osećanje sopstvene vrednosti, pozitivan stav, hrabrost da se suočite sa svojim strahovima i sposobnost da se oporavite od neuspeha. Ako dozvolite sebi da se „raspadnete" zbog neizbežnih promena koje život nosi nećete uopšte napredovati.

Često se opiremo promenama, ali niko ne bi poželeo život bez njih. Neke značajne promene, proces odrastanja i nagrade koje, na kraju, dobijamo posledica su promene mesta boravka, posla ili studija, a možda i neke nove veze.

Počinjemo od detinjstva, napredujemo kroz adolescenciju, prolazimo kroz zrelo doba i stižemo do starosti. Bilo bi nemoguće ne promeniti se uopšte za to vreme, a bilo bi nam i vrlo dosadno. Ponekad nam je neophodno veliko strpljenje. Ne možemo uvek kontrolisati promene niti uticati na njih, a do njih može doći i onda kada to ne želimo.

Postoje dve osnovne vrste promena koje nas dovode u iskušenje i remete svakodnevnu rutinu. U prvu grupu spadaju promene koje nam se događaju. Drugu vrstu čine promene u nama. Prvu vrstu ne možemo kontrolisati, ali na drugu kategoriju promena možemo uticati.

Nisam imao uticaja na roditeljsku odluku da se preselimo u SAD ništa više nego na činjenicu da sam se rodio bez ruku i nogu. To je bilo potpuno izvan moje kontrole. No, kao i kada je bila reč o mojoj invalidnosti, i u ovoj situaciji mogao sam da odlučim kako ću prihvatiti to preseljenje. Rešio sam da prihvatim situaciju i da je iskoristim što bolje mogu.

I vi možete uspešno izaći na kraj sa neočekivanim ili neželjenim promenama u životu. Često smo zaslepljeni brzim i neočekivanim tokom događaja – osoba koju volimo umire, ostajemo bez posla, razboljevamo se, doživljavamo nesreću – tako da, možda, nećete odmah shvatiti da je u toku velika životna promena. Treba, dakle, ublažiti dejstvo neželjene ili iznenadne promene, biti oprezni i shvatiti da ulazite u nov životni period, bolji ili gori od prethodnog. Razmišljajte ovako: *Dobro, sve mi je to novo. Pomalo mi je i čudno. Moram da se smirim, da ne paničim i da budem strpljiv. Znam da će, na kraju, sve biti dobro.*

Kada smo se preselili u SAD imao sam dovoljno vremena da razmišljam o svim promenama u našem životu, ali sam u nekim trenucima, ipak, bio utučen i dezorijentisan. Ponekad bih poželeo da vrisnem: „Hoću kući, želim da vodim onaj nekadašnji život!"

Žao mi je što to moram da kažem, druže, ali verovatno ćeš i ti imati takvih trenutaka. Prisećam se svega što sam tada preživeo i uviđam i neke smešne strane raznih situacija, naročito sada kada sam zavoleo život u Kaliforniji. Nadam se da ćeš jednog dana i ti moći da se nasmeješ svojim nekadašnjim mukama. Frustracije i gnev su prirodna osećanja koja prate velike promene. Dajte sebi malo vremena da se prilagodite. Treba biti spreman i za povremene neočekivane obrte. To je slično preseljenju u drugi grad. Morate dati sebi vremena da se naviknete, prilagodite klimatskim uslovima i shvatite gde se najbolje snalazite.

OČEKUJTE NEOČEKIVANO

Prvih nedelja koje sam proveo u Americi patio sam od velikog kulturološkog šoka. Prvog dana u novoj školi dobio sam pravi mali napad panike kada je ceo razred ustao da izgovori zakletvu. U Australiji to nije bilo uobičajeno. Osećao sam se kao da sam ušao u klub kome ne pripadam.

Jednoga dana u celoj školi začuo se zvuk alarma i nastavnici su nam kazali da ustanemo i izađemo iz klupa. Mislio sam da su nas napali vanzemaljci, ali to je bio samo signal koji upozorava na zemljotres. *Zemljotres!*

Naravno, i u novoj školi morao sam da podnesem mnoge uobičajene nervozne poglede sa strane, gruba zapitkivanja i čudne komentare zbog mog nedostatka udova. Nisam mogao ni da zamislim da su američki srednjoškolci toliko radoznali i da ih veoma zanima kako se snalazim u toaletu. Molio sam Boga čak i za zemljotres, samo da deca prestanu da me zapitkuju o tome.

Morao sam da se naviknem i na menjanje učionice posle svakog časa. U Australiji smo sve časove imali u istoj učionici. Nismo stalno skakutali s mesta na mesto, kao kenguri u polju. Činilo mi se da najveći deo vremena u novoj školi provodimo premeštajući se iz jedne učionice u drugu.

Celu tu životnu promenu nisam najbolje podneo. Do tada sam uvek bio odličan đak, ali sam u novoj školi počeo da zaostajem. Za mene nije bilo mesta u normalnom šestom razredu, pa su me stavili u grupu naprednih učenika i dobijao sam sve slabije ocene. Kad se svega toga danas setim shvatam da sam bio pod velikim stresom. Kako i ne bih bio? Spakovali su ceo moj život i preneli ga na drugu stranu planete.

Nismo više imali ni svoju kuću. Tata je radio za strica Bate i živeli smo sa njim i njegovom porodicom u njihovoj velikoj kući, čekajući da se preselimo u sopstvenu. Nisam mnogo viđao roditelje jer su bili zauzeti traženjem posla, odlascima na posao i kupovinom kuće.

To mi je bilo mrsko. Bio sam emocionalno, fizički i mentalno ubijen. Ponašao sam se kao kornjača koja se uvlači u oklop. Za vreme odmora i pauze za ručak bio sam uvek sam, a ponekad sam se i krio u žbunju iza igrališta. Omiljeno mesto bila mi je školska muzička učionica, o kojoj je vodio računa naš nastavnik muzičkog obrazovanja i dirigent školskog orkestra, gospodin Mek Kejgen.

On još uvek predaje u toj školi i sjajan je nastavnik. U školi je bio popularan kao prava rok zvezda, a držao je (ako se dobro sećam) po osam do devet časova dnevno. Njegov brat Daf je čuveni bas gitarista i svirao je u sastavu *Gans end Rouzis* i nekim drugim poznatim rok grupama. Preseljenje iz Australije u SAD imalo je još jednu čudnu stranu. Naime, osećao sam da smo napustili svoj, do tada sasvim normalan, porodični život i zašli u carstvo nadrealne pop kulture. Živeli smo u predgrađu Los Anđelesa, nadomak Holivuda, pa smo često viđali filmske i televizijske zvezde po prodavnicama i velikim tržnim centrima. Polovina mojih drugova iz razreda maštala je o glumačkom pozivu. Posle škole sam mogao da uključim televizor i posmatram svog druga sa časova istorije, Džonatana Tejlora Tomasa, kako nastupa u popularnoj emisiji *Lepši dom*.

Život mi je bio toliko drugačiji da je sve to bilo previše za mene. Izgubio sam samopouzdanje na kome sam dugo naporno radio. Australijski drugovi su me prihvatili, ali sam u SAD bio dečak iz druge zemlje, neko sa čudnim izgovorom i još čudnijim telom. Tako sam se barem ja osećao. Gospodin Mek Kejgen je video da se rado zavlačim u muzičku učionicu i nastojao da me ohrabri da se družim s drugim đacima. Ja, međutim, nisam bio naročito motivisan da to učinim.

Borio sam se protiv promene na koju nisam mogao da utičem umesto da se usmerim na ono što zavisi od mene – na moj stav i postupke. Trebalo je da budem malo pametniji. Imao sam samo dvanaest godina, ali sam već znao da treba da iskoristim svoje darove umesto da tugujem zbog invalidnosti. Prihvatio sam činjenicu da nemam udove i bio prilično zadovoljno i samouvereno dete. No, preseljenje u SAD je za mene predstavljalo pravu zamku.

Da li ste uočili da se u periodima velikih promena ljudska osetljivost povećava? Zar vas, kada preživite mučan raskid, svaki film i televizijska emisija ne podsećaju baš na to što ste sami doživeli, kao da sadrže neku skrivenu poruku? Zar se sve pesme sa radija ne odnose na vaše bolno srce? Te pojačane emocije mogu se pretvoriti u sredstvo za preživljavanje stresa i pomoć u neuobičajenoj situaciji. One vas dovode u stanje visoke pripravnosti i u tome je njihova glavna vrednost.

Sećam se da sam se, kad god bih bio očajan zbog našeg odlaska iz Australije, odvozio da uživam u prizoru brda i zalascima sunca na plaži u našem novom kraju. I danas mislim da je Kalifornija vrlo lepa, ali mi je onda izgledala još lepše.

Pozitivna ili negativna promena može biti snažno i neverovatno iskustvo, a vaša prva reakcija na nju će možda biti otpor. Kad sam krenuo na časove poslovne politike naučio sam da većina velikih korporacija ima direktore zadužene za sprovođenje promena. Njihov glavni posao je da utiču na zaposlene koji se protive promenama, bez obzira da li je reč o spajanju firmi, novim inicijativama, ili novoj vrsti posla. Uvek ima i ljudi koje uzbuđuje svako novo iskustvo, ali većina se drži udobne rutine, odnosno *statusa quo,* jer se boji promena na gore.

OTPOR PROMENAMA

Svi znamo da ništa ne traje večito, ali kad nas događaji isteraju iz naših bezbednih skrovišta, mi se, ipak, osećamo nesigurno i uplašeno. Ponekad se ljutimo zbog toga i ne prihvatamo promenu. Čak i kada se ljudi nalaze u nekoj nepovoljnoj situaciji, kao što je veza puna nasilja, nesiguran posao ili opasno okruženje, često odbijaju da krenu novom stazom jer više vole poznato od nepoznatog.

Nedavno sam upoznao Džordža, fizioterapeuta i trenera, i rekao mu da me muči bol u leđima i da su mi potrebne vežbe za jačanje, ali da ne mogu da nateram sebe na to jer sam previše zauzet putovanjima i upravljanjem firmom. Džordž mi je dao klasičan odgovor: „Pa, ako želiš da te taj bol muči do kraja života, neka ti bude!"

Narugao mi se! Poželeo sam da ga tresnem glavom. No, onda sam shvatio da on, zapravo, želi da me motiviše i natera da shvatim da, ako ne promenim način života, moram da istrpim posledice te svoje odluke.

On mi je, zapravo, kazao: *Nik, ako ne želiš promene niko te ne tera na to, ali jedina osoba koja može da pomogne tvojim leđima si ti sam.*

Ovaj primer lepo ilustruje moju tvrdnju, a može se reći da sam ja tada davao loš primer drugima opirući se promeni načina života. U stvari, ljudi često i u znatno težim situacijama ne žele da učine nešto što će im promeniti život nabolje. Spremni su da trpe užasne situacije, samo da ne bi pokušali nešto što im je nepoznato. Mnogi od nas odbijaju odgovornost za sopstvene živote. Američki predsednik Barak Obama naglasio je značaj lične odgovornosti sledećim rečima: „Mi u sebi nosimo promene koje očekujemo od drugih." Međutim, ljudi se često opiru plimi čak i kada shvataju da će se utopiti.

Neki ljudi, umesto da preuzmu odgovornost, radije krive sve druge za ono što im se događa. Ako vam život dodeli pogrešnu kartu i poremeti planove možete za to kriviti svemir, svoje roditelje ili bezobrazno dete koje vam je u trećem razredu osnovne škole ukralo sendvič. Sve to vam neće nimalo pomoći. Jedini način je da zavladate preokretima i promenjenim okolnostima i sledite svoju stazu. Iz iskustva znam da se pozitivne promene sastoje iz pet faza.

1. Shvatiti potrebu za promenom

Mi, nažalost, često sporo shvatamo da treba da se pokrenemo iz mesta. Zapadamo u rutinu, makar i neugodnu i radije ostajemo neaktivni nego da nešto učinimo, a uglavnom se tako ponašamo iz lenjosti ili straha. Često je potrebno da nam se desi nešto zbilja strašno da bismo shvatili da treba menjati planove. Takav trenutak bio je i moj pokušaj samoubistva. Godinama sam se kajao i pretvarao da sam hrabar, ali su me stalno mučile mračne misli o tome da ne mogu promeniti telo i da treba da okončam takav život. Kad sam stigao do te tačke skoro sam se udavio u kadi, ali sam tada, ipak, shvatio da moram da preuzmem odgovornost za sopstvenu sreću.

2. Smisliti nešto novo

Moj drug Ned je nedavno imao muke da ubedi svoje stare roditelje da se presele iz kuće u kojoj su živeli četrdeset godina u jedan medicinski centar za negu starih lica. Otac mu je bio sve bolesniji, a briga i staranje o njemu loše su uticali na majku, tako da se i ona razbolela. Želeli su da ostanu u svojoj kući, među poznatim susedima. „Ovde nam je baš lepo, zašto bismo išli nekuda?," rekli su mu.

Ned se s njima prepirao gotovo godinu dana pre nego što ih je nagovorio da posete centar za negu starih lica, koji je bio samo nekoliko blokova udaljen od njihove kuće. Zamišljali su da su ti „domovi za stare" hladna i neprijatna mesta gde „starci odlaze da umru." Umesto toga su videli lepo, prijatno i toplo mesto na kome je boravilo dosta njihovih pređašnjih suseda, koji su i dalje vodili aktivan život. Dom je imao svoje lekare, bolničare i terapeute koji su mogli da se staraju o Nedovom ocu, pošto je njegovoj majci to postalo preteško.

Kada su razgledali dom, Nedovi roditelji su rešili da se presele u njega. „Nismo ni pomišljali da dom za stare može biti tako lep," rekli su.

Dakle, ako vam je teško da se preselite sa mesta na kome se nalazite na neko drugo stvorite sebi jasnu predstavu o tome kako to drugo mesto izgleda. To, svakako, znači promenu lokacije, upoznavanje novih ljudi, a možda i praćenje nečije karijere. Kada jednom malo naviknete na misao o novom mestu biće vam lakše da se odvojite od starog.

3. Napustiti staro

Ovo je za mnoge veoma teška faza. Zamislite da se penjete na visoku, glatku stenu u nekom brdu. Došli ste do polovine, nalazite se na visini od više stotina metara. Stigli ste do male izbočine u steni. Sve je to vrlo strašno, nešto jači vetar može da vas obori, ali ste na toj izbočini, ipak, malo sigurniji.

Problem je u tome što treba da nastavite penjanje, da ostavite to sigurno mesto i penjete se dalje, tražeći novi oslonac. Odustajanje od sigurnosti je čin odvažnosti i predstavlja izazov za nas, bez obzira da li se penjemo uz stenu ili tražimo nov put u životu. Morate se rastati od starog oslonca i dočepati se novog. Mnogi ljudi se u takvim situacijama ukoče u mestu ili se vrlo malo pomere, ali se posle toga uplaše i ponašaju se kukavički. Ako se nađete u takvoj situaciji zamislite da se penjete uz lestvice. Da biste se popeli na narednu prečku morate da se pomerite sa one na kojoj stojite, da odvojite ruke od držača i ponovo se uhvatite za lestvice na malo višem mestu. Uspravite se i polako napredujte, prečku po prečku!

4. Navikavanje na novine

I ova faza može biti nezgodna. Ljudi mogu odustati od starog i krenuti prema nečemu novom, ali dok ne uvide da to novo pruža izvesnu udobnost biće i dalje u iskušenju da se vrate. To je faza: *Dobro, pa šta sad?*

U ovoj fazi treba veoma voditi računa o mislima koje vam se motaju po glavi. Morate zapaziti i prve znake panike: *Auh, šta sam to uradio?*, i usmeriti se na razmišljanje tipa: *Sve je ovo prava avantura*!

U toku prvih nekoliko meseci koje sam kao dečak proveo u SAD imao sam muke da prebrodim tu fazu prihvatanja. Provodio sam dane i noći vrteći se u postelji i razmišljajući o novom okruženju. Krio sam se od drugih đaka jer sam se plašio ismevanja i odbacivanja. No, postepeno sam, ipak, počeo da uživam u nekim svojstvima našeg novog doma. I u Kaliforniji sam imao rođake, s kojima, doduše, nisam bio tako blizak kao s onima iz Australije, ali su moji američki rođaci zaista bili sjajni. Bile su tu i lepe plaže, planine i pustinja, a sve nam je to bilo blizu kuće.

Taman sam počeo da mislim kako Kalifornija i nije tako loša, kad moji roditelji rešiše da se vratimo u Australiju. Kada sam, konačno, završio školu i odrastao, ipak, sam se vratio u Kaliforniju. Sada o njoj mislim kao o svom domu!

5. Nastaviti s promenama

Ovo je najlepša faza uspešne promene. Skočili ste u nepoznato i treba da formirate okruženje koje vam odgovara. To ne možete učiniti bez daljih promena. Taj proces može biti stresan, emocinalno i fizički bolan, ali konačni uspeh vredan je svakog truda.

To sam shvatio baveći se svojim poslom. Pre nekoliko godina morao sam da izmenim strukturu svoje firme. To je značilo da moram da se rastanem od nekih ljudi. Ja uopšte nisam sposoban da otpuštam ljude. To baš mrzim. Sklon sam da tetošim sve oko sebe a ne da javljam loše vesti onima s kojima radim i koje volim. Još me noću muče košmari o otpuštanju ljudi koje sam smatrao za prijatelje i veoma voleo. Međutim, bez toga moja kompanija ne bi napredovala, te je ta promena bila nužna. Za to smo kasnije bili bogato nagrađeni. Ipak ne mogu reći da mi je drago što sam tada otpustio neke zaposlene jer mi i danas ti ljudi nedostaju.

Ako i vas muči ta vrsta tuge to je znak da ste se pokrenuli i da težite nekom novom cilju. Ne morate uživati u tome, ali do toga dolazi uvek pre nego što nastupi preokret i svanu lepši dani.

KAKO PROMENITI SVET

Na putovanjima sam posmatrao ljude u svim fazama promene a naročito sam ih proučavao za vreme boravka u Indiji, 2008. godine, o čemu sam već pisao. Trebalo je da držim govore u Mumbaju, najvećem indijskom gradu i drugom po broju stanovnika u svetu. Nekada se taj grad zvao Bombaj, a nalazi se na obali Arapskog mora i smatra se za indijski finansijski i kulturni centar.

To je grad pun bogataša ali i ekstremne sirotinje, a u svetu je postao poznat posle dodele više *Oskara* filmu *Milioner iz predgrađa* koji je u njemu snimljen. Ma koliko da je dobar, taj film je dao samo mali uvid u život u mumbajskim naseljima čatrlja i seksualno ropstvo i trgovinu ljudima u tom gradu, naseljenom pretežno Indusima i muslimanima, sa vrlo malim procentom hrišćanskog stanovništva.

Smatra se da preko pola miliona stanovnika ovog grada živi od prodaje svoga tela.Većina njih je nasilno odvedena iz sela u Nepalu i Bangladešu ili oteta iz indijskih sela. Mnoge od tih mladih žena su *devadasi*, odnosno poklonice indijske boginje koja svoje „sveštenice" obavezuje na prostituciju. Neki muškarci koji se bave prostitucijom su *hidžre*, što znači da su kastrirani. Oni su natrpani po prljavim udžericama i prisiljeni da opsluže najmanje četiri mušterije dnevno. Tako podstiču brzo širenje virusa SIDE i milioni stanovnika Mumbaja umiru od te bolesti.

Odveli su me u ulicu crvenih fenjera u Mumbaju, poznatu i kao „Ulica kaveza", da upoznam žrtve savremenog ropstva i da im se obratim. Pozvao me je prečasni K. K. Deveradž koji je osnovao Bombajski centar za brigu o tinejdžerima i radi na spasavanju žrtava seksualnog ropstva, pomažući im da vode srećniji i zdraviji život.

Čika-Dev, takođe, vodi i dom za siročiće obolele od SIDE, bavi se programima ishrane sirotinje, drži medicinski centar za lečenje žrtava SIDE i odvikavanje „uličnih momaka" od droge, a kada je video jedan moj DVD pomislio je da bih mogao da unesem neke pozitivne promene u njihov život u Mumbaju. Želeo je da pokušam da ubedim žene koje se bave prostitucijom da pobegnu iz tog ropstva i presele se u neko od njegovih skloništa. Prečasni Deveradž tvrdi da je svaka od tiha žena „dragocena duša i pravi biser."

Bombajski centar za brigu o tinejdžerima je na tako dobrom glasu u Mumbaju da su makroi i gazdarice javnih kuća dozvolili čika-Devu i njegovom timu hrišćanskih misionara da dolaze kod njih i obraćaju im se, mada su ti ljudi većinom hinduisti a ne hrišćani. Oni prihvataju utešno prisustvo misionara a članovi tima nastoje da preobrate prostitutke u hrišćanstvo i navedu ih da se odsele iz bordela u kojima žive i vode kvalitetniji život.

Misionarski rad postepeno menja i način razmišljanja tih žena. Devojčice se odvode u ropstvo u uzrastu između deset i trinaest godina. Ako se neka od njih pobuni, podvodači ubeđuju nju i njene roditelje da će kod njih devojka zarađivati pedeset puta više od prosečne plate. Nažalost, uobičajeno je i da se devojčice otkupljuju od roditelja. Podvodači ih zatim predaju grubim silovateljima. Kada se devojčice nađu u zatočeništvu makroi im najčešće kažu: „Od sada radiš za nas, dopadalo ti se to ili ne!"

U Mumbaju sam razgovarao sa nekoliko osoba koje su bile u seksualnom ropstvu i koje su ljudi iz centra uspeli da oslobode. Svaka od njihovih priča je dirljiva, a sve su donekle slične. Ako su devojke odbijale da se bave prostitucijom tukli su ih, silovali i stavljali u mračne i prljave podzemne kaveze u kojima nisu mogle ni da se usprave. Izgladnjavali su ih, mučili i ispirali im mozak sve dok nisu postale poslušne. Posle toga su

NIK VUJIČIĆ

ih slali u bordele, gde bi im saopštili da su ih kupili za sedam stotina dolara i da moraju da kao prostitutke odrade barem tri godine da bi vratile tu sumu bordelu. Nekadašnje robinje su mi ispričale da su u bordelima imale više stotina mušterija, s tim što bi im, za svaku od njih, odbili po dva dolara od sume za koju su kupljene.

Ljudi obično misle da te devojke nemaju izbora. Makroi im govore da ih porodice neće primiti natrag zbog sramote koju su im nanele. Mnoge od njih se razbole od polnih bolesti ili rode decu prostituišući se, pa smatraju da nemaju kuda da odu.

Ma kako strašan život da vode, te žene se često boje promena. Nemaju vere ni nade, pa zbog toga gube i druge ljudske osobine. Padaju u očajanje i ne veruju da će se ikada spasti iz ropstva ili otići iz čatrlja. Psiholozi često navode da se tako ponašaju i žene u vezama pune nasilja i grubosti. Žive u strahu i trpe bolove, ali ne žele da ostave zlostavljače jer se previše plaše nepoznate budućnosti. Izgubile su sposobnost da sanjare o lepšem životu, pa više ne mogu ni da ga zamisle.

Vama je, svakako, sasvim jasno da seksualne robinje treba spasiti takvog života, ali, da li je čovek uvek u stanju da jasno sagleda sopstvenu situaciju? Da li ste ikada osetili da ste u zamci spleta okolnosti a onda otkrili da je glavna zamka, zapravo, vaš nedostatak jasne vizije i hrabrosti, ili vaša nesposobnost da zamislite neko bolje rešenje?

Da biste nešto promenili morate jasno zamisliti šta je „sa druge strane". Morate se nadati i verovati u Boga i svoju sposobnost da ostvarite bolji život.

U Bombajskom centru za brigu o tinejdžerima misionari shvataju da žene koje su pale u ropstvo ne veruju da postoji izlaz jer su previše izmaltretirane, izolovane i stalno im prete. Neke od njih ni same ne veruju da zaslužuju ljubav i pristojno ophođenje.

Bio sam svedok patnji u bordelima i udžericama Mumbaja, ali sam video i čuda koja čika-Dev i njegovi misionari izvode s tim robinjama i njihovom decom, koju tamo zovu „vrapci" i koja često žive napuštena i sama na ulicama.

Vodili su me od jedne javne kuće do druge. U prvoj sam upoznao neku stariju ženu, koja se, kada smo ušli, lagano podigla sa poda. Ona je bila gazdarica te kuće i preko prevodioca me je zamolila da se „obratim njenim prostitutkama i nagovorim ih na nešto bolje."

Zatim me je upoznala sa nekom ženom četrdesetih godina. Žena mi je ispričala da su je oteli iz rodnog sela kada je imala deset godina i naterali na prostituciju u Mumbaju.

„Vratila sam svoj dug i bila u mogućnosti da odem iz bordela kada sam imala trinaest godina", kazala mi je. „Kada sam prvi put izašla sama na ulicu prebili su me i silovali. Ipak sam nekako uspela da se vratim u svoje selo, ali porodica nije želela da ima nikakve veze sa mnom. Vratila sam se ovamo i nastavila da se bavim prostitucijom. Dobila sam dvoje dece, ali je jedno umrlo. Pre dva dana sam saznala da imam SIDU, pa me je moj makro oterao. Treba da brinem o detetu, ali nemam kuda da odem."

Iz naše perspektive se možda može sagledati neko rešenje za nju, ali tu ženu pritiskaju tako teške okolnosti da misli da nema izlaza. Možda, ponekad, ni vi niste u stanju da sagledate izlaz, ali znajte da je promena uvek moguća. Kad god ne vidite izlaz, potražite pomoć. Obratite se onima koji vide širu sliku. To može biti neki vaš prijatelj, član porodice, profesionalni savetnik ili službenik neke javne institucije, ali nemojte pomišljati da nema rešenja. Izlaz se uvek može naći!

Žena za koju sam mislio da ima četrdeset godina imala je, zapravo, samo dvadeset. Pomolio sam se sa njom. Kazali smo joj da može da napusti bordel, smesti se u kuću koju će joj obezbediti Bombajski centar za zbrinjavanje tinejdžera i ode da se leči u njihovoj bolnici. Kad smo joj tako otvorili oči i ukazali na put u bolji život ne samo da je bila spremna za promenu već je pronašla i veru u sebi.

„Kada sam čula šta govorite shvatila sam da je Bog rešio da me izleči od SIDE makar i zato da bih mogla da prevedem u hrišćanstvo neke druge žene", izjavila je. „Nemam ništa, ali ipak osećam da je Bog sa mnom."

Njen pogled, pun mira i nade, oduzeo mi je dah. Bila je divna u toj svojoj veri. Kazala je da zna da je Bog nije zaboravio i da ima plan za nju, makar se taj plan okončao njenom smrću. Ona se promenila a iz njene patnje nastalo je nešto dobro. Usred svog tog siromaštva, surovosti i očaja bila je divan primer snage Božje ljubavi i postojanosti ljudskog duha.

Čika-Dev i njegovi misionari imaju mnogo načina da ubede mumbajske seksualne robove da se iščupaju iz svog opasnog položaja. Brinu i o njihovoj deci, koja pohađaju škole, gde im predaju o Isusu i Njegovoj ljubavi prema njima. Deca, zatim, objašnjavaju majkama da i njih neko voli i da mogu da vode lepši život. Stoga vas od srca podstičem da prihvatite svaku promenu koja će vam poboljšati život i pozitivno uticati na živote drugih ljudi.

Verujte ljudima, manje ili više

Kada sam imao jedanaest godina roditelji su me odveli na australijsku Zlatnu obalu, na plažu. Mama i tata su malo prošetali duž plaže, a ja sam sedeo na pesku, tik pokraj vode, posmatrao talase i podrhtavao na povetarcu. Imao sam na sebi preveliku majcu, koju su mi dali da obučem da ne bih izgoreo na suncu.

Duž plaže je hodala neka mlada žena, a kada mi je prišla osmehnula se i kazala:

„To je zaista impresivno!"

„Na šta mislite?", upitao sam, znajući da ne misli na moje snažne bicepse.

„Koliko ti je vremena bilo potrebno da tako zakopaš noge u pesak?", upitala je ona.

Pošto sam shvatio da misli da sam nekako sakrio noge ispod peska, prihvatio sam izazov i odgovorio na njeno pitanje.

„O, pa bilo mi je potrebno dosta vremena", kazao sam.

Nasmejala se i produžila, ali sam znao da neće odoleti, da će ponovo da me pogleda, pa sam malo sačekao. Kada sam bio siguran da se okrenula da me još jedanput pogleda, izvukao sam se iz peska i poskakujući zaputio ka vodi.

Nije ništa kazala, ali sam video kako posrće dok je trčala duž plaže.

Kada sam bio dete u takvim situacijama sam se ponašao netrpeljivo, ali sam kasnije naučio da budem strpljiviji i da pokazujem više razumevanja za ljude. Kao i ta mlada žena, naučio sam da u ljudima često postoji nešto više od onoga što se na prvi pogled vidi, ali ponekad postoji i nešto manje od toga.

Ljude možete shvatiti ako se družite s njima, nešto zajednički radite, razumete, a tako ćete znati i kome možete da verujete, jer je to najvažnije za vaš uspeh i sreću. Malo je ljudi postiglo uspeh bez obostranog razumevanja i poverenja. Nije nam potreban samo neko koga ćemo voleti, već i prijatelji, mentori, uzori i pomagači koji dele naše snove i pomažu nam da ih ostvarimo.

Da biste stvorili Tim snova koji će vas podržati morate imati na umu interese svih tih ljudi i pokazati da ste dostojni njihovog poverenja tako što ćete ih podržavati. Saradnici će vas tretirati onako kako vi tretirate njih. Ako ulažete u njihov uspeh, podržavate ih, hrabrite i vraćate im iskreno sve što čine za vas, očekujte da će se i oni tako ponašati prema vama. Ako se to, ipak, ne dogodi, krenite dalje i pronađite nove ljude za svoj tim.

Mi smo, po prirodi, društvena bića, ali ako vaši odnosi sa ljudima nisu onakvi kakvi biste želeli da budu, možda je problem u tome što niste dovoljno uložili u te odnose i realno procenili koliko dajete a koliko dobijate. U greške koje najčešće pravimo spada i nastojanje da ljude ubedimo u nešto, pričajući im o našim strahovima, frustracijama i zadovoljstvima. Istina je da ćete prijatelje steći ako budete pažljivo slušali njihove priče, saznali istinu o njima i pronašli kakvi su vam zajednički interesi na kojima ćete izgraditi prijateljstvo na obostrano zadovoljstvo.

Stvaranje prijateljstva podseća na otvaranje tekućeg računa; ne možete ništa podići sa računa ako na njemu nema uloga. Svima nam je potrebno da povremeno podešavamo naše društvene odnose i procenjujemo ih, zaključujući pritom šta dobro funkcioniše, a šta ne.

KAKO SE ODNOSITE PREMA DRUGIMA?

Jak osećaj svrsishodnosti, velike nade, ljubav prema sebi, neustrašivost, upornost i vladanje promenama mogu vas odvesti vrlo daleko, ali taj put niko ne može prevaliti sam. Kao primer vam mogu navesti svoju osposobljenost da se staram o sebi.

Naporno sam radio na tome da budem što samostalniji. Ipak i dalje zavisim od ljudi koji me okružuju, a to se, u izvesnoj meri, odnosi na sve nas.

Često su me pitali: „Da li je teško oslanjati se na druge?" Na to obično odgovaram: „To vi kažite meni." Priznali vi to ili ne, zavisite od ljudi koji vas okružuju skoro u istoj meri kao i ja. Neke zadatke mogu sam da obavim, ali niko na svetu ne može uspeti bez mudrosti, ljubaznosti i pomoći ljudi koji ga okružuju.

Svima nam je potrebna prijateljska podrška. Svi se rado družimo sa srodnim osobama. Da bismo u tome bili efikasni, moramo steći poverenje ljudi i dokazati im da treba da nam veruju. Treba da znamo da većina ljudi dela na osnovu sopstvenog interesa, a ako im pokažete da vas njihov interes zanima i ako želite nešto da uložite u njihov uspeh, uglavnom će vam uzvratiti na isti način.

STVARANJE VEZA

Kada sam bio dete mama me je često vodila u kupovinu, kao i na razna javna mesta, i dok se ona bavila svojim poslovima ja sam sedeo u kolicima i posmatrao lica ljudi oko sebe. Dok su prolazili pored mene pokušavao sam da pogodim čime se u životu bave i kakve su ličnosti. Naravno, nisam bio u prilici da saznam da li su ti moji instant-profili bili tačni, ali sam postao ozbiljan stručnjak za govor tela, izraze lica i „čitanje" ljudskog ponašanja u celini.

To sam tada činio podsvesno, ali kada se osvrnem na sve što je bilo i malo razmislim, shvatam da sam instinktivno ra-

NIK VUJIČIĆ

zvio neke važne sposobnosti. Pošto nemam ruke da se branim ni noge da pobegnem, bilo mi je važno da veoma brzo procenim da li mogu nekome da verujem ili ne. Nisam svesno brinuo da li će me neko napasti, ali sam bio ranjiviji od većine ljudi, pa sam postao i „svesniji ljudskog ponašanja“ u odnosu na druge ljude.

Osetljiv sam na raspoloženja, osećanja i zvuke koje emituju ljudi oko mene. To možda malo čudno zvuči, ali moje antene su tako fino podešene da, kad neko spusti ruku na rukohvate mojih kolica, ja to osećam kao rukovanje. Kad god moji prijatelji i članovi porodice dodirnu kolica, ja osetim talas toplote i prihvatanja koji šire oko sebe.

Moj nedostatak udova uticao je na moje odnose sa ljudima kojima se obraćam kao profesionalni govornik. Ne moram da brinem o onome što zabrinjava većinu govornika – kuda da denem ruke. Radio sam na komunikaciji izrazom lica, pa očima mogu da kažem više nego što mnogi postignu gestikulišući rukama. Ne mogu da naglasim svoja osećanja pokretima, ali širenjem očiju i raznim izrazima uspevam da zadržim pažnju publike.

Sestra me je nedavno zadirkivala: „Nik, ti baš uživaš u kontaktu očima. Kad god držiš govor vrlo se intenzivno zagledaš ljudima u oči. Ne umem to drugačije da opišem.“

Mišel me dobro poznaje. Često se zagledam ljudima u oči zato što mislim da su one prozori duše. Volim da gledam ljude i divim se njihovoj lepoti, a nju najčešće nalazim u očima. Svi možemo uočiti na drugima neke nedostatke ili nesavršenosti, ali ja uvek želim da vidim ono najlepše u ljudima.

„To je tipično za tebe – tako uspevaš da ti svaki govor zvuči realno i iskreno“, kazala je moja sestrica. „To zaključujem iz razgovora koje vodiš s mojim prijateljima. Uvek dopreš do same srži njihovih bića i tako im privučeš pažnju da prosto upijaju svaku reč koju izgovoriš.“

Naučio sam da, prilikom raznih susreta, saznam mnogo iz jednog brzog pogleda u nečije oči, kao i iz nekih mojih pitanja i njihovih brzih odgovora koji ukazuju na zajedničke teme. Pre nego što su me bolovi u leđima naterali da smanjim broj zagrljaja sa ljudima iz publike, jedna od tipičnih rečenica kojima sam razbijao led pre govora bila je: „Dođite i zagrlite me!"

Smatrao sam da tim pozivom na prilaženje i bliski kontakt mogu da doprinesem da se ljudi ne osećaju neprijatno pored mene. Svako treba da vlada veštinom obraćanja drugim ljudima, vezivanja za njih i pronalaženja zajedničkih tema. To određuje našu interakciju sa okruženjem.

VEŠTINA OPHOĐENJA

„Veština ophođenja" je termin koji se često koristi, ali ga retko neko precizno definiše. Mi zamišljamo kako umemo sjajno da se ophodimo sa ljudima, kao što većina ljudi zamišlja da odlično vozi. Moj brat se šali da sam ja najgori „vozač sa zadnjeg sedišta" na svetu, mada nikada nisam dobio vozačku dozvolu. On tvrdi i da je moje ophođenje sa ljudima veština koju treba da usavršavam. I vi treba da se usavršavate na taj način.

Niko ne treba da uzima zdravo za gotovo veštine koje su presudne za našu sreću i uspeh. Možete živeti slobodno i bez ograničavanja, ali ne možete živeti bez prijatelja od poverenja. Zbog toga uvek treba da posmatrate sebe i da stvarate i razvijate veštine koje će vam pomoći da komunicirate s ljudima. Psiholozi tvrde da naša sposobnost da stvaramo veze i stičemo poverenje u vezama sa ljudima zavisi od nekoliko osnovnih sposobnosti, a to su sledeće:

- Sposobnost da razumemo nečija osećanja i raspoloženja,
- Sposobnost da pažljivo saslušamo ono što drugi pričaju i shvatimo zašto to pričaju na taj način,
- Sposobnost da opazimo, shvatimo i reagujemo na neverbalne signale,
- Sposobnost da se snađemo u svakom društvu,

- Sposobnost da brzo uspostavimo veze sa ljudima,
- Sposobnost da šarmiramo druge u svakoj situaciji,
- Sposobnost da budemo taktični i imamo moć kontrole,
- Sposobnost da na delu pokažemo brigu za druge.

Hajde da razmotrimo svaku od tih osobina.

Razumevanje ljudskih osećanja

Svi mi donekle nastojimo da tumačimo govor tela, ton kojim je nešto izrečeno i izraz očiju sagovornika. Ne možemo da ne zapazimo neke od tih signala. Većina ljudi može reći da li se neko pretvara da je ljut kada, zapravo, to nije, i da li se pretvara da trpi bolove da bi privukao nečiju pažnju. Psiholozi tvrde da se sposobnost tumačenja tih signala razvija sa godinama i da su žene tome vičnije od muškaraca. Majke su naročito vešte u tome. Moja majka me je uvek čitala kao otvorenu knjigu. Najčešće bi pre mene znala da sam bolestan, uvređen, frustriran ili tužan.

Pažljivo slušanje i razumevanje

Na tu sposobnost roditelji obično misle kada svojoj deci kažu: „Bog ti je dao dva uha i samo jedna usta, pa treba dva puta više slušati druge nego govoriti." Najčešće ne slušamo druge sa razumevanjem. Slušamo samo onoliko koliko nam je potrebno da možemo da odgovorimo sagovorniku. No, da biste ostvarili pravi kontakt, morate razmišljati i o tome šta vaš sagovornik oseća a ne samo slušati reči koje izgovara. Nisam neki stručnjak za romantične veze, ali sam uočio da mnoge muškarce muči taj problem. Naime, žene imaju razvijeniju intuiciju od nas i često ih nerviraju muškarci zato što su, po prirodi, skloniji da izgovorene reči shvataju bukvalno. Oni se radije drže reči, a ne osećanja koja se podrazumevaju.

Opaziti, shvatiti i reagovati

Pažljivo posmatranje i slušanje sagovornika vrlo je važno, ali je još važnije shvatiti to što čujete i zapazite, razumeti suštinu i reagovati. Ljudi koji su u tome vešti ostvaruju najuspešnije veze u privatnom životu i najbolje rezultate na poslu. Ta sposobnost je važna i za preživljavanje. *Njujork tajms* je objavio priču o dvojici američkih vojnika u patroli u Iraku, koji su ugledali parkirani automobil i dva dečaka u njemu. Prozori automobila bili su spušteni, mada je napolju temperatura prelazila pedeset stepeni. Vojnik je upitao narednika da li sme da ponudi dečacima malo vode i krenuo prema automobilu.

Narednik je bacio pogled oko sebe, razmotrio ceo prizor i odjednom osetio opasnost. Naredio je vojniku da se vrati. U trenutku kad se ovaj okrenuo u kolima je eskplodirala bomba. Dečaci su poginuli. Vojnika koji je želeo da im pomogne pogodio je šrapnel, ali je preživeo eksploziju.

Kasnije je narednik ovako opisao ono što je u tom času osetio: „Odjednom me je prožela jeza – znate i vi taj osećaj kada vas vreba neka *opasnost*." Neki događaji koji su prethodili eksploziji delovali su, takođe, kao upozorenje. Celog tog jutra nije bilo pucnjave, što je bilo neuobičajeno, a na ulicama je vladala veća tišina nego obično.

Na osnovu studija ponašanja ratnih veterana može se zaključiti da su oni navikli da brzo uoče i protumače dešavanja u svom okruženju na osnovu određenih osećaja, govora tela ili nekih anomalija, odnosno elemenata koji se „prosto ne uklapaju." Te osobine, dakle, nisu važne samo u vezama, već imaju bitnu ulogu u preživljavanju, a to važi ne samo za vojnike već i za sve nas.

Snalaženje u svakom okruženju

Veoma je važna sposobnost snalaženja u svakom okruženju i prilici, bez obzira da li je reč o okupljanju u crkvi, slavlju u privatnom klubu ili izletu sa kolegama iz preduzeća. Treba se snaći na svakom mestu. Kada putujem u inostranstvo često od domaćina tražim da mi rastumači lokalne običaje i tradiciju da ne bih nešto pogrešio i time odbio publiku.

Neke navike stečene pri obedovanju kod naših kuća, svakako, ne treba primenjivati u drugim zemljama. Podrigivanje za stolom se u većini zemalja smatra vrlo neuljudnim, ali se u nekim zemljama to tumači kao kompliment kuvaru. U svakom društvu postoje teme koje treba zaobići. Sećanje na stare sukobe, političke polemike ili rasprave o verskim pitanjima mogu vas lako dovesti u nepriliku.

Uvek se može naći neka bezazlena zajednička tema. Kada sam odrastao shvatio sam da je najvažnije znati saslušati druge, a naročito u situaciji kada ste okruženi velikom masom ljudi s kojima želite da komunicirate.

Stvaranje društvenih veza

Sa ljudima se povezujemo govorom, ali i izrazom lica i govorom tela, te tako određujemo našu poziciju u odnosu na druge. Često ne znamo koja je to pozicija, sve dok neko ko nije na istom duhovnom nivou ne napadne naš lični prostor. Ljudi koji se „zalepe" za vas dok vam nešto pričaju možda samo žele da ostvare što čvršću vezu, ali često nateraju sagovornika u bekstvo. Tu je teško davati procene, jer svi puštamo neke određene ljude u svoj lični prostor radije nego neke druge. Na jednom prijemu mi je prijatelj dobacio upaničeni pogled jer ga je četvoro ljudi opkolilo i sateralo u ugao, a svi su bili veoma željni njegove pažnje. Navaljivali su na njega sa svih strana, pa je pomalo ličio na lisicu koju su opkolili lovački psi.

Harizma

Privlačenje pažnje nikada mi nije bilo problem, ali je pravi izazov zadržati pažnju ljudi. Kada me upoznaju, ljudi sa čuđenjem posmatraju moje telo, a često im to nije prijatno. Imam samo nekoliko sekundi na raspolaganju da prevaziđem tu situaciju koristeći lični šarm. To naročito dobro uspeva sa decom i tinejdžerima. Kažem da ću im „pružiti ruku", ili da bih „dao i ruku i nogu" da nešto dobijem, pa odmah shvate da sam čuo njihove poluglasne komentare i da sam u stanju da se šalim na svoj račun. Mislim da prava harizma počiva na sposobnosti da ljudima koji vam govore posvetite punu pažnju.

Taktično ponašanje

Svi mi mislimo da se ponašamo taktično i da vodimo računa o drugim ljudima, ali ponekad i nije tako. Moj mlađi brat me često podseća da sam, kada smo bili deca, stalno hteo da mu zapovedam. Aronu je tada bilo teško i borio se sa mnogim problemima. Čak i kada su naši roditelji bili kod kuće on se najviše starao o meni, uglavnom zbog toga što smo stalno bili zajedno. Može vam ispričati razne priče o mojim luckastim zahtevima. Jednoga dana nam je u posetu došao njegov drug Fil, a ja sam upitao njega i Arona da li žele jaja sa slaninom.

„Da, svakako, hvala ti Nik!" rekao je Fil.

Rešio sam da im pripremim jaja sa slaninom tako što sam glasno povikao: „Oj, Arone, donesi jaja i tiganj. Da, i stavi ga na plotnu. Zatim razbij jaja u tiganj, a kada se isprže, ja ću nastaviti."

Kad je malo porastao i ojačao Aron je smislio kako da izbegne moje zapovesti. Kad god bih mu previše naređivao, pripretio bi mi da će me strpati u fioku pisaćeg stola i zatvoriti je, pa ću čamiti zarobljen u njoj. Da se to ne bi dogodilo, morao sam da naučim da budem taktičniji.

Aktivno reagovanje

Često se kaže da neki ljudi lepo slušaju ali ne reaguju na to što čuju. Možete zaista biti vrlo pažljiv slušalac, pun saosećanja, obziran, šarmantan i taktičan, ali ako se ne pokrenete i ne učinite nešto kada situacija to zahteva, sve navedene lepe osobine neće vam biti od velike koristi. Ako samo kažete nekome: „Saosećam s tobom", to mnogo ne vredi. Dela uvek govore više od reči.

To, recimo, na poslu znači da ne samo što treba da uspešno obavite svoj zadatak, već i da pomognete drugima da odrade svoje poslove i podržite ih u njihovim zalaganjima.

UKLAPANJE

Da biste ovladali navedenim veštinama društvenog ophođenja morate privremeno zanemariti svoj interes i raspored, i posvetiti se ljudima oko sebe. Nije važno da budete u centru pažnje, niti da vas smatraju najzabavnijom osobom u društvu, već je bitnije komunicirati sa ljudima na način koji njima odgovara i nastojati da se osete prijatno i požele da podele svoje životne priče sa vama.

Intenzitet naših odnosa i veza s ljudima varira od kratkih susreta (prodavci, kelnerice, poštari, saputnici koji u avionu sede kraj vas), preko redovnog viđanja (susedi, saradnici na poslu, mušterije i klijenti), do ljudi koji imaju značajno mesto u vašem životu (najbliži prijatelji, supružnici i članovi porodice). Na svakom od nivoa komunikacije sa ljudima potrebna vam je neka veština ophođenja, sposobnost da se povežete i ostvarite skladnu interakciju.

Pomagači

Postoji još jedna osobina važna za društveno ophođenje, koja se često previđa i zanemaruje, a to je sposobnost da smerno zatražimo pomoć, onda kada nam je neophodna. Isus, sin

Božji, u svom zemaljskom životu nije skoro nikada bio sam. Obično je s njim bio jedan ili više učenika. Ni vi ne treba da se trudite da nešto uradite potpuno sami. Traženje pomoći nije znak slabosti. To je znak snage. U Bibliji piše: „Zamolite i daće vam se; tražite i naći ćete; kucajte na vrata i otvoriće vam se. Svako ko zamoli dobiće; ko traži naći će; onome ko kuca otvoriće se."

Pre nekoliko godina odlučio sam da na svoja putovanja vodim i stručnog negovatelja i pomagača koji će se starati o meni, mada sam pre toga to dugo izbegavao. Kada sam bio mlađi hteo sam da dokažem da mogu sam da se snalazim i istrajem iz dana u dan, kao i da ne moram da zavisim od drugih. Ta nezavisnost mi je bila veoma važna. Zbog sopstvenog mira i samopoštovanja bilo mi je važno da pokažem svima da mogu sam da se snađem.

Kada su sa svih strana sveta počeli da mi stižu pozivi da držim govore, shvatio sam da na putovanjima trošim previše energije na staranje o sebi. Da biste se obraćali ogromnom broju slušalaca na raznim krajevima sveta morate biti puni energije i uneti se potpuno u taj posao. Zato sam odlučio da opet vodim sa sobom ličnog negovatelja koji će se starati o meni, mada gajim nadu da ću jednog dana, ipak, imati ženu i porodicu i ponovo voditi sasvim samostalan život.

Kada angažujete tu vrstu pomoćnika morate biti sposobni da se lepo ophodite s njim. Čak i ako je plata velika, ne možete očekivati od nekoga da vas hrani, brije, odeva, putuje s vama, a ponekad vas čak i nosi, ako vas pritom ne voli. Srećom, uvek sam imao dobar odnos sa osobama koje su se starale o meni, mada su ti ljudi ponekad prolazili kroz ozbiljne testove. Nisam imao stalnog pomoćnika i pratioca sve do 2005. godine, kada sam upoznao Krejga Blekburna koji mi je, inspirisan jednim mojim govorom u crkvi, prišao da porazgovaramo. Ponudio je da bude moj lični pomoćnik, šofer i koordinator i stara se o meni u toku tronedeljnog putovanja duž obale Kvinslenda. Bio sam pomalo nervozan zbog putovanja s osobom koju ne poznajem baš najbolje, ali sam se molio, proverio njegove preporuke, i zaključio da mogu da se pouzdam u njega. Krejg je, kako se pokazalo, bio veoma koristan i pomogao mi je da uštedim dosta energije potrebne za držanje govora i druge poslove.

U nastojanju da dokažem da mogu da vodim nezavisan život i pritom ostvarim karijeru uslovljenu stalnim putovanjima, ja sam očigledno bio previše ponosan da bih tražio pomoć, mada je bilo više razloga da to učinim. Nemojte praviti takvu grešku. Spoznajte granice svojih mogućnosti. Vodite računa o svom zdravlju i raspoloženju i činite ono što je ljudski, odnosno zatražite pomoć kad vam je potrebna. Zapamtite i da nije uljudno tražiti pomoć prijatelja i saradnika ako sami niste nikada pokazali interesovanje za njihove probleme. Niko vam ne duguje nešto što od vas nije dobio.

Neki moji pomagači i pratioci bili su prijatelji i članovi naše porodice i taj posao su obavljali dobrovoljno, no većini sam plaćao da mi pomažu u mom napornom poslu. Često sam koristio usluge plaćenih pomoćnika dok sam 2006. putovao po SAD. Momak po imenu Džordž se tada dobrovoljno javio da bude moj šofer i pomoćnik, ali se pokazalo da vozi neki mali, poluraspadnuti, bučni i smrdljivi auto koji je, na moje zaprepašćenje, imao i rupu u podu. To je bio priličan šok. Imao sam košmare da ću ispasti kroz otvor u podu i da će me pregaziti prvi kamion koji naiđe. U tom njegovom automobilčiću se nikada nisam osećao bezbedno, ali se pokazalo da je Džordž sjajan pomagač, koji se lepo starao o meni.

Jedan od pomagača sa kojim sada često putujem, Brajan, bio je na ozbiljnom ispitu na mojoj evropskoj turneji u toku leta 2008. godine. Putovali smo bez prekida nedelju dana i trebalo je da prespavamo u nekom hotelu u Temišvaru, u Rumuniji. To je lep grad poznat kao „mali Beč", a nalazi se u Transilvanskim Alpima. Već sam bio čuo razne strašne priče o tom kraju, a moje sumnje su se uskoro obistinile.

Bio sam mrtav umoran od dugog nespavanja i suviše iznuren da bih brinuo o bilo čemu. To je bila prva noć posle nedelju dana koja je pružala priliku da se pošteno odmorim. Pošto sam imao problema sa nesanicom, Brajan mi je ponudio pilulu melatonina, koji obično prepisuju protiv mučnine u avionu.

Prvo sam mu kazao da ne želim da uzmem tu tabletu jer sam, s obzirom na malu telesnu težinu, bio podložan čudnim reakcijama na medikamente. Brajan me je ubedio da mi ta pilula neće škoditi, a ja sam, želeći da budem oprezan, ipak uzeo samo polovinu. Dobro je što nisam progutao celu pilulu, jer sam odmah utonuo u dubok san.

Na nekim putovanjima sam bio toliko premoren da bih, ma koliko mi to bilo teško, uspevao da se nekako uspravim i u snu započnem govor, kao da sam zaista pred publikom. Te noći sam Brajana, koji je bio u susednoj sobi, probudio glasnom molitvom, i to na srpskom jeziku.

Brajan me je prodrmao pre nego što sam probudio pola Rumunije tom noćnom govorancijom i tada smo videli da se intenzivno znojim. Kuvali smo se od vrućine jer se, dok sam spavao, klima-uređaj u sobi nekako isključio. Otvorili smo prozore, pustili malo svežeg vazduha unutra i vratili se u svoje postelje.

Sat kasnije ponovo smo se probudili, jer su nas ogromni transilvanski komarci nemilosrdno izujedali (barem smo se nadali da su to komarci). U tom času sam bio premoren, pregrejan, celo telo me je svrbelo, a pritom, kao poseban bonus, nisam imao čime da se počešem. Bilo je to pravo mučenje!

Brajan je predložio da se istuširam da bih smirio svrab. Zatim me je naprskao po svim izujedanim mestima nekim sredstvom protiv svraba. Vratio sam se u postelju, ali sam posle deset minuta opet glasno dozivao Brajana. Celo moje namučeno telo je gorelo! Očito sam bio alergičan na sprej protiv svraba.

Opet me je Brajan odvukao pod tuš, ali se usput okliznuo, udario glavom o toalet i skoro se onesvestio. Bili smo iscrpljeni i pospani, ali naši noćni užasi još nisu bili okončani. Pošto klima-uređaj nije radio, u sobi je postalo pretoplo. Nisam bio u stanju da normalno razmišljam, pa sam od Brajana zatražio jastuk.

„U hodniku radi erkondišn, pa ću ovu noć da prespavam tamo", kazao sam svom zbunjenom pomoćniku.

Brajan nije imao snage da se prepire sa mnom. Srušio se na svoj krevet, a ja sam se smestio u hodnik i ostavio vrata otvorena, da bi Brajan mogao da me čuje ako mi zatreba pomoć. Tako smo dremali sat ili dva, sve dok neki nepoznat čovek nije zakoračio preko mene, upao u sobu i napao Brajana grdnjama na lošem engleskom.

Trebalo nam je nekoliko minuta da shvatimo da taj čovek besni zato što je pomislio da me je Brajan izbacio da spavam u hodniku, na podu. Jedva smo ubedili nesuđenog dobrog Samarićanina da sam ja sam poželeo da spavam u hodniku.

Kada je neznanac otišao, otpuzio sam nazad u krevet. Brajan se, takođe, vratio u svoju postelju. Kada smo, konačno, utonuli u san, zazvonio je Brajanov mobilni telefon. Čim se javio, zasula ga je bujica prekora. Zvao je koordinator naše turneje. Postalo je očigledno da naš posetilac nije poverovao priči koju smo mu ispričali, već je prijavio hotelskom obezbeđenju da sam cele noći bio ostavljen u hodniku, pa su se dali u poteru za koordinatorom, koji je zatim zapretio Brajanu da će ga odrati živog.

Sada možda shvatate zašto obično zapošljavam trojicu pomoćnika koji se smenjuju na svakih sedam dana. Brajan i ja se danas često smejemo našim noćnim mukama u Transilvaniji, ali nam je tada bilo potrebno nekoliko dana i nekoliko noći mirnog sna da se oporavimo od svega.

Jedna od lekcija koje sam rano u životu naučio je da, svakako, treba zatražiti pomoć onda kada nam je potrebna. Bez obzira na to da li imate sve delove tela na broju ili ne, ne možete uvek sve postići sami. Skrušenost je vrlina, a i bogomdani dar.

Morate biti skrušeni da biste zatražili pomoć od drugih, bilo da je reč o pomoćniku koji se stara o vama, mentoru ili članu pordice. Kada je neko dovoljno skroman i skrušen da zatraži pomoć, većina ljudi neće štedeti energiju ni vreme da mu pomogne. Ako se ponašate kao da znate odgovore na sva pitanja i da vam niko nije potreban, verovatno nećete dobiti mnogo podrške.

BEZ DAHA I REČI

Još kao dete naučio sam da je Bog zaslužan za sve što mi se dešava, a kao odrastao čovek sam shvatio da dobro koje činim nije moje nego Božje delo, koje se samo ostvaruje preko mene. Mislim da je Bog zaključio da mi je povremeno potrebna lekcija iz poniznosti, tako da ne zaboravim šta treba da radim i kako da kontaktiram sa ljudima.

Godine 2002. sam još živeo u Australiji, a moj rođak Nejtan Poljak pošao je sa mnom na put u SAD, gde sam bio pozvan da govorim na jednom crkvenom skupu. Stigli smo uveče uoči zakazanog govora, iznureni jakom mučninom od dugog avionskog leta. Zbog toga smo se ujutru uspavali.

Trebalo je da ustanem rano i održim čas veronauke, ali niko od domaćina nije imao srca da me budi. Probudio sam se iz dubokog sna samo petnaest minuta pre termina za čas. Bili smo smešteni blizu kampa u kome je planirano da držim govor, pa smo ocenili da možemo da stignemo. Utrčali smo u kamp, ali sam tada shvatio da moram u toalet. Verovali ili ne, to obično uspešno obavljam sam. Neću nikome odati tajnu svoje WC tehnike, ali korišćenje velkro trake umesto patentzatvarača na šorcu veoma je korisno. No, pošto smo izuzetno žurili, Nejtan se ponudio da mi pomogne. Odneo me je u kabinu i spustio na šolju.

Kada sam završio hteo je da mi pomogne da navučem i zakopčam šorc i pritom ga je ispustio u WC šolju. Smrzli smo se od panike, a ja sam razjapio usta zureći u simbol mog dostojanstva koji nestaje u vrtlogu u WC šolji. Stajao sam u toaletu bez šorca, a čekali su me da održim čas veronauke. Sav u panici, pogledao sam rođaka. Izgledao je podjednako zgranuto. Onda smo odjednom počeli da se smejemo kao ludi. Nismo mogli čak ni da upecamo moj šorc, jer se vrteo vrlo brzo i klizao nam iz ruku, pa smo delovali još šašavije. Nejtan je uvek umeo zarazno da se smeje, a kada se zacerekao ni ja nisam mogao da se ne nasmejem. Siguran sam da su se ljudi u predvorju pitali šta je to tako zabavno u kabini broj tri.

Moji rođaci, kao i brat i sestra, uvek su me bodrili i podsticali da se smejem u šašavim situacijama, a ta je, svakako, spadala u tu grupu. Takođe su me naučili da računam na one koji žele da pomognu i da im se obratim kad god vidim da nešto ne mogu da uradim sam. I vama savetujem da učinite isto.

PRIJATELJSKA POMOĆ

Imao sam razne sjajne pomagače i radujem se što su mnogi od njih ostali moji prijatelji i kada su našli drugi posao. Većina njih prihvatila je taj posao posle nekog govora koji sam držao, pa su mi, tom prilikom, ponudili da rade za mene. Uvek postoje neke pauze u poslu, a često mogu biti i zabavne.

Ljudi koji su dugo sa mnom tvrde da su vrlo brzo uspeli da zaborave da nemam neke delove tela i kažu da im moj invaliditet nije bitan. Sve je to lepo i krasno, osim kada je reč o pomoćnicima koji se staraju o meni. Ne mogu vam ni nabrojati koliko puta se desilo da nekom novom negovatelju zatražim da mi da vodu, a on pokuša da mi doda čašu. Bilo je više trenutaka kada je neki od njih stajao ispružene ruke i čekao da uzmem čašu s vodom. Onda mom nesrećnom pomoćniku odjednom nestane sva krv iz lica i on konačno shvati: *O, Bože, šta to radim, pružam čašu momku bez ruku! Na šta li sam mislio!*

„U redu je," obično kažem u takvim prilikama. „Već sam navikao na to."

Vama, verovatno, nije potrebna posebno obučena osoba da vam pomaže dvadeset četiri sata dnevno svih sedam dana u nedelji. No, svima su nam ponekad potrebni pomoćnici, osobe kojima ćemo saopštiti šta mislimo i ko će nam dati iskren savet, ohrabriti nas, poučiti ili nam poslužiti kao uzor.

Treba biti skrušen i hrabar i priznati da niko od nas ne zna sve, kao i da svakome ponekad zatreba pomoć. Mada ste spoznali svoj cilj i rešili da sledite svoje snove, uvek će vas nešto odvlačiti s tog puta. Na svu sreću, drugi će vam uvek, čak i kad se tome najmanje nadate, davati podršku i pomagati vam da nađete pravi put. Treba da budete spremni za to, jer vam takve veze sa ljudima mogu promeniti život.

Postoje tri kategorije vođa koje su delovale na mene: mentori, uzori i saputnici.

Mentori su osobe koje su postigle nešto što vi želite da ostvarite i koje vas podržavaju i hrabre, dele vaše snove i iskreno vam žele uspeh. Prirodni mentori su vaši roditelji, ali uz malo sreće možete naći i druge koji će prihvatiti tu ulogu. Jedan od mojih mentora u detinjstvu bio je, recimo, majčin brat, moj ujak Sem Radojević, koji i dalje živi u Australiji i ima divnu ženu i sjajnu decu. Poseduje preduzimljiv duh i pronalazački dar, ima zanimljive vizije i voli da istražuje. Uvek je spreman za nova iskustva, a kada sam bio dete hrabrio me je da se razmahnem. Naučio me je da su jedine prave prepreke u životu one koje sami postavimo. Njegovo vođstvo i podrška znatno su me ohrabrili da sledim svoje vizije.

Znam mnogo ljudi koji celog veka žale zbog nečega, no moj ujak Sem se nikada nije osvrtao na ono što je prošlo. Čak i kada je grešio, uvek je stremio napred i tražio nove prilike, sa neodoljivom odvažnošću deteta zaljubljenog u život.

On se bavi dizajnom dvotočkaša i sam pravi motorcikle i bicikle, ali to ne čini samo zbog sebe. Pomogao je da se u australijskoj saveznoj državi Viktorija organizuje program u kome zatvorenici opravljaju i rekonstruišu stare bicikle, koji se zatim dele ugroženoj deci i odraslima koji nemaju sredstva da ih kupe. Tako su hiljade bicikala otišle onima kojima su ta prevozna sredstva bila neophodna.

Ujak Sem me je uvek hrabrio da mislim na ono što je preda mnom i verovao je u mene i onda kada nisam imao baš mnogo samopouzdanja. Imao sam samo trinaest godina kada mi je kazao: „Nikolase, jednog dana ćeš se pozdravljati sa predsednicima, kraljevima i kraljicama." I tada je verovao da Bog ima velike planove za mene. Sjajno je imati takvog mentora!

Želim da vas podstaknem da potražite sopstvene mentore. Shvatite i da pravi mentori nisu samo vaši navijači – kazaće vam i kada misle da ste zastranili. Treba da budete spremni da saslušate njihovu kritiku, znajući pritom da imaju u vidu vaše interese.

Moram da pomenem i našeg rođaka Dankana Jurišića. Kad sam bio dete uvek sam se plašio da od nekoga zatražim da me odnese u WC, a on mi je jednom kazao nešto što sam zauvek zapamtio. „Kada osetiš da treba da ideš u WC samo pozovi nekoga od nas." Ne samo što su me on i drugi Vujičići voleli i podržavali, već su mi Dankan i njegova majka Danilka pomogli da prevaziđem strah u prvim danima govorničke karijere. U Melburnu su osnovali udruženje nazvano *Australijsko gostoprimstvo* u kome sam dobio važne i korisne savete i pomoć.

Uzori su osobe koje su postigle ono čemu vi težite, ali vam nisu tako bliske kao mentori. Obično ih posmatrate iz daleka, proučavate njihove postupke, čitate njihove knjige i pratite karijere koje i vama služe kao uzor. To su često čuvene osobe koje se bave istim poslom kao vi i koje su se proslavile, te ih svi cene. Jedan od mojih dugogodišnjih uzora je prečasni Bili Grejam. On je proživeo život u skladu s Jevanđeljem po Marku u kome piše: „Idi u svet i tumači Jevanđelje svim živim bićima."

Između mentora i uzora nalaze se osobe poput Vika i Elsi Šlater, kod kojih odlazim najmanje jednom godišnje. Oni me podstiču da budem bolji hrišćanin i bolja osoba. Njih dvoje žive u Australiji, ali su osnovali više od šezdeset pet crkava na području Južnog Pacifika. Oni su za mene uzori posebne vrste misionara. Rade svoj posao u tišini, bez mnogo publiciteta, nikada se ne ističu, ali su promenili život velikom broju izmučenih duša.

Elsi je kao tinejdžerka imala viziju Isusa koji je stao pred nju i rekao joj: „Idi!" Ona je shvatila da to znači da treba da postane misionarka. Vik je tada radio za kompaniju *Dženeral Ilektrik* u jednom od njihovih nuklearnih pogona, ali je zajedno sa Elsi osnovao crkvu i isplanirao njihovu prvu misiju na Papui Novoj Gvineji, među malobrojnim urođenicima koji su do tada imali vrlo malo dodira sa hrišćanstvom. Na tom području je živelo oko tri miliona ljudi koji govore preko sedamsto jezika.

Vik i Elsi su veoma zavoleli taj deo sveta, a sada žive na severnoj obali Australije. Odatle rukovode misijama na Južnom Pacifiku. Osim toga, što je napisao nekoliko verskih knjiga, Vik prevodi delove Biblije na urođenički engleski i još neke jezike plemena među kojima su on i Elsi boravili.

Malo je teže definisati **Saputnike,** jer sam ja lično vodio prilično nekonvencionalan život. Saputnici su obično vršnjaci, saradnici s posla i drugi ljudi sa ciljevima sličnim vašim, koji slede sličnu stazu. Mogu to biti i vaši suparnici, ali pod uslovom da su prijateljski nastrojeni. U tom slučaju treba da podržavate i hrabrite jedni druge, sledeći princip viška a ne princip manjka.

Ako verujete u višak i izobilje, to znači da smatrate da ste dobili dovoljno Božjih blagoslova i da ste ispunjeni energijom, da su vam pružene mnoge prilike i da ste dovoljno srećni i voljeni, a i da to važi za sve druge ljude. Preporučujem vam takav stav, jer to znači da ste otvoreni za sve društvene odnose sa ljudima. Ako smatrate da je ovaj svet siromašan i pun bede, saputnike ćete shvatati kao osobe koje prete da pokupe sve što valja, pa za vas neće ostati ništa. Konkurencija može biti zdrava jer vas motiviše, a uvek će biti onih koji žele isto što i vi. Ako se držite principa viška, smatraćete da na svetu ima dovoljno svega za sve ljude, pa će vas konkurencija podstaći da se trudite, a i na druge ljude će tako delovati.

Prihvatanje principa viška omogućava vam da na svoje saputnike gledate sa simpatijom i drugarskom naklonošću i da se uzajamno podržavate. To sam naučio iz prijateljstva sa Džoni Irikson Tadom, čiji životni put dosta podseća na moj. Već sam pomenuo da mi je ona bila uzor mnogo pre nego što sam je lično upoznao; zatim je postala moj mentor i pomogla mi da se preselim u SAD; danas je, pre svega, moja saputnica, uvek spremna da me sasluša i da neki mudar savet.

Druga osoba koja mi je na razne načine pomogla je Džeki Dejvison, koja je živela u našem neposrednom susedstvu kada sam bio tinejdžer. Bila je udata i imala je malu decu ali je uvek nalazila vremena da me sasluša, i mogao sam pred nju da izručim sve što me muči, bilo dobro ili loše. U to doba bili smo vrlo bliski i ponašala se prema meni više kao mudra drugarica nego kao odrasla osoba. Mnogo sam voleo celu tu porodicu i bio sam kao stariji brat njenoj deci, pomagao im da urade zadatke, ili im prosto pravio društvo.

Kada sam 2002. godine na fakultetu prolazio kroz težak period, a i mučili su me neki privatni problemi, bio sam prilično rastrojen i dezorijentisan. Prekinuo sam dugododišnju vezu sa jednom devojkom i bio sam preterano osetljiv. Otišao sam do Džeki da je zamolim da mi pomogne da shvatim šta se desilo. Otvorio sam joj srce, a ona je mirno sedela sklopljenih ruku i strpljivo me slušala, ali mi nije ništa odgovorila. Odjednom sam shvatio da, dok ja istresam svoje emocionalne probleme, ona uopšte ne reaguje. Najzad sam prestao da pričam i upitao: „Kaži mi šta treba da uradim?" Osmehnula se, oči su joj zablistale i rekla je samo: „Hvali Gospoda!"

Tada sam, sav zbunjen i iznerviran, upitao: „A zbog čega da Ga hvalim?"

„Samo Ga ti hvali, Nik."

Zurio sam u pod i mislio: *To je sve što ima da mi kaže. Zbilja je posebna!*

Onda sam odjednom razumeo da mi ona, zapravo, govori da verujem u Boga i da me nije zaboravio. Govorila mi je da ne verujem previše ljudskoj mudrosti, već samo Božjoj sili. Govorila mi je da sve prepustim Bogu i da Mu zahvalim, čak i ako mislim da u tom času to ne zaslužuje. Rekla mi je da Mu unapred zahvalim za blagoslove koji će proisteći iz mog trenutnog bola. Ona je prava vernica, i kad god zapadnem u sumnju nastoji da me pouči da sve prepustim Bogu, koji ima planove za sve nas.

SMERNICE

Veze sa onima koji vas vode kroz život nisu uvek uspešne. Vaši „usmerivači" prolaze kroz razne praktične provere, a ponekad će vam i zadati neki gadan udarac. Njima je, ipak, dovoljno stalo da vas nateraju da razmislite o tome kuda ste pošli, zašto ste se upustili u igru i šta je vaš sledeći korak. U životu su vam potrebni takvi ljudi.

Kada sam odlučio da se posvetim govorništvu i hrabrim druge da veruju, saopštio sam tu odluku najbližim prijateljima i porodici. Neki od njih su zbog toga bili zabrinuti, a pre svega moji roditelji. Apostolska crkva, kojoj svi mi pripadamo, godinama je slala misionare u svet. Oni su gradili sirotišta i pomagali svima koji su u nevolji. Kada sam roditeljima kazao da želim da govorim o svojoj veri u raznim crkvama širom sveta zabrinuli su se za moje zdravlje i zapitali da li je to zbilja ono što mi je Bog namenio.

Saslušao sam ih, jer sam znao da mi žele uspeh. I vi treba da učinite isto to sa svojim Timom snova, da saslušate šta oni misle o vašim planovima, a naročito ako su to ljudi koji ulažu u vaš uspeh. Ukažite im čast i pažljivo razmotrite njihove savete i preporuke. Ne morate ih prihvatiti, ali imajte poštovanja i kada vam govore nešto što ne želite da čujete.

Ja sam shvatao zabrinutost mojih roditelja, ali sam osećao da me je Bog pozvao da budem evangelista. Smatrao sam da moja misija zahteva da budem strpljiv i poslušan i da treba da se molim da i oni to shvate. Milošću Božjom, moje mišljenje su prihvatili ne samo moji roditelji, već i naša crkva. Njene vođe su me podržale i proglasile za Prvog evangelističkog propovednika.

Niko vam ne garantuje da će ljudi koje srećete uvek biti spremni da vam pomognu. Možda će neki hteti da vas obeshrabre. Možda imaju najbolje namere i dobre razloge za brigu. Strahovanja mojih roditelja, svakako, nisu bila iracionalna, ali sam se molio da njihova vera nadvlada te strahove.

Roditelji i odrasla deca moraju prihvatiti činjenicu da se ne slažu u svemu i treba produžiti dalje. To važi i za članove vašeg Tima snova. Možda će se pokazati da niste u pravu. Ako krenete putem koji ste odabrali, možda će se ispostaviti da ste bili u pravu. Međutim, ono što je, na kraju, najbitnije nije da li ste bili u pravu ili niste.

Ja sam, recimo, veoma zahvalan svojim roditeljima i naučio sam da cenim tuđa mišljenja. Božjom voljom, naš odnos je izdržao sve probe i naša ljubav i uzajamno poštovanje su vremenom samo ojačali. Da nismo otvoreno govorili o svemu, ishod možda ne bi bio tako srećan.

Redovno odlazim u našu crkvu i nastojim da budem mentor mladim ljudima koji u nju dolaze. Širim svoje polje delovanja i govorim i u drugim crkvama, odnosno obraćam se ljudima sa znatno šireg područja. Srećan sam što vidim da su mnogi mladi ljudi uspešno izgradili svoj odnos prema Bogu i zahavalan sam Mu na tome.

Moji roditelji su se molili za mene i sa mnom 2008. godine kada sam zvanično postao evangelista, i to je samo ojačalo našu uzajamnu ljubav i poštovanje. Oni znaju da sam posvećen svojoj misiji i odlučan da što uspešnije širim reč Božju. Roditelji koji se mole za mene u punoj crkvi predstavljaju prizor koji nikada neću zaboraviti. Mogu reći da su mi roditelji uvek bili najjači oslonac, a mnogo su više bili u pravu nego što su grešili u vezi sa svim važnim odlukama koje sam doneo u životu.

Nikada ne uzimajte odnose s ljudima zdravo za gotovo, a naročito ne odnose sa najužim članovima porodice. Ako me poslušate, bićete mi doživotno zahvalni.

Potrebno je neko vreme da procenite koliko ljudi vrede, da ocenite svoj odnos prema njima i ono što ste u taj odnos uložili. Da li ste dostojni poverenja? Da li verujete vašim bližnjima? Da li prihvatate one koji žele da ulažu u vas? Da li im odajete počast? Da li u odnose sa ljudima ulažete onoliko koliko dobijate?

Svaki put kada se smejem i veselim sa članovima porodice shvatam u kolikoj meri, zapravo, živim za te trenutke. Nadam se da ću roditelje jednoga dana ubediti da je San Dijego lepši od autralijskih plaža i dovesti ih da budu stalno kraj mene. Zadržite one koje volite pored sebe što god duže možete.

Kvalitet vaših odnosa sa ljudima bitno utiče na kvalitet vašeg života, pa shvatite na vreme koliko su dragoceni. Ne uzimajte ništa zdravo za gotovo. U Bibliji piše: „Dvojica vrede više od jednoga, jer mogu bolje da rade. Ako se jedan od njih sruši, prijatelj će mu pomoći. Treba žaliti čoveka koji padne, a na vidiku nema nikoga da ga podigne!“

Zgrabite pravu priliku

Džošua i Rebeka Vigl iz Los Anđelesa su filmski producenti i autori, koji prave zabavne i inspirativne filmove za koje su nagrađivani. Ja ih tada nisam poznavao, ali su oni videli jedan moj DVD i poželeli da naprave film o meni prema svom scenariju. Dok su ga pripremali, pokušavali su da stupe u vezu sa mnom preko raznih kanala, ali sam bio na nekoj turneji, pa nisu uspeli da me nađu. Jedne nedelje, kada sam držao govor u crkvi u mestu Vestlejk Vilidž, sreli su svog starog poznanika po imenu Kajl.

„Čime se sada baviš", upitali su ga.

„Staram se o Niku Vujičiću kao lični pomoćnik", kazao je.

Možete zamisliti koliko su se začudili kada su to čuli.

Da li vas to iznenađuje? Koliko se često događa da dvoje filmskih autora pišu scenario za nekoga koga nisu upoznali i traže ga da bi napravili film o njemu? To je nešto izuzetno, zar ne? Ostvarenje snova!

Da li vam se dogodilo da propustite sjajnu priliku zato što se niste dobro organizovali? Da li ste nekada očajnički posmatrali kako neko drugi utrčava na vrata kroz koja ste želeli da prođete? Naučite nešto iz takvih iskustava, pa to zatim i primenite! Volter Krajsler, osnivač automobilske industrije *Krajsler,* jednom je kazao da je glavni razlog zbog koga mnogi ljudi ništa ne postignu u životu taj što se, u času kad im dobra prilika zakuca na vrata, nalaze u zadnjem dvorištu u kome uporno traže četvorolistu detelinu. Često posmatram ljude kako kupuju tikete za neku lutriju, umesto da ulažu u sopstvenu budućnost. Zalažite se za budućnost napornim radom, posvetite se ciljevima koje ste odredili i čekajte pravi trenutak.

Ako smatrate da nikada nećete dostići cilj, to možda znači da niste pripremili i napunili oružje, ili da niste spremni za gađanje. Vi ste sami odgovorni za svoj uspeh. Pripremite se za tu odgovornost maksimalnim zalaganjem. Kada jednom stignete do prave tačke i uspeh će doći. Ako sedite u uglu i žalite sebe, ne možete očekivati poziv na ples. Morate verovati u sebe (zar to nisam već kazao?). Verujte da će vam se u životu ukazati prave prilike. Verujte u svoje mesto u svetu. Ako ne verujete da zaslužujete krila nikada nećete poleteti.

Oznojte se od rada. Zaprljajte ruke. Zanemarite knjige. Tomas Edison je kazao da se dobre prilike često propuštaju zato što zahtevaju radničku odeću i naporan rad. Da li ste spremni na sve to?

Moram da priznam da nisam mnogo obratio pažnju na ponudu Viglovih. Jadni Kajl se obradovao zbog mene. Pokušavao je da me zainteresuje za te ljude i projekt koji su smislili za mene. „Neki moji prijatelji imaju ideju za film o tebi," uspeo je da kaže pre nego što sam ga prekinuo.

„Kajle, sada sam u prevelikoj gužvi da bih pričao sa tvojim prijateljima," kazao sam nabusito.

Tih dana sam mnogo putovao i bio sam iscrpljen i umoran. Čudno je i to što sam nedavno pre tog razgovora dobio još jednu ponudu za film. Mesecima sam bio uzbuđen zbog toga, mada sam u početku znao samo osnovne crte scenarija za taj kratki film. Poslali su mi scenario. Kada sam ga pročitao shvatio sam da su scenaristi zamislili moj lik kao osobu koja veći deo filma psuje, žvaće duvan, pljuje i putuje unaokolo u vreći za krompir prebačenoj preko nečijih leđa.

Nisam želeo da započnem filmsku karijeru takvom ulogom, baš kao ni da je tako okončam. Odbio sam. Svaka šansa

koja vam se pruži nije i prava prilika. Treba se držati zacr-
tanih vrednosti i dugoročnih ciljeva koje smo sebi odredili.
Kakav utisak želite da ostavite? Kako želite da vas ljudi pam-
te? Nikako ne bih voleo da moji unuci jednoga dana pronađu
slike na kojima deda-Nik psuje i pljuje duvanski sok na sve
strane i živi kao degenerik. Zato sam odbio ponudu za takav
film.

Dopala mi se ideja da snimim neki film, ali nisam hteo da
se odreknem svog sistema vrednosti. Možda ćete se i vi naći
pred sličnom odlukom. Budite odlučni. Držite se svojih prin-
cipa i nemojte pogrešiti, kao što sam ja učinio. Čim sam zalu-
pio prva vrata, potpuno sam odbacio celu tu zamisao.

Zbog toga sam grubo odbio jadnog Kajla kada mi je ra-
zdragano preneo predlog Viglovih, ne razmislivši ozbiljno o
njihovoj ponudi. Nisam sagledao budućnost, jer sam se po-
smatrao u ogledalu prošlosti. To je bila velika greška.

Na svu sreću, Viglovi se nisu lako obeshrabrili. Zamolili su
nekog drugog prijatelja da se poveže sa mojim direktorom za
medije. Pročitao je scenario, dopao mu se i doneo mi ga je.
Njihov scenario bio je zasnovan na priči o nadanju i iskuplje-
nju, što mi je bilo vrlo blisko.

Ko bi bio bolja zvezda takvog filma od mene? Lik koji su
zamislili trebalo je da se zove Čovek bez udova. Na početku
filma taj čovek je tužna i deprimirana „nakaza" i nastupa u
jevtinim cirkuskim predstavama. Zalaganjem nekih prijatelja
Vil, ipak, dobija posao u jednom prestižnijem cirkusu i posta-
je zvezda tačke sa skokovima u vodu.

Shvatio sam da treba da se razdrmam i krenem u akciju.
Zahvalio sam Kajlu i zamolio ga da mi ugovori sastanak sa
Viglovima. Značajni događaji se obično brzo nižu. Sreli smo
se. Razumeli smo se. Potpisao sam ugovor. Obradovao sam
se kada sam video da je mnogo poznatih glumaca prihvatilo
uloge u tom filmu.

Bio je to niskobudžetni kratkometražni film, pa sam u roku od nedelju dana, pod uslovom da otkažem sve druge obaveze, mogao da snimim sve predviđene scene. Moraćete da pogledate filmske kritike da biste saznali da li me čeka budućnost u šoubiznisu, ali je film *Leptirov krug* osvojio glavnu nagradu i sumu od 100.000 dolara na festivalu filmova koji podstiču nadu, u Durpostu. Naš mali film (koji se može pogledati na adresi www.thedoorpost.com) izabran je između stotinu filmova sa sličnim temama. Glavna nagrada na tom festivalu pruvukla je pažnju na naš film, pa su Viglovi počeli da planiraju i dugometražni film na istu temu.

Možda ću u njemu čak i roniti. Najzad, nema baš mnogo glumaca koji bi mogli da igraju čoveka bez udova koji roni, pliva i ima izraziti australijski akcent.

SVETLA, KAMERA, AKCIJA!

Ako želite da ostvarite snove, morate krenuti u akciju. Pokrenite se, ili ćete biti na gubitku! Aktivirajte se, ili ćete biti pregaženi! Ako nemate to što želite, smislite kako da ga stvorite. Bog će vam osvetliti tu stazu. Vaša životna šansa i vrata koja vode do ostvarenja vaših snova su pred vama. Budite spremni! Učinite sve što treba! Naučite sve što morate znati! Ako niko ne odgovori na kucanje, provalite neka vrata. Jednoga dana ćete zakoračiti u život koji ste poželeli.

Budite spremni da se pokrenete u tom smeru i zgrabite pravu priliku. Nekada sam, pre no što su leđa počela da me bole, posle svakog govora pozivao ljude iz publike da me zagrle. Bio sam iznenađen, a i zahvalan kad bih video kolonu ljudi koji žele da me pozdrave i zagrle. Svi ti ljudi imali su nešto posebno da mi ponude i te njihove darove sam mogao da nosim sa sobom. Tako treba razmišljati o životnim prilikama. Čak i one koje vam ne izgledaju sjajno mogu da zablistaju kada jednom pokušate da ih iskoristite.

STVORITE PRILIKU

Međutim, i kada odredite neki vredan cilj i izgradite čitave rezervoare nade, vere, samopoštovanja, pozitivnih stavova, hrabrosti, istrajnosti, prilagodljivosti i dobrih odnosa sa ljudima, ne možete samo sedeti i čekati pravu priliku. Treba da zgrabite svaki konopac uz koji se možete uspeti. Ponekad ćete videti da se stena obrušila i preprečila vam put, ali uvek postoji mali prolaz koji vodi naviše. Za takav uspon će vam, svakako, biti potrebna hrabrost i odlučnost.

Jedan od motoa ove knjige je: „Svakoga dana pruža nam se nova prilika." To nije slogan koji ćemo uramiti i držati na zidu, već nešto što treba svakodnevno da činimo. Doktorka Kara Barker, psiholog i instruktorka rukovođenja, mislila je baš na to kada je za list *Hafington post* napisala sledeće: „Nik Vujičić nam je pokazao da je moguće otvoriti srce i inspirisati druge, čak i u situaciji u kojoj bi se skoro svako živi slomio. Vujičić je pravi junak, koji uvek vidi povoljnu priliku tamo gde većina ljudi vidi samo ćorsokak."

Pomalo sam se postideo zbog tih reči. Dok sam odrastao bilo mi je teško i da pomislim da bi me neko nazvao junakom, ili da mogu biti nečija inspiracija. Već kao dete sam shvatio da ljutnja zbog nečega što nemam, ili ne mogu da uradim, samo odbija ljude od mene, dok ih moja nastojanja da im pomognem privlače. Naučio sam da ne čekam povoljne prilike već da ih sam stvaram, a jedna je uvek vodila ka drugoj. Uvek kada držim govor, prisustvujem nekom događaju ili obilazim nepoznat deo sveta, gde srećem razne ljude, saznajem za nove organizacije i dolazim do informacija koje mi ukazuju na neke nove povoljne prilike.

PRERUŠENE PREDNOSTI

Doktorka Barker je tačno zapazila da se, čim sam pažnju sa svojih nedostataka prebacio na prednosti koje mi oni donose, moj život drastično promenio nabolje. I vi to možete postići. Ako sam ja uspeo da shvatim da telo koje mi je Bog dao predstavlja, na neki način, poseban i divan dar, i vi možete prepoznati sopstvene prerušene darove i najveće slabosti pretvoriti u prednosti.

Sve zavisi od ugla posmatranja. Od života se ne možete sakriti. On će vam, svakako, naneti i neke udarce. Na kraju ćete možda pasti u fras od besa, frustracije i tuge i pomisliti: *Eto bio sam tamo i učinio baš to.* Ipak vam savetujem da odbacite gorčinu i očajanje. Možda vas je u ovom trenu preklopio ogroman talas – možete ostati pod vodom ili isplivati na obalu. Isto tako vas i životni izazovi mogu pokopati ili uzdići. Budite zadovoljni sve dok možete da dišete. Iskoristite tu zahvalnost da prebrodite depresiju i ogorčenost. Bližite se pravom trenutku korak po korak, i izgradite život kakav želite.

Mene je moj fizički hendikep naterao da budem odvažan i da se javno obraćam i deci i odraslima, te da tako postepeno izgrađujem odnos sa njima. S obzirom na moj dar za matematiku, uvek sam u rezervi imao i mogućnost da se bavim drugom profesijom ako propadnem kao govornik. Često mislim da su i moja tugovanja zbog invaliditeta bila na neki način korisna, jer sam postao saosećajniji. Promašaji su me naterali da više cenim uspeh koji sam postigao i da bolje shvatam borbu i promašaje drugih ljudi.

PROCENJIVANJE

Nisu sve prilike one prave. Na početku ovog poglavlja pisao sam o tome kako sam ostvario svoju prvu filmsku ulogu, pošto sam odbio prethodnu ponudu.

Ako pogledate film *Leptirov krug* videćete da glavni lik, Vil, koga ja igram, na početku ne deluje nimalo inspirativno. Čak je i odbojan zbog gorčine i očajanja koje očigledno oseća. Ulogu sam, ipak, prihvatio zato što Vil, u toku te priče, postepeno doživljava promenu i prevazilazi svoju tugu i odbojnost. On lagano savladava svoju sumnjičavost i nepoverljivost, kaje se zbog njih i pretvara u ljubaznu i inspirativnu osobu, nalik na divnog leptira koji se razvija iz ružne larve i izleće iz čaure.

Želim da i mene ljudi tako pamte. Kako vi želite da vas pamte? U ranijim poglavljima pisao sam o važnosti pravilnog izbora životnog cilja. Kada dobijete razne ponude i predloge, ili sami stvorite neke situacije, uvek se zapitajte: *Da li se to uklapa u moje ciljeve i kriterijume*?

Šta možemo smatrati povoljnom prilikom? Sve ono što nas, makar za korak, bliži ostvarenju cilja. Postoje razne vrste neiskorišćenih prilika. Recimo, prijatelji su vas pozvali da izađete i protraćili ste celo veče s njima. Ili ste proveli dosta vremena igrajući video-igrice, umesto da pripremite radni sastanak ili pročitate neku korisnu knjigu. Vaš kvalitet života određuje ono što sami izaberete.

Dobro razmislite! Odredite visoke i precizne kriterijume za trošenje svog novca i energije. Ne opredeljujte se za ono što vam trenutno prija, već za ono što najbolje služi vašem krajnjem cilju. Odmerite sve prema sopstvenim vrednostima i principima. Deda-Nikovo zlatno pravilo glasi: *Da li će moji unuci biti ponosni na tu moju odluku, ili će misliti da sam posenilio pre vremena*!

Ako vam je potrebno da formalno odredite proces stvaranja povoljnih prilika sedite pred kompjuter ili uzmite papir i olovku i napišite svoj Radni program za stvaranje povoljnih prilika. Kad god vam se ukaže neka prilika, ispišite sve razloge za i protiv i vidite koliko se uklapaju u vrednosti, principe i ciljeve koje ste sebi odredili. Procenite šta će biti ako prođete kroz otvorena vrata, a šta ako ih zalupite.

Ako vam je i dalje teško da donesete odluku odnesite svoj radni program poverljivom mentoru, ili prijatelju koji veruje u vas i želi vam uspeh. Procenite s njim sve razloge za i protiv i saslušajte njegovo mišljenje. Budite otvoreni za tuđe mišljenje, ali imajte u vidu da je odgovornost, ipak, vaša. Reč je o vašem životu. Vi ćete, na kraju, biti nagrađeni ili ćete platiti cenu svoje odluke, pa zato načinite mudar izbor.

DA LI STE SPREMNI?

U donošenju važnih odluka vremenska usklađenost ima veliki značaj. Ponekad, naročito u mladosti, dešava se da vam se nudi nešto primamljivo, ali u pogrešnom trenutku. Ne treba prihvatati posao za koji niste kvalifikovani ili spremni, kao što ne treba ni putovati na luksuzan odmor ako nemate dovoljno novca. Cena će biti previsoka i biće vam potrebno dosta vremena da se oporavite.

Među najveće greške sa početka moje govorničke karijere spada prihvatanje poziva da govorim pred brojnom publikom pre nego što sam za to bio spreman. Ne mogu tvrditi da i tada nisam imao šta da kažem, ali nisam osmislio govor niti razradio prezentaciju. Ishod je bio nedostatak samopouzdanja i nesposobnost da uspešno završim govor.

Često sam, u takvim prilikama, zamuckivao i saplitao se o reči. Ljudi u publici bili su vrlo ljubazni, ali sam u svakoj takvoj prilici i sam shvatao da sam zabrljao. No, to iskustvo me je nečemu naučilo, pa sam se pribrao i zaključio da treba da govorim tek pošto veoma dobro pripremim govor. To ne znači da ne treba prihvatiti ponudu koja vam omogućava da se razvijate i razmahnete. Ponekad smo čak i spremniji nego što verujemo i Bog nam daje mogućnost da iskoristimo pruženu priliku i napravimo krupan korak ka ostvarenju cilja. Televizijska serija *Američki idol* zasnovana je na tom konceptu. U svakoj epizodi neki od takmičara odustane pod pritiskom, ili shvate da nije stvoren da bude zvezda. Neki neotkriveni talenti, međutim, izbiju na površinu i procvetaju baš pod pritiskom. Neki od tih takmičara, recimo Keri Andervud, Dženifer Hadson, Kris Doerti i Keli Klarkson ostvarili su sjajne karijere pošto su se prethodno proslavili u toj seriji, a svoje talente i dalje usavršavaju.

Morate, dakle, pažljivo analizirati sve mogućnosti i razmisliti koji su presudni koraci ka cilju, a i uočiti prepreke koje vas na tom putu mogu zaustaviti. Kao što je bio slučaj sa mojom prvom filmskom ponudom, i vama će se možda nuditi neke prilike koje mogu da vas dovedu do kratkoročnog cilja, ali se ne slažu sa vašim dugoročnim planovima. Odluka koju danas donesete pratiće vas i u budućnosti. Mladi ljudi se često upuštaju u veze ne razmišljajući da li im ta osoba, dugoročno gledano, uopšte odgovara. Znamo da internetu treba oprezno pristupati, jer time štitimo svoju privatnost, reputaciju i finansijske interese. Često nas podsećaju da će sve što ubacimo na mrežu – svaka fotografija, elektronsko pismo, blog ili komentar veb stranice – ostati na njoj vrlo dugo, a možda će nas i nadživeti. Kao što treba razmišljati o svemu tome da vas kasnije nešto od onoga što ste stavili na mrežu ne bi proganjalo, tako treba razmišljati i o prilikama koje vam se u životu pružaju. Posledice su dugoročne, a možete dobiti ili izgubiti. Neke kratkoročne prednosti mogu vam biti primamljive, ali je pitanje šta će se dogoditi na dugoročnom planu.

Zato uvek treba malo zastati i sagledati širu sliku. Često smo primorani da položimo neki važan životni ispit, ali život sam po sebi nije ispit. On je stvaran. Svakodnevne odluke mogu uticati na ceo život. Pažljivo ih razmotrite i ispitajte svoju hrabrost i srce. Ako osetite da vam nešto govori da izvesna ideja nije dobra, poslušajte taj svoj unutrašnji glas. Ako vas, pak, srce tera da zgrabite neku priliku a vi pritom zaključite da vam je to, dugoročno gledano, u interesu, učinite to! Dešavalo mi se da se sav naježim zbog neke ponude i poželim da je odmah prihvatim. Ipak, uvek malo zastanem i pomolim se da mi Bog podari mudrost koja će mi pomoći da donesem pravu odluku.

BITI NA PRAVOM MESTU

Ako ste se pripremili za neku situaciju najbolje što ste mogli a željena vrata vam se nisu otvorila, možda treba ponovo da razmotrite svoju poziciju i svoje talente. Ako želite da postanete svetski šampion u surfovanju, to nećete lako ostvariti na Aljasci, zar ne? Nekada je potrebno preseliti se na drugo mesto da biste dobili povoljnu priliku za nešto što želite da postignete. Pre nekoliko godina sam shvatio da, ako želim da steknem publiku širom sveta, treba da se preselim iz Australije u SAD. Ja volim Australiju. Veći deo moje porodice i dalje živi tamo. Ali ta izolovana zemlja je previše udaljena od ostalog sveta za vrstu posla kojim se bavim, i ne nudi mogućnosti i prilike kakve imam u SAD.

Čak i posle preseljenja u SAD morao sam dosta da radim na podsticanju svoje dobre sreće. Jedan od mojih najboljih poteza bio je formiranje zajedničke mreže sa svima koji žele da se bave govorništvom i tako inspirišu druge ljude. Postoje podaci o tome da većina ljudi nalazi posao preko sličnih mreža, koje su osnovale njihove kolege po profesiji ili prijatelji. Kao i kada je reč o raznim drugim životnim šansama, preko takvih mreža dobijate podatke mnogo brže nego preko drugih sredstava informisanja. Bez obzira na to da li tražite ljubav, posao, priliku za ulaganje, mogućnost da se bavite dobrovoljnim radom ili priliku da iskažete svoju darovitost, možete započeti tu akciju tako što ćete se pridružiti klubu ljudi koji se bave istom profesijom, nekoj privrednoj komori, crkvi, humanitarnoj organizaciji ili javnoj službi. Internet je kao stvoren za korisno povezivanje te vrste, a posebno su korisne mreže: tviter, fejsbuk, linkedin i plakso. Što više širite sopstvenu mrežu imaćete i veće šanse da ostvarite svoje snove.

Ne treba se ograničiti na pojedince, organizacije i veb adrese vezane samo za određeno polje interesovanja. Uvek se na nekoj adresi može pronaći neko ko poznaje pravu osobu. Potražite sve one koji vam deluju zainteresovano za neku temu i koji sanjaju lepe snove, čak i ako se oni razlikuju od vaših.

S druge strane, ako se družite sa ljudima koje ne zanimaju isti problemi kao vas niti dele vašu želju da poboljšate život, savetujem vam da promenite prijatelje. Ljudi koji vise po barovima, noćnim klubovima i videotekama retko kada mogu nekome biti korisni.

Ako ne dobijate ponude i poruke kakve biste želeli, možda treba da se usavršite tako što ćete se dopunski obrazovati. Ako niste u prilici da se upišete na koledž ili univerzitet, pohađajte neku školu za odrasle ili radnički kurs. Nudi se mnogo više stipendija i programa za finansiranje obrazovanja nego što možete da zamislite, te nemojte dopustiti da vas visoke cene školovanja obeshrabre. Ako ste već stekli neku diplomu, možete upisati poslediplomske ili doktorske studije, ili se pridružiti nekoj strukovnoj organizaciji, onlajn grupaciji ili internet forumu, ili prosto koristiti pričaonice za upoznavanje ljudi iste struke. Ako vam se prilike na ukazuju same po sebi, morate naći pravo mesto gde će se to dogoditi, odnosno morate ih sami stvoriti.

PRAVO VREME

Albert Ajnštajn je izjavio da svaka teškoća sadrži u sebi i neku povoljnu priliku. Milioni ljudi su, zbog nedavne recesije, ostali bez posla. Mnogu drugi su izgubili domove i uštedevine. Kakvo dobro se može očekivati u tako teškim vremenima?

U kompanije koje su započele uspešno poslovanje baš u doba recesije spadaju *Hjulit Pakard, Rigli, UPS, Majkrosoft, Simantek Toj Ar As, Zipo i Dominos Pica*. Njihovi osnivači želeli su da mušterijama pruže drugačije i bolje usluge jer su njihovi raniji modeli poslovanja neslavno propali. Zato su upriličili pravi trenutak za uvođenje novog načina poslovanja.

Nema sumnje da je recesija u periodu 2006. do 2009. godine imala veoma negativan uticaj na bezbroj porodica i preduzeća. Mnogi ljudi koji su izgubili posao u velikim preduzećima započeli su sopstvene poslove, dodatno se školovali ili rešili da ostvare neku svoju davnašnju želju, bilo to otvaranje pekare, bavljenje baštovanstvom, formiranje muzičkog sastava ili pisanje knjige.

U periodu recesije bez posla su ostale i hiljade novinara. To se dogodilo, pre svega, zbog toga što su velike novinske kuće, posle stvaranja velike mreže internet oglašivača, izgubile svoju ekskluzivnost oglašavanja. Zanimljivo je saznati kako su na to reagovali mnogi bivši novinari, koji su se oduvek ponosili svojim dobro obaveštenim izvorima i kreativnošću. Neki među njima, koje lično poznajem, aktivirali su se u oblasti odnosa sa javnošću, neprofitnim organizacijama ili preko medijskih blogova. Jedan od primera koje najradije navodim je slučaj nekadašnjeg novinara jednog kalifornijskog lista, koji je postao potpredsednik uspešne kompanije za savladavnje krize i savetovanje preduzeća pred bankrotom. Stara mudrost, koja vam preporučuje da „nabavite limun i prodajete limunadu", zapravo, znači da ne treba kukati zbog kraha već pronaći kreativno rešenje. Morate biti fleksibilni da biste neku negativnu situaciju pretvoriti u pozitivnu. Jedna od velikih američkih maloprodajnih korporacija uči svoje osoblje da sve žalbe mušterija prihvate kao priliku za stvaranje boljeg odnosa sa vlasnicima firme.

U pitanju je, dakle, promena pogleda na poslovanje. Kad god imam problema sa rasporedom govora podsetim sebe da „Bog nikada ne gubi vreme, što znači da ne troši uzalud ni moje." Drugim rečima, kažem sebi da će sve biti dobro. Verujem u to, a i vi treba da verujete. Kad dođete do tog zaključka, držite ga se. Pokazalo se da je to tačno i to već bezbroj puta.

NIK VUJIČIĆ

SATNICE

Pre nekoliko godina sam sa pomoćnikom krenuo na turneju po zemlji. Na jednom od aerodroma naš let je bio odložen (što nije bilo nikakvo čudo), a kada smo se, konačno, ukrcali u avion i krenuli duž piste ugledao sam da se iz jednog avionskog motora vije dim.

Približila su nam se vatrogasna kola. Iz njih su iskočili vatrogasci i počeli da prskaju motor penom. Putnicima je saopšteno: *Zbog manjeg požara na motoru obavićemo proceduru iskrcavanja u slučaju opasnosti.*

Pa dobro, pomislio sam. Zapaljen motor nije baš srećna okolnost u toku leta, pa je bolje ostati na sigurnom tlu. Kada su objavili da nam se let odlaže za dva sata mnogi putnici su počeli glasno da se žale i zvučali su ogorčeno. I ja sam bio iznerviran, ali sam sebi govorio da je dobro što smo izbegli moguću nesreću usred leta, barem sam u tom času tako mislio.

Ipak sam morao i sebe da smirujem zbog čekanja i vremena koje protiče, pa sam se podsećao na činjenicu da *Bog ne traći vreme.* Konačno smo čuli i jednu dobru vest. Obezbedili su nam drugi avion, koji će odmah poleteti sa druge piste. *Baš dobro!*

Požurili smo na naznačeni izlaz, ukrcali se u avion i čekali da poletimo. Osećao sam prilično olakšanje zbog povoljnog raspleta sve dok nisam uočio da žena kraj mene tiho jeca.

„Zar nešto nije u redu?," upitao sam je.

Kazala mi je da je pošla u posetu petnaestogodišnjoj kćeri koja je bila u bolnici, i to u lošem stanju zbog komplikacija posle neke rutinske operacije. Činio sam sve što sam mogao da je barem malo utešim. Razgovarali smo u toku celog leta. Čak sam se i osmehnuo kada mi je priznala da se plaši letenja.

„Pa možete, ako želite, da me držite za ruku," našalio sam se.

Kada smo sleteli zabrinuta majka mi je zahvalila što sam je tešio u toku leta. Rekao sam da mi je drago što sam sedeo u avionu baš pored nje, posle svih odugovlačenja, promena izlaza i odlaganja leta.

Bog toga dana zaista nije traćio moje vreme. Znao je šta radi. Smestio me je kraj te žene da joj olakšam situaciju i umanjim strah i patnju. Što sam više razmišljao o tom danu, bio sam sve zahvalniji za takvu priliku da nekoga prijateljski saslušam.

KREATIVNA VIZIJA

Gubitak voljene osobe, raskid veze, finansijski krah ili bolest mogu vas slomiti ako dozvolite da vas jad i očajanje nadvladaju. Jedan od načina da se izborite sa takvim situacijama je da pažljivo motrite na sve što vas može ohrabriti u trenutku kad vam je život zadao udarac.

Fotografa Glenis Sajverson sreo sam na snimanju *Leptirovog kruga.* Mada živi u Orlandu, Glenis je došla na snimanje kao prijateljica naših režisera,Viglovih, s namerom da napravi seriju fotografija. Dobila je mnoge nagrade za fotografiju i radi za nekoliko časopisa, korporativnu štampu i neke veb-sajtove. Uglavnom radi portrete i fotografiše prirodu. Veoma voli fotografiju – to joj je velika strast.

Glenis je, ranije, celih dvadeset godina radila u kadrovskom odeljenju jedne velike korporacije i ostala je bez tog „sigurnog" posla zbog recesije. Prihvatila je taj udarac sudbine i iskoristila ga kao podsticaj da se posveti nečemu što voli. Postala je uspešan fotograf sa punim radnim vremenom.

„Zaključila sam: 'Sad ili nikad!'", kazala mi je.

Baš lepa priča, zar ne? Glenis je živi primer osobe koja je jedan potencijalno negativan događaj iskoristila kao priliku da sebi omogući lepši život.

Najzanimljivije je, ipak, ovo: Glenis, koja je dobila mnoge nagrade za fotografiju, skoro uopšte ne vidi. Praktično je slepa.

„Od detinjstva imam slab vid", kazala mi je. „Sa pet godina sam počela da nosim naočare, a vid mi je i dalje slabio. Negde 1995. godine postavili su mi dijagnozu degeneracije rožnjače. Ona je postepeno gubila oblik i deformisala se, sve dok nisam izgubila vid na levom oku. Zbog moje velike kratkovidosti lekari nisu ni pokušavali da reše taj problem laserskom operacijom. Jedino rešenje bila je transplantacija rožnjače."

Godine 2004. Glenis je konačno otišla na tu operaciju. Lekar joj je kazao da će joj se vid na levom oku poboljšati na 20 do 40 odsto, i to bez naočara ili sočiva. „Sve što je moglo da krene naopako zaista mi se i dogodilo i skoro sam ostala bez oka", ispričala mi je Glenis. „Posle operacije mi se vid samo pogoršao i dobila sam glaukom. Nezavisno od operacije došlo je i do krvarenja na desnom oku, tako da mi je i na njemu vid oslabio."

Posle neuspešne operacije na jednom i s oštećenom retinom na drugom oku, otpuštenu s posla posle dvadeset godina, Glenis niko ne bi krivio da je pala u očajanje i odustala od borbe. Čovek očekuje da takva osoba bude ljuta i ogorčena.

Ona je ipak, umesto toga, rešila da bude zahvalna i istraje. „Nikada o sebi ne razmišljam kao o *invalidu*, jer me je moje skoro potpuno slepilo navelo da postanem bolji fotograf", kazala je.

Mada ne vidi sitne detalje, Glenis ne očajava već je zadovoljna što više ne mora da se bavi sitnicama.

„Kada sam, pre gubitka vida, radila portrete, bila sam usredsređena na svaku vlas kose i tražila svaki mogući ugao snimanja. Fotografije su mi bile prilično „krute" jer sam previše vodila računa o kompoziciji. Sada se mnogo više povodim za instinktom. Osećam šta treba da snimim. Kada to osetim, napravim snimak. Postupam instinktivno i imam bolji odnos sa osobama i predmetima koje snimam.

Glenis kaže da su njene nove fotografije možda nepreciznije, ali umetnički vrednije i deluju dirljivije nego one ranije. „Jedna devojka se rasplakala kada je videla kako sam je snimila, jer je ta fotografija bila izuzetno verna", kazala mi je. „Nikada ranije nisam doživela takav izliv emocija."

Otkako je izgubila veći deo vida Glen je dobila deset međunarodnih fotografskih nagrada za portret i pejzaž. Jedna od njenih fotografija izabrana je između 16.000 prispelih radova, a na izložbi je bilo ukupno 111 fotografija. Četiri puta je učestvovala na izložbama u Centru za umetničku fotografiju u Fort Kolinsu, u Koloradu.

Slepilo ovoj ženi nije dozvolilo da nastavi sa radom u kadrovskom odeljenju, ali znamo da su i neki poznati umetnici, kao Betoven i Mone, patili od fizičkih mana koje su im omogućile da svoju umetnost osveže i pretvore u nešto novo. Glenis mi je rekla da je njen omiljeni stih iz Biblije sledeći: „Živimo verujući, a ne gledajući."

„To je doslovno ono što ja sada radim. Istina je da sam morala da se prilagodim. Veoma se plašim potpunog slepila – to je, svakako, strašno. Ne postoji priručnik iz koga možete naučiti šta da radite u takvoj situaciji."

Ona je, dakle, krenula novom životnom stazom, ali umesto da ono što joj se desilo doživi kao nesreću, ona to smatra nekom vrstom blagoslova. „Ranije sam htela sve da kontrolišem. Sada prosto živim dan za danom i uživam u svakom trenutku. Nastojim da budem zahvalna za krov nad glavom, za to što sam živa i što sunce sija i ne brinem šta će biti sutra, jer to ionako ne znamo," izjavila je Glenis.

Glenis je sjajna osoba koja je iskoristila pruženu priliku, zar ne? Mene je inspirisala, a nadam se da će i vas navesti da sanjate neke lepe snove, mudro odaberete cilj i sledite ih na pravi način kada vam srce to odobri.

Šašava pravila

Bili smo negde na polovini turneje kroz pet indonežanskih gradova, gde je trebalo da održim trideset pet govora za devet dana. Bilo je logično da budem mrtav umoran. Nekada na tim prenapornim turnejama prosto ne mogu da se svrtim i smirim. Ukrcavali smo se u avion za Javu, na let iz Džakarte za Semerang, a mene je odjednom preplavio talas energije.

Sa mnom je tada putovala ekipa od pet osoba, uključujući i mog pomagača Vona, koji je krupan, snažan i zabavan momak. Ženski deo publike u avionu bio je, čim smo se ukrcali, oduševljen njegovim izgledom, pa smo ga zadirkivali zbog toga. Pustili su nas da uđemo prvi, tako da mogu da spakuju moja invalidska kolica i da mogu mirno da se smestim na sedište. Dok sam se, sa Vonom iza sebe, kretao kroz središnji prolaz, odjednom mi je palo na um da uradim nešto šašavo o čemu sam dugo razmišljao.

„Vone, požuri pre nego što neko naiđe i probaj da me ubaciš u kasetu za prtljag!," rekao sam.

Često smo se šalili na tu temu. Nekoliko dana pre toga Von me je smestio na metalni držač prtljaga na odeljenju za polaske da bismo proverili da li sam odgovarajuće veličine. Lepo sam stao na držač, pa su me prozvali „Momak za poneti."

Odeljak za prtljag iznad glava putnika bio je prilično visoko i nisam bio siguran da neko može da podigne mojih 34 kilograma na tu visinu, ali Von je to izveo bez ikakvih problema.

Podigao me je i lagano spustio na bok u kasetu za prtljag, kao da sam Viton a ne Vujičić.

„Dobro, sada zatvori poklopac, pa da sačekamo da uđu i drugi putnici," rekao sam mu.

Von mi je poturio jastuk pod glavu i zalupio poklopac, ostavljajući me da ležim u kaseti visoko iznad sedišta. Neki putnici su videli šta radimo, pa su počeli da se smeju. Cerekali smo se kao osnovci, ali nisam bio siguran kakav će biti konačni ishod te šale. Naišli su i drugi putnici, koji nisu videli šta smo uradili.

Moja ekipa je jedva zadržavala smeh kada je jedan postariji gospodin došao do sedišta u našem redu i pružio ruku da ubaci prtljag u „moju" kasetu. Povukao je poklopac i skoro proleteo kroz krov aviona od zaprepašćenja.

Ja sam malo isturio glavu i kazao: „Gospodine, mislim da niste pokucali."

Na svu sreću, bio je dobre naravi, pa smo se svi lepo nasmejali. Onda sam, vireći iz kasete, pozirao za nekoliko stotina fotografija zajedno sa tim saputnikom, svojim saradnicima i posadom aviona. Naravno, Von je pripretio da će me ostaviti gore, jer „neki opasni predmeti van prtljažnika mogu ugroziti let."

ŠAŠAVI POSTUPCI

U prvih deset poglavlja nastojao sam da vas ohrabrim i podstaknem da odredite svoj cilj, gajite nadu, verujete u sebe, zauzmete ispravan stav, postupate hrabro, stvarate podsticajna poznanstva i iskoristite prilike koje vam se pružaju – a sve to da biste uspešno ostvarili snove.

Sada želim da vas podstaknem da se ponekad ponašate šašavo, baš kao što ja to činim.

Malo se i šalim, naravno. No želim da se i vi šalite. Stvorio sam sopstvena Šaljiva pravila, prema kojima svaka živa osoba na planeti treba da, barem jednom dnevno, izvede nešto šaljivo bilo da sama deluje smešno dok nastoji da uradi ono što želi, bilo da napravi neku šalu kojoj će se svi nasmejati.

Moja Šaljiva pravila zasnivaju se na jednom od mojih omiljenih citata: „Nesavršenost je lepa, ludost je genijalna, a mnogo je bolje biti apsolutno smešan nego apsolutno dosadan."

Mada osoba koja je to izjavila ne spada u moje omiljene uzore – naime, u pitanju je pokojna glumica Merilin Monro – mislim da je, ipak, kazala nešto bitno kada je to izjavila. Naravno, slažem se sa tvrdnjom da je nesavršenost lepa, a kako i ne bih? Ne možete osporiti ni da je ludost genijalna – naime, svakoga ko rizikuje neki ljudi nazivaju ludakom a drugi genijem. Na kraju, potpuno se slažem sa tvrdnjom da je mnogo bolje biti aspolutno smešan nego apsolutno dosadan.

Možete uspešno savladati sve lekcije iz ove knjige, ali ako se ne usuđujete da rizikujete da vas nazovu ludakom svi oni koji ne veruju da ste genijalni, nikada nećete postići sve o čemu sanjate. Zbog vas samih, a i radi opšteg dobra, budite uvek spremni da se malo poigrate. Nemojte zaboraviti da se nasmejete sami sebi i da se razdrmate, jer ćete tako više uživati u životu.

Ja vodim život pun napornog rada i stalno se premaram, a nemam baš mnogo zabave. Odlučio sam da budem uspešan evangelista i govornik koji će motivisati ljude. Da bih se usavršio u govorništvu odlazio sam na mnoga putovanja i prihvatao sve pozive koje sam dobijao. Posle osam godina neprekidnih putovanja i turneja osetio sam da dobijam vrtoglavicu i morao sam da postanem malo selektivniji. Poželeo sam da uspostavim ravnotežu.

Svi lako padamo u zamku razmišljanja u stilu „jednoga dana."

Jednoga dana imaću dovoljno novca da uživam u životu.

Jednoga dana provodiću više vremena sa porodicom.

Jednoga dana moći ću da se odmaram i radim ono što volim.

Uz moja Šaljiva pravila steći ćete slobodu da se borite na dva fronta.

Pravilo broj jedan odnosi se na Šaljivi rizik. Odlučno odbacite sva sumnjala i nihiliste oko sebe i jurnite ka ostvarenju svojih snova. Neko će vam reći da ste smešni. Treba da odgovorite: *Da, jesam, pa šta?* Možda to što vi volite nekome deluje smešno zato što nema istu viziju ni slične sklonosti. Nikakvo ismevanje ne treba da ugrozi vaše snove. Umesto toga, iskoristite ga kao podsticaj.

Drugo pravilo se odnosi na smeh radi zabave. Dajte sebi vremena za uživanje u životu i druženje sa svima koje volite. Smejte se zabave radi i uživajte u smehu. Ako smatrate da je život nešto preozbiljno, zamislite kakva je tek smrt! U ovom životu budite ozbiljni onoliko koliko morate, ali, takođe, iskoristite sve prilike za zabavu.

ŠALJIVI RIZIK

Helen Keler, koja je u detinjstvu izgubila vid i sluh i ipak postala poznati pisac i politički aktivista, izjavila je da bezbedan život ne postoji. „Tako nešto ne postoji ni u prirodi... život je ili rizična avantura, ili uopšte ne postoji." Rizik, dakle, nije deo života već sam život. Vaš život se odvija na prostoru između bezbedne zone i cilja o kome sanjate. To je oblast puna napetosti, u kojoj ćete otkriti ko ste. Karl Volenda, rodonačelnik čuvene porodice hodača po žici uočio je to i izjavio: „Život je samo onaj trenutak na zategnutom konopcu, sve ostalo je čekanje."

Svaki padobranac i paraglajdista, kao i svaka ptičica poletarac znaju da je prvi korak preko ivice uvek zastrašujući, ali se mora zakoračiti u prazninu ako želite da poletite. Svaki dan vam može biti poslednji, pa u tom smisli i samo ustajanje iz postelje predstavlja rizik. Ne možete pobediti ako niste spremni da se suočite sa porazom. Ne možete čak ni stajati a da pritom ne rizikujete pad.

Moj svakodnevni život je od rođenja bio rizičan. Postavljalo se pitanje da li ću ikada biti u stanju da brinem o sebi i da se izdržavam. Moji roditelji su se suočili sa dvostrukim problemom, jer je njihovo dete bez udova oduvek bilo sklono opasnom riziku. Stalno sam sebe dovodio u opasnost, jer nikada nisam podnosio pomisao da budem samo dete koje sedi u ćošku, pa sam vozio skejtbord, igrao fudbal, plivao i surfovao. Lansirao sam svoje jadno telo poput rakete. To je bilo prilično šašavo.

RONJENJE

U jesen 2009. godine probao sam da se bavim sportom za koji mi je više puta rečeno da je previše opasan za mene. Ronio sam sa bocom u okeanu. Kao što možda već nagađate, doživeo sam šok. Ceo doživljaj je ličio na let avionom, uz nešto mekše sletanje. Tri godine pre toga sam pokušavao da naučim da ronim, ali mi je instruktor tada samo dozvolio da se vozikam u kolicima oko bazena za ronioce. Mislim da je bio zabrunutiji zbog osiguranja koje se obavezno daje roniocima, nego što je brinuo za moju bezbednost. Valjda se plašio da će mu neko zatražiti objašnjenje zbog čega je čudni momak po imenu Nik postao ukusna užina za neku ajkulu koja nije bila previše gladna.

Moj drugi instruktor, Felipe, bio je čovek znatno slobodnijih pogleda. Radi kao instruktor ronjenja na jednom ostrvcetu u Kolumbiji, u Južnoj Americi. Pozvali su me da održim govor u čuvenom letovalištu Punta Faro na ostrvima Mukura koja se nalaze blizu Kartahene i važe za nacionalni park. Pre nego što je počeo da mi drži časove ronjenja Felipe me je samo upitao: „Umeš li da plivaš?"

Pošto sam dokazao da umem da se snađem u moru, Felipe mi je održao kratak kurs ronjenja. Koristili smo jezik znakova što je bilo dobro za sporazumevanje pod vodom: pomeranjem glave i ramena mogao sam mu dati do znanja da mi treba pomoć. Poveo me je na probno ronjenje u blizini plaže i tada smo isprobali naše podvodne signale i proverili opremu.

„Dobro, mislim da si spreman za odlazak na greben," rekao je.

Felipe me je zatim zgrabio oko struka i otplivao sa mnom do grebena, oko koga je sve vrvelo od očaravajućeg podvodnog morskog sveta. Tada me je pustio i plivao kraj mene dok sam istraživao greben. Samo jednom mi je priskočio u pomoć, u trenutku kada sam naleteo na murinu dugu nekoliko metara, koja se odjednom pojavila iz otvora na grebenu. Negde sam pročitao da te ribe mesožderi imaju gadne zube, koji su i prava legla bakterija, pa sam zamolio Felipea da me odvede do nekog prijatnijeg dela grebena. Nisam želeo da se pretvorim u suši.

Pred mojim očima ukazao se jedan potpuno nov svet. Možda se pitate da li je sve to bilo vredno ludog rizika. Svakako da jeste. Ako napustite svoje sigurno skrovište otvoriće vam se brojne mogućnosti da steknete nova iskustva. Sigurno i vi želite da povučete neki odvažan potez. Savetujem vam da ocenite kakva je voda i zaplivate, a ako treba možda i zaronite. Plivajte sa delfinima. Letite sa orlovima. Popnite se na neku planinu. Spustite se u neistraženu pećinu. *Ludujte*, baš kao što to čini Nik!

Postoji bitna razlika između šaljivog i potpuno glupog rizika. Sasvim glup rizik je onaj koji zvuči suviše ludo da biste ga uopšte razmatrali. Nikada ne rizikujte ako znate da možete izgubiti znatno više nego što možete dobiti. Šaljivi rizik znači da ste spremni da iskoristite priliku koja deluje luđe nego što jeste, i to zbog toga što ste:

1. Dobro pripremljeni.
2. Smanjili rizik na minimum.
3. Napravili rezervni plan za slučaj da nešto pođe naopako.

VRSTE RIZIKA

O rizicima sam naučio dosta toga dok sam studirao finansije i ekonomiju na univerzitetu. U poslovnom svetu, baš kao i u običnom životu, obično se smatra da ne možete u potpunosti izbeći rizik, ali možete uticati na njega i smanjiti ga na minimum, mereći dubinu vode pre no što zagazite u nju – bez obzira na to u kakve vode ste naumili da zagazite.

U životu postoje dve vrste rizika: opasnost od pokušaja i opasnost od nepokušavanja. To znači da rizik uvek postoji, ma koliko se vi trudili da ga izbegnete i da se zaštitite. Recimo da želite da zakažete nekome sastanak. To je neka vrsta kockanja – treba da pozovete tu osobu da se vidi sa vama. Možda će vas odbiti? No, šta će biti ako uopšte ne pokušate? Najzad, ta divna osoba će možda prihvatiti poziv i vi ćete živeti zauvek srećno. Shvatite da ne postoji šansa da živite zauvek srećno ako uopšte ne pokušate. Zar to nije vredno truda, druže?

Povremeno ćete biti na gubitku. Doživećete i neki neuspeh. Međutim, najlepše je pokušavati nešto ponovo sve dok u tome, konačno, ne uspete.

Da biste uopšte živeli morate se stalno naprezati i nešto pokušavati. Da biste lepo živeli morate naučiti da kontrolišete nepovoljne situacije i biti svesni da, i pre nego što načinite neki potez, uvek postoje usponi i padovi. Ne možete kontrolisati sve što se događa oko vas ili vama, pa se usmerite na ono što možete da kontrolišete, razmotrite sve mogućnosti koje postoje i tek onda donesite odluku.

Ponekad će vam srce i instinkti reći da treba nešto pokušati, čak i ako, na papiru posmatrano, šanse za uspeh deluju neubedljivo. Možda ćete promašiti cilj, a možda ćete ga i pogoditi. U stvari, ako ste tako nešto jednom pokušali ne verujem da ćete se kasnije kajati zbog toga. Ja smatram da sam, pored toga što sam evangelista i govornik, takođe i biznismen. Zaključio sam nekoliko raznih poslova u trgovini nekretninama u toku proteklih nekoliko godina. Pročitao sam mnoge knjige o preduzetništvu i u svakoj od njih postoji odeljak o riziku. Mada se za poslovne ljude obično misli da su skloni riziku, uspešni biznismeni nisu oni koji hrabro rizikuju, već oni koji kontrolišu rizik i smanjuju ga na minimum, a zatim dalje razvijaju posao, svesni preostalog dela rizika.

MOJA ŠALJIVA PRAVILA

Da biste se lakše izborili sa rizicima u životu navešću vam Nikova šaljiva pravila za kontrolu rizika. Pročitajte ih kada budete i sami u situaciji... pa znate već kako to ide.

1. Ispitajte dubinu vode

Stara africka poslovica glasi da ne treba meriti dubinu reke obema nogama. Ako ste recimo spremni da se upustite u novu vezu, preselite se u drugi grad, promenite posao ili možda samo boju zidova u dnevnoj sobi, ispitajte neke stvari pre nego što učinite odlučujući korak. Nemojte se zaleteti pre nego što shvatite u šta se upuštate.

2. Počnite od poznatog

Ovo ne znači da ne treba da stičete nova iskustva niti upoznajete nove ljude; to samo znači da ćete smanjiti rizik ako dobro uradite vaš domaći zadatak. Kada vam se učini da nešto može da krene naboljе ili nagore i zatim proučite sve aspekte neke situacije, treba odlučno povući prvi potez. Ako pritom ne znate sve, shvatićete bar šta je to što ne znate, a ponekad je i to dovoljno.

211

3. Proverite vreme

Nekada možete znatno poboljšati situaciju ako sačekate pravi trenutak za nov potez. Nećete početi da se bavite prodajom sladoleda usred zime, zar ne? Prva ponuda da snimim film nije mi odgovarala, ali je sledeća, koju sam dobio posle nekoliko meseci, bila sjajna, a i dobio sam je u pravom trenutku. Ponekad se strpljenje isplati. Ne plašite se čekanja. Pre nego što uveče pođete na počinak napišite šta narednog dana planirate da učinite, a ujutru to ponovo pročitajte. Zanimljivo je to što vam narednog dana vaš plan može delovati sasvim drugačije. Ja sam to često činio. Uvek razmislite o tome da li je došao pravi trenutak za nešto, ili možda treba pričekati neki povoljniji.

4. Smislite rezervni plan

Ponekad rizikujemo više nego što treba jer smo apsolutno uvereni da nešto moramo da uradimo baš u tom trenutku. Ako dođete u takvu situaciju malo prikočite, vratite se nekoliko koraka unazad i zatražite pomoć da biste ovladali situacijom, jer su možda emocije nadvladale vaš zdrav razum. Ja, u takvim situacijama, odem do strica Bate ako sam u Americi, ili se obratim ocu ako sam u Australiji. Više ljudi bolje sagledava situaciju nego jedna osoba. Ako je ulog veliki, nije potrebno da izigravate Usamljenog rendžera.

5. Pripremite se za nepredviđeno

Uvek, ama baš uvek, može doći i do nepredviđenih posledica. Nikada ne možete do kraja predvideti sve moguće ishode nekog poduhvata, pa treba dobro da se pripremite za sve moguće posledice. Kad god pravim neki poslovni plan, zaokružujem iznos troškova naviše a vrednost profita naniže, i time se pripremam za mogućnost da nešto ne krene po planu. Ako sve bude dobro, višak novca ne može nikome naškoditi.

ŠALA I ZABAVA

Ne pretvarajte se da nikada niste stajali na aerodromu, čekali prtljag i razmišljali da skočite na pokretnu traku koja bi vas odvela u Zemlju prtljaga. Pošto volim razne šale, ja sam jednom uradio baš to.

Bili smo na govorničkoj turneji u Africi. Dosađivali smo se čekajući prtljag na aerodromu, pa sam kazao Kajlu da bih voleo da se provozam na tekućoj traci za prtljag.

Pogledao me je u stilu: *Druže, zar si načisto poludeo*?

Ipak je uradio to što sam mu zatražio. Podigao me je i stavio pored velikog samsonajt kofera. Našao sam se na traci među koferima i torbama. Vozio sam se kroz terminal, ukočen poput statue, sa naočarima za sunce na nosu i posmatrao kako ljudi začuđeno zure u mene, pokazuju prstom i nervozno se smeju zgledajući se međusobno, kao da nisu sigurni da li sam (a) živa osoba ili (b) najzgodnija lutka na svetu.

Najzad sam stigao do jednih malih vrata i pozdravio se sa tamnoputim utovarivačima prtljaga. Smejali su se kao ludi šašavom Australijancu, koji se zabave radi vozika unaokolo na traci za prtljag.

„Bog te blagoslovio!," kazali su radnici i veselo me pozdravili.

Oni su shvatali da ponekad i odrasli požele da se provozaju na vrtešci. Mladalačke ideje ne padaju na um samo deci. Ona, naime, uživaju u svakom trenutku. Vi i ja treba da učinimo sve što možemo da očuvamo tu dečju sposobnost radovanja. Ako vam je život veoma predvidiv, nemojte se zaparložiti. Unesite u njega neke zabavne rizike i uradite nešto čemu ste se radovali kad ste bili dete. Skačite po trampolini. Jašite na poniju. Zaboravite na zrelo ponašanje.

Želim da vas ohrabrim da iskoristite svaki sekund života na najbolji način. Povremeno zaboravite sve praktične razloge i učinite nešto samo iz zabave. Svakako to učinite i tragajte za svim čudima kojima je Bog ukrasio svet.

Zabavan život podrazumeva usklađivanje nada i mogućnosti i prihvatanje Božjeg plana i ciljeva. Druga grupa mojih šaljivih pravila podrazumeva zabavu, neočekivane obrte i prelazak preko nekih granica. Često govorim slušaocima da život na granici mogućeg uopšte nije loš ako imate vere u sebe i svog Tvorca. To nisu prazne reči. Ja se maksimalno zalažem da ispunim svoje zabavne ciljeve, baš kao i one na poslu. Najlepše je kada se posao i zabava objedine. Savetujem vam da i vi to pokušate.

KASKADER

Kada sam prihvatio prvu filmsku ulogu u filmu *Leptirov krug* nisam razmišljao o tome da ću morati da budem i kaskader. Ko bi to mogao bolje odraditi? Na tržištu rada nema baš mnogo profesionalnih kaskadera bez ruku i nogu.

Bila je to svojevrsna igra. Ako moj zemljak Rasel Krou može sam da izvodi opasne poduhvate u svojim filmovima mogu to i ja, zar ne? No, njega Džordž Snažni nije nikada kotrljao po plaži kao loptu. Pravi kaskader i glumac, Met Olmen, igrao je tu ulogu u *Leptirovom krugu*. U jednoj sceni me Met u ulozi Džordža podiže i baca u neko jezerce. Met je bio vrlo nervozan zbog te scene, a trebalo je da i ja budem malo zabrinutiji.

Snimali smo na prirodnom jezeru u planinama Sen Gebrijel u kalifornijskoj pustinji. Voda je bila hladna, ali to nije bilo ono najgore. Na snimanju sam slučajno upao u vodu i svi su se uplašili da sam se udavio, ali sam se ja ubrzo pojavio na površini i zadivio prisutne svojom plivačkom veštinom.

Džordž Snažni se toliko oduševio mojim poduhvatom da me je podigao uvis i ponovo bacio u vodu, pa sam se skoro udavio zbog njegove radosti.

Met se stalno plašio da će me prejako baciti, ili da ću odleteti predaleko. Bio je prilično plašljiv u našim prvim pokušajima bacanja, ali je voda na tom mestu bila duboka samo metar. Režiser Džošua Vigl ga je hrabrio da me jače odbaci, pa sam, na kraju, izleteo iz njegovih ruku kao torpedo. Plašeći se da ne udarim leđima o visoku stenu izvio sam se u letu, i to me je spaslo. Kad sam naglo pljusnuo u vodu i potonuo, to uopšte nije bila gluma. Svi su se iskreno obradovali kada sam posle toga izronio, a naročito Met.

Još rizičnije su bile neke scene penjanja uz liticu, u kojima je trebalo da se popnem na visinu trećeg sprata ispred „zelenog ekrana." Visio sam, zakačen za konopce, i doživeo nekoliko zastrašujućih trenutaka. Naravno, imao sam i profesionalne kaskadere kao savetnike. Oni su postavljali sigurnosne mreže i sve nadgledali, pa su mi i najteži delovi filma bili prilično zabavni.

Činjenica je da povremeni fizički rizik – planinarenje, surfovanje i skijanje na dasci mogu da vas stimulišu i navedu da osetite da ste puni života. Deca, a i odrasli, često igraju neke rizične igre; to znači i da rizikujete da ispadnete smešni dok se ponašate kao osmogodišnjak.

ŽIVOTNE IGRE

Doktor Stjuart Braun, psihijatar i osnivač Nacionalnog instituta za igru, smatra da je igra svojstvena ljudima i da zanemarivanje tog prirodnog nagona može biti, isto tako, opasno, kao i izbegavanje sna. Proučavao je ponašanje osuđenika na smrt i serijskih ubica i zaključio da većina njih nije imala normalno detinjstvo ispunjeno igrom. Suprotnost igri nije rad, već depresivno ponašanje, tako da se igra može smatrati našim sredstvom za preživljavanje.

NIK VUJIČIĆ

Rizične igre, kao što je tuča i rvanje, pomažu deci i odraslima da razviju društvenu, kognitivnu, emocionalnu i fizičku spretnost, smatra doktor Braun; on tvrdi da i preduzeća treba da prave pauze za igru za svoje radnike, umesto što u radno vreme ubacuju pauze za fizičku rekreaciju radnika.

Znam neke ljude koji su u mladosti jurili za priznanjima i novcem, da bi, znatno kasnije, spoznali da su na celom svom životnom putu imali vrlo malo radosti. Nemojte dozvoliti da vam se to desi! Radite ono što morate da biste opstali, ali se bavite što češće i onim što volite.

Strašno je to što ljudi ponekad zapadnu u takvu apatiju i borbu za preživljavanje da zaborave na kvalitet svakodnevnog života. Ravnotežu te vrste ne možete ostaviti za „neki naredni dan." Zato ne zaboravite da se povremeno zabavite igrama koje će vam pomoći da zaboravite na mesto i vreme.

Studije pokazuju da potpuno prepuštanje omiljenoj zabavi, bila to igra Monopol, slikanje pejzaža ili trčanje na maratonskim trkama, možda nije recept za sreću, ali je, svakako, nešto što nas dovodi u stanje vrlo blisko sreći. Ja često zapadam u to „lebdeće" raspoloženje i odlazim na pecanje koje je moja omiljena zabava.

Roditelji su me prvi put poveli na pecanje kada sam imao šest godina. Majka mi je pomogla da nanižem kukuruzna zrna na udicu kao mamac. Bacila je udicu u vodu, a ja sam držao najlon nožnim prstima. Bio sam odlučan pecač i smatrao da mogu da nadmudrim ribu. Pre ili kasnije neka će zagristi moj mamac – bio sam čvrsto rešio da ne odem kući dok ne upecam lepu, veliku ribu.

Moja strategija bila je vrlo dobra. Neka riba, duga preko pola metra, najzad je zagrizla moj mamac – verovatno joj je dosadilo da gleda kako se moja mala senka stalno leluja iznad vode. Kada je ta ribetina zgrabila mamac i dala se u bekstvo, istrgla je i nit koju sam držao nožnim prstima i to me je gadno zabolelo. Tada sam uradio nešto vrlo pametno. Seo sam na najlon, koji mi je, doduše, odrao zadnjicu dok je riba i dalje vukla.

„Upecao sam ribu! Au, ala me boli zadnjica, ali ipak sam je upecao!"

Moji roditelji i brat od tetke dotrčali su da mi pomognu da izvučemo ribu – ispostavilo se da je velika skoro koliko i ja. Ja sam toga dana upecao najveću ribu i sav moj bol se isplatio. Posle toga sam se doživotno zagrejao za pecanje.

Više ne pecam najlonom i udicom. Savladao sam tehniku štapa i čekrka, pa me više ne boli zadnjica. Kada riba zagrize, stegnem štap između ramena i brade i vučem najlon zubima, popuštajući ga malo kada je neophodno. Tako istovremeno čistim zube i pecam.

SKLONOST KA MUZICI

Ako mislite da je pecanje čudan hobi za mene, šta mislite kako tek ljudi reaguju kada im kažem da sam u srednjoj školi bio ne samo bubnjar već i dirigent našeg orkestra. U mladosti sam, naime, dobro naučio neke perkusionističke tehnike. Svake nedelje uveče sam u našoj crkvi ređao i prelistavao pesmarice sa himnama. Udarao sam ritam himni stopalom dok je crkveni hor pevao. Ja sam potomak duge loze bubnjara, a imam i rođaka Jana Pesulu, koji je glavni bubnjar u našem crkvenom orkestru. Imam prirodni osećaj za ritam, pa su mi stričevi i njihovi prijatelji iz crkve nabavili bubnjeve marke Roland. Zahvaljujući njima postao sam čovek-orkestar bez udova. Počeo sam da vežbam na dobošima, a kasnije sam prešao na složenije instrumente.

Crkveni pijanista, orguljaš i bubnjari pozvali su me da im se pridružim i budem deo orkestra. I sada udaram u bubnjeve, ali sam dopunio svoj komplet programom Mek Kejs, pa koristim i sintesajzer i elektronsku gitaru. Muzika na mene zaista deluje kao melem na dušu. Kada sviram ili slušam muziku mogu satima da lebdim na njenim talasima.

Moja sklonost za muziku iskazala se i učešćem u nekim džez sastavima u srednjoj školi. Vrhunac moje muzičke karijere bio je period kada sam u školi sam nosio teret celog orkestra. To ne biste očekivali od nekoga u mom stanju. To je baš *smeeeejurija*, zar ne?

Naš profesor muzičkog imao je neke zdravstvene probleme i nije mogao da nam drži probe, pa sam se dobrovoljno prijavio da dirigujem orkestrom od šezdeset svirača. Znao sam dobro sve pesme koje smo svirali, stao pred mlade muzičare i dirigovao pokretima ramena. Moram da napomenem da je naš orkestar toga dana „smešno" dobro svirao.

ZAKLJUČAK O SMEŠNOM I ZABAVNOM

Mali broj ljudi zna šta nam je Bog namenio svakog dana, meseca, godine, ili uopšte u životu. Ipak, svako od nas može da stremi svome cilju, posveti se onome što voli i uživa u bezbrižnom prepuštanju zaboravu i veselom entuzijazmu. U ovom poglavlju sam vam ispričao svoje doživljaje u avionskom prtljažniku i vožnju na aerodromskoj traci za prtljag, ronilačke i kaskaderske avanture, iskustva sa pecanja i detalje iz moje bubnjarske i dirigentske karijere. Sada vas pitam: „Da li i vi možete da se ponašate slično meni koji sam, ovako nesavršen, ipak, uspeo dobro da se zabavljam i u potpunosti uživam u životu?"

Živite slaveći Boga i nemojte uludo potrošiti ni mrvicu energije niti odbaciti svest o tome da ste jedinstveni. Budite i smešni, ako tako treba, pa ćete postati smešno srećni.

Davanje kao misija

Kada sam imao dvadeset godina odlučio sam da odem u Južnu Afriku, na dvonedeljnu turneju koju mi je ugovorio jedan tada sasvim nepoznat čovek. Moji roditelji nisu bili baš oduševljeni – brinuli su za moju bezbednost i zdravlje, a i plašili su se da ćemo potrošiti previše novca. Zamislite to! Džon Pingo je video jedan od mojih prvih DVD snimaka i pozvao me kao gosta u svoju misiju, kao i da držim govore najugroženijim stanovnicima njegove zemlje. Preko crkvene mreže Doksa Deo ugovorio mi je nastupe u školama i sirotištima.

Pisao mi je, zvao me i slao elektronske poruke sa pozivima da dođem u njegovu zemlju. Tolika upornost me je, na kraju, dirnula. Dok sam odrastao često me je mučilo pitanje budućnosti, ali sam retko kada pokušavao da preduzmem nešto, osim molitve i učinim nešto dobro za druge. Što sam više bežao od svojih problema gore sam se osećao, ali sam se malo ohrabrio kada sam promenio tok misli i rešio da se posvetim drugima, a to me je navelo i da shvatim da niko ne mora da se zlopati bez reči.

Bez obzira na to da li imate mnogo ili malo da ponudite drugima, setite se da su sitne ljubaznosti ponekad, isto tako, važne kao i neka značajnija pomoć. Ako pomognete samo jednoj osobi, već ste time učinili veliku stvar, jer mala ljubaznost može pokrenuti lanac sličnih postupaka, a ishod će biti stostruko veći učinak od početnog. Koliko puta vam je neko učinio uslugu, a vi ste iz zahvalnosti pomogli nekome drugome?

Mislim da je deo naše bogomdane prirode da negujemo takvo ponašanje.

Već sam napomenuo da me je jedan običan ljubazan komentar školske drugarice ispunio samopouzdanjem u trenutku kada sam se osećao beskorisno i nepoželjno. Ona me je podstakla da poverujem da možda, ipak, nešto vredim i da mogu i drugima da ponudim neku vrstu pomoći; danas to i radim – širim reči Božje ljubavi među siromašnim i ugroženim ljudima širom sveta. Ljubazna reč jedne devojčice narasla je u nešto neuporedivo veće.

Ako mislite da biste više pomogli ljudima kada biste bili imućniji, savetujem vam da uradite ponešto korisno svakoga dana. Nisu važni samo novčani prilozi. Šta god da vam je Bog dao, podelite to sa drugim ljudima. Ako ste vešt drvodelja, ili znate neku drugu zanatsku veštinu, ponudite pomoć svojoj crkvi, nekoj dobrotvornoj organizaciji, žrtvama nepogoda na Haitiju ili nekom sličnom mestu. Ako znate da šijete ili lepo pevate, ako ste dobar računovođa ili automehaničar, postoji mnogo načina da primenite i proširite svoje znanje.

Jedan učenik iz Hong Konga mi je, uz napomenu, da bogatstvo i siromaštvo nisu od presudnog značaja, nedavno poslao elektronsko pismo sledećeg sadržaja:

Imao sam mnogo sreće u životu, ali sam se često osećao beskorisno i mučio me je strah. U srednjoj školi sam se plašio početka školske godine zbog priča koje sam čuo od starijih đaka. Jednog od prvih dana u srednjoj školi pridružio sam se pokretu Humanost na delu i imao sam sreće da naiđem na sjajnog profesora, koji nam je objasnio da ne treba da se ponašamo kao razred, već kao porodica.

Vremenom smo naučili mnogo toga i prisustvovali nekim važnim događajima u svetu, recimo genocidu u Ruandi 1994. godine, kao i pokoljima u Darfuru, u Sudanu. Moji drugovi iz razreda i ja upoznali smo nešto što nam je do tada bilo nepoznato: strasnu posvećenost cilju. Želeli smo da pomognemo lju-

dima da shvate šta se događa u Darfuru, mada niko nije očekivao veliku pomoć od četrnaestogodišnjaka; ipak smo uspeli da pokažemo ljudima da smo mi drugačiji od naših vršnjaka i da možemo da pomognemo.

Putovali smo po svetu sa našom predstavom o događajima u Darfuru. To angažovanje nam je ispunilo dušu i um. Zahvaljujući takvom stavu postigli smo nešto što su mnogi smatrali nemogućim – prikupili smo dovoljno novca da ugroženom stanovništvu Darfura pošaljemo osnovne namirnice.

To su vrlo mudre reči za jednu tako mladu osobu, zar ne? Želja da pomažemo drugima verovatno je najveći Božji dar. Siguran sam da su stanovnici Darfura zahvalni za svaku stvarčicu, malu ili veliku, koju su dobili. Zadivljujuća moć Božja iskazala se na delu i bilo je jasno da je naša spremnost da pomognemo bila važna isto koliko i sposobnost da nešto učinimo. Bog deluje kroz našu želju da pomognemo drugima. Znate li na koga možete uvek da računate kada jednom počnete da se bavite dobrotvornim radom? Na Boga. U Bibliji piše: „Kroz Hrista koji mi daje snagu sve mi je moguće."

Šta god da želite sebi, uradite to za druge. Ako svakog dana pokažete makar i malo saosećanja, osetićete da vaše brige i razočaranje nestaju. Nemojte očekivati nagradu za svoja dobra dela – ona su sama po sebi nagrada.

Ja se zalažem za bezuslovnu plemenitost, kojom slavimo Boga i umnožavamo njegove blagoslove. Verujem i da će vam se dobro, koje činite drugima, na neki način vratiti. Ako nemate prijatelje, sprijateljite se sa ljudima. Ako ste imali loš dan, ulepšajte dan nekome. Ako ste povređeni, utešite nekoga.

Ni ne sanjate koliko dobra možete učiniti nekim malim ljubaznostima. Mali krugovi na vodi mogu se pretvoriti u snažne talase. Ona moja drugarica koja je videla da sam tužan zato što me zadirkuju i kazala mi da lepo izgledam ne samo da je ublažila moje muke, već je i zapalila iskru koja je pokrenula celu moju karijeru i misiju pomaganja ljudima širom sveta.

ŽELJA DA SE POMOGNE LJUDIMA

Ne brinite o tome da li i koliko možete pomoći drugima. Samo se potrudite da to uradite i znajte da će te sitne ljubaznosti narasti i umnožiti se preko svih vaših očekivanja. Kao onaj učenik iz Hong Konga koji mi je poslao elektronsko pismo, poželeo sam da odem u Južnu Afriku, i ta je želja sve više jačala sa novim pismima Džona Pinga i novim informacijama koje sam dobijao.

Tri nedelje sam se molio za taj put. Posle toga sam osetio da zaista treba da otputujem. Želeo sam da ljude inspirišem da žive slobodno, a učinilo mi se da će to biti dobar prvi korak na mom putu ka misionarstvu. O Južnoj Africi sam znao vrlo malo, a do tada nisam nikuda putovao bez roditelja. Otac mi je imao neke prijatelje u toj zemlji, i posle razgovora sa njima nije bio ubeđen da treba da putujem u tu zemlju. Oni su mu kazali da su nasilje i kriminal veliki problemi Južne Afrike i da se putnici izlažu opasnosti od napada i pljačke, a ponekad dođe i do ubistva.

„Nije bezbedno putovati u tu zemlju, Nik", kazao je moj otac. „Ne poznaješ toga Džona Pingoa. Kako možeš imati poverenja u njega? Kako ćete voditi po celoj zemlji?"

Moji roditelji zaista imaju malo sedih vlasi, što je pravo čudo s obzirom na sve moje tvrdoglave postupke, ispade i avanture. Kao i svi roditelji, uvek su se ponašali veoma zaštitnički. Imajući u vidu moj invaliditet, smatrali su da treba više da brinu za mene nego drugi roditelji za svoju decu. No, ja sam se izborio za ostvarenje svojih želja i rešio da postanem evangelista i govornik koji inspiriše slušaoce.

Kada sam pomenuo put u Južnu Afriku njihova prva misao bila je moja dobrobit, ali i finansijska korist. Upravo sam bio kupio na kredit svoju prvu kuću, pa su mislili da je važnije da otplaćujem rate nego da lutam po svetu.

Još više su se zabrinuli kada sam im najavio da nameravam da (1) odvojim više od 20.000 dolara sopstvene ušteđevine za južnoafrička sirotišta i (2) povedem mlađeg brata sa sobom.

Kada danas sagledam situaciju iz njihovog ugla, shvatam koliko su morali biti zabrinuti. Međutim, ja sam bio čvrsto rešen da ostvarim taj plan. U Bibliji piše: „Ako neko poseduje materijalna dobra, vidi da mu je bližnji u nevolji i ne smiluje mu se, kako može zaslužiti ljubav Božju?" Želeo sam da svoju veru prenosim drugima. Mada sam invalid, osećao sam da u sebi nosim mnogo vere i da je došao čas da krenem prema konačnom cilju.

Morao sam dugo da ubeđujem roditelje da ne treba da brinu zbog moje bezbednosti. U početku čak ni moj mlađi brat nije bio očaran idejom o tom putovanju; kada sam ga prvi put pitao on je glatko odbio moj poziv, jer je čuo mnoge izveštaje o nasilju u Južnoj Africi, a i izjavio je da ne želi da ga pojedu lavovi. No, ja sam i dalje navaljivao, ubeđivao ga i pokušavao da mu objasnim sve o lavovima. Zatim sam pozvao dvojicu mladih rođaka da pođu sa mnom na taj put, ali je jedan od njih takođe odbio. Tada je Aron shvatio da je njegova dužnost da pođe sa nama i da mi pomaže. Roditelji i ja smo se dve nedelje molili za uspeh tog puta i, najzad, su pristali na moj plan. Bili su i dalje zabrinuti, ali i puni vere. Smatrali su da će Bog brinuti o nama.

U SLUŽBI ČOVEČANSTVA

Kada smo, posle dugog leta, stigli u Južnu Afriku, domaćin nas je kao što nam je i obećao, dočekao na aerodromu, ali sam se ja malo zbunio, jer sam, iz nekog razloga, zamišljao Džona Pinga kao postarijeg gospodina; ne baš kao vršnjaka svojih roditelja, ali, svakako, kao osobu tridesetih godina.

Ispostavilo se da on ima samo devetnaest godina. Bio je mlađi čak i od mene.

Možda ovo nije bila najbolja ideja, pomislio sam kad sam ga ugledao na aerodromu. Ispostavilo se da je Džon veoma zreo i sposoban mladić, koji mi je pokazao da postoji siromaštvo o kakvom nisam ni sanjao. Rekao mi je da ga je moj život, pošto je video moj DVD, veoma inspirisao, a ja sam shvatio da je njegova životna priča, isto tako, uzbudljiva kao moja, a vera, svakako, jača od moje.

Odrastao je na stočarskoj farmi u Republici Oran u Južnoj Africi. U detinjstvu se družio sa problematičnom decom, ali je kasnije postao priježan hrišćanin i osnovao malu prevozničku firmu. Bio je zahvalan Bogu što ga se setio i pomogao mu da se promeni.

Džon je imao toliko vere u uspeh mojih govora koji treba da podstaknu veru i nadu u ljudima, da je prodao svoj auto da sakupi novac za našu turneju po školama, sirotištima i zatvorima. Pozajmio je od tetke njen plavi kombi da bi me odvezao u Kejptaun, Pretoriju i Johanesburg, kao i u neka manja mesta između tih gradova.

Bio je to vrlo naporan program, pa smo uglavnom spavali četiri do pet sati dnevno. Upoznao me je sa mnogim ljudima i pokazao mi razna mesta koja su uticala na trajnu promenu mojih stavova. Shvatio sam šta želim da radim do kraja života – da širim poruke ohrabrenja i nade po celom svetu.

Aron i ja smo do tada verovali da smo svašta videli u Australiji i za vreme našeg kratkog boravka u Kaliforniji. No, na tom putovanju smo shvatili da smo prave bebe bez iskustva. To smo uvideli čim smo krenuli sa aerodroma i zašli u predgrađa Johanesburga. Aron je na jednom mestu ugledao znak na kome je pisalo: „Područje razbojništva i pljačke".

Pogledao je našeg vozača: „Džone, šta znači onaj natpis?"

„O, pa znači da će vam na tom području, svakako, obiti auto i pobeći sa opljačkanim stvarima," mirno je odgovorio Džon.

Zaključali smo sva vrata kombija i osvrnuli se unaokolo. Videli smo da ljudi u tom kraju žive u kućama okruženim visokim betonskim ogradama, sa bodljikavom žicom na vrhu. Neki ljudi koje smo upoznali tih prvih dana pričali su nam kako su ih napadali i pljačkali, ali smo, na kraju, zaključili da je Južna Afrika, ipak, manje opasna nego neki drugi krajevi sveta u kojima vlada siromaštvo i kriminal.

Aron i ja smo se, zapravo, zaljubili u Južnu Afriku i njene ljude. Bez obzira na sve probleme, stanovnici te zemlje su divni ljudi, puni nade i radosti. Nikada do tada nismo videli takvo siromaštvo i očaj i toliko neobjašnjive radosti i neosnovane nade kao u toj zemlji.

Sirotišta su bila dirljiva i inspirativna mesta. Posetili smo jedno od njih, u kome su okupljena deca pronađena u kantama i kontejnerima za đubre ili na klupama u parku. Većina te dece bila je bolesna i neuhranjena. To nas je tako potreslo da smo se narednog dana vratili sa picama, bezalkoholnim pićima, igračkama, fudbalskim loptama i drugim sitnim poklonima. Deca su bila oduševljena.

Videli smo i decu sa otvorenim ranama koje izaziva opasna bakterija, kao i decu i odrasle koji umiru od SIDE i porodice koje žive od danas do sutra, tragajući za hranom i pitkom vodom. Da bismo sve bolje sagledali morali smo da osetimo miris smrti iz neposredne blizine i posetimo mnoge jadnike u agoniji i na samrti, što je bilo vrlo otrežnjujuće iskustvo. Nikada nisam video toliko siromaštva i patnje. Bilo je to mnogo gore od bilo čega što sam ikada pretrpeo i učinilo mi se da sam, u poređenju sa njihovim, vodio ugodan život. Bio sam pun želje da nešto preduzmem i spasem sve koje mogu, a istovremeno sam osećao gnev što uopšte postoji takva patnja i što se ništa ne menja nabolje.

Otac nam je često pričao o svom detinjstvu u Srbiji, kada su za večeru imali komadić hleba, čašu vode i kocku šećera. Njegov otac, moj deda, bio je berberin. Radio je u jednom finom frizerskom salonu, ali je otpušten kada su komunisti došli na vlast a on odbio da postane član Komunističke partije. Bilo mu je teško izvodljivo da otvori svoj salon, jer je stalno bio pod pritiskom komunističkih vlasti. Porodica se selila jednom do dva puta godišnje, a pošto deda, iz verskih razloga, nije smeo da nosi oružje, nastojao je da izbegne poziv za vojsku. Kada se razboleo i nije mogao da radi baka je izdržavala njihovu porodicu sa šestoro dece, šijući po porudžbini.

Borba za život očeve porodice dobila je za mene novo značenje kada sam video svu tu glad i siromaštvo u Južnoj Africi; video sam tugu u očima mnogih majki na samrti i čuo kako im deca plaču zbog bolova u praznim stomačićima. Posetili smo neka predgrađa sa čatrljama u kojima ljudi žive u prostrijama ne većim od ostave, sa novinama zalepljenim na prozore radi izolacije, i bez tekuće vode. Držao sam govor u jednom tamošnjem zatvoru, u kome su se zatvorenici okupili u kapeli i dvorištu ispred nje. Tada smo saznali da mnogi od zatvorenika tek čekaju suđenje, a glavni zločin im je bio dug zelenašima, dovoljno moćnim da ih strpaju u zatvor. Upoznao sam zatvorenika koji je osuđen na desetogodišnju robiju zbog duga od dvesta dolara. Zatvorenici su nam toga dana pevali, a glasovi su im, na tom tužnom mestu, zvučali neobično radosno.

PROMENE

Otputovao sam u Južnu Afriku kao mladić pun sebe, siguran da mogu nešto da promenim u toj velikoj zemlji. Međutim, Južna Afrika je promenila mene.

Kada izađete iz svojih okvira i više se ne pitate kako delujete na ljude, i sami pretrpite neke promene. Osećate se skrušeno. Dobijate inspaciju. No, više od svega preplavi vas osećanje da ste deo nečega mnogo većeg od vas samih. Takođe, shvatite i da možete doprineti opštem dobru. Sve što učinite da nekome poboljšate životne uslove daće novi smisao vašem životu.

Posle prvih nekoliko dana u Južnoj Africi shvatio sam zašto je Džon Pingo bio toliko odlučan kada je nastojao da me dovede da širim poruke vere i nade po njegovoj zemlji. On je video mnogo veću bedu nego ja. Vodio sam veoma sebičan i egocentričan život, shvatio sam u jednom času; zahtevni momak bez ruku i nogu nije mogao ni da zamisli da neko pati više od njega.

Posle tog putovanja nikada više nisam sa istim osećanjem ušao u samoposlugu. Obilje hrane u susednoj prodavnici bilo je nešto nezamislivo siročićima i stanovnicima čatrlja iz Južne Afrike. Čak i danas razmišljam o tom putovanju, na kome sam shvatio da sam razmažen jer uvek mogu da uključim klima-uređaj u uredu, ili popijem dobro rashlađeno piće; takve male udobnosti su u Južnoj Africi prava retkost.

Aron, koji je danas nastavnik matematike i prirodnih nauka u Australiji, još uvek ponekad priča o tom putovanju, na kome smo upoznali tužnu stvarnost. Neki prizori su nas veoma rastužili, ali su nas neki drugi zadivili. Slažemo se da je to bilo naše najlepše putovanje. Vratili smo se kući razmišljajući: *Šta da učinimo da ljudima olakšamo patnju? Kako najviše da doprinesemo? Kako mogu voditi isti način života ako znam da mnogi ljudi toliko pate?*

Ne morate otputovati tako daleko da biste pomogli nekome kome je pomoć potrebna. Put u Južnu Afriku nam je, zapravo, pokazao koliko ugroženih ljudi ima u našoj zajednici i državi. Ima mnogo mesta na kojima možete potrošiti deo svog vremena, znanja i novca: crkve, stacionari, Crveni krst, Armija spasa, skloništa za beskućnike, narodne kuhinje i razne akcije prikupljanja hrane. Što god da učinite nekome ćete pomoći: možete uložiti novac, vreme, znanje, a i uključiti u akciju prijatelje i saradnike.

Moje prvo putovanje u Južnu Afriku toliko me je podstaklo na misionarski rad da sam tamo ostavio dobar deo svoje ušteđevine, odnosno sumu od 20.000 dolara. Danima smo kupovali poklone za siročiće, hranili ih, donosili im knjige, krevete i posteljinu. Nabavili smo im i televizore i DVD plejere i dali donacije za desetak dobrotvornih organizacija.

Ta suma mi je i danas prilično velika, ali kada se setim svega toga požalim što nisam imao da im dam i više. Saznanje da smo pomogli ljudima na raznim mestima ispunilo me je srećom više nego što sam mogao da zamislim. Moja majka nije bila najsrećnija kada sam se iz Južne Afrike vratio sa ispražnjenim računom, ali je uvidela da me je to putovanje izuzetno duhovno obogatilo.

KAKO NASTAJU ČUDA?

Jedna od najdirljivijih i najnezaboravnijih scena sa puta po Južnoj Africi dogodila se za vreme mog govora u nekoj crkvi. U njoj se okupilo nekoliko stotina bolesnih, invalidnih i umirućih ljudi, očekujući čudo isceljenja. Našalio sam se na temu svog nedostatka udova da bih malo „probio led", ali se u toj crkvi niko nije nasmejao mojoj šali. Nije im bilo do šale. Očekivali su isceljenje. Želeli su da se desi čudo.

Svake večeri su u tu crkvu dolazili nesrećnici sa gipsanim kragnama, na štakama i u invalidskim kolicima, nadajući se čudu. Dvoje ljudi, bolesnih od SIDE, ležalo je na dušecima na sredini crkve. Neki su hodali po četiri do pet sati da stignu dotle. U dnu crkve stajale su štake i kolica koja su navodno ostavili ljudi koji su ranije bili izlečeni. Brat i ja smo pričali sa nekim čovekom čija je jedna noga bila dva puta deblja od druge. Bio je u agoniji, ali je došao u crkvu pešice, očekujući izlečenje.

Svako od nas nekada poželi da izleči one koji trpe bolove. Ja sam se dugo molio za čudo koje će mi dati ruke i noge. No, moja molitva nije bila uslišena, a to važi i za većinu ljudi koje smo sreli u toj južnoafričkoj crkvi. To ne znači da se čuda ne događaju. Možda će i moj život jednoga dana neko okarakterisati kao čudo, s obzirom na činjenicu da sam često govorio pred tolikim ljudima i prenosio im reči vere i nadahnuća. Činjenica je da je jedan Australijanac srpskog porekla bez ruku i nogu pozivan da govori pred državnim vođama Kostarike, Kolumbije, Egipta i Kine nije baš malo čudo. Upoznao sam i patrijarha Šenudu, poglavara koptske crkve, kao i velikog imama šeika Mohameda Sajeda Tantavija, da ne pominjem poglavare Crkve svetaca sudnjeg dana. Moj život najbolje potvrđuje da postoje samo one granice koje čovek sam sebi nameće.

Živeti slobodno za mene znači spremnost da date nešto drugima – nešto što im može olakšati život. Čak i sitne ljubaznosti, ili nekoliko dolara, ponekad mogu biti vrlo značajni. Posle katastrofalnog zemljotresa na Haitiju 2010. godine, američki Crveni krst je vrlo brzo organizovao program pomoći postradalima. Svako ko je želeo mogao je da pošalje sumu od deset dolara preko mobilnog telefona na broj 90999, sa naznakom „ za Haiti."

Ne čini vam se da je deset dolara neka naročita suma, ali njeno slanje ne zahteva veliki napor. To je mali gest dobročinstva. No, ako ste učestvovali u tome, svakako ste doprineli poboljšanju nečijih uslova života. Kada sam poslednji put proveravao, dobio sam podatak da je preko tri miliona lica uplatilo po deset dolara za Haiti, porukom preko mobilnog telefona. Crveni krst je, dakle, prikupio preko 12 miliona dolara za pomoć postradalim Haićanima.

POMOZITE LJUDIMA RADEĆI ONO ŠTO VOLITE

Moja neprofitna organizacija *Život bez udova* prikuplja priloge za više od deset dobrotvornih organizacija, kao što je Fondacija hrišćanske apostolske crkve, šalje priloge misionarima, sirotištima i crkvama, kao i *Bombajskom centru za pomoć tinejdžerima*, o kome sam već pisao. Ja sam i poslovni partner organizacije *Džoni i prijatelji*, koja distribuira invalidska kolica i druga pomagala onima kojima su neophodna.

Radite, dakle, ono što volite, ali tako da od toga i drugi imaju koristi. Ako igrate tenis, vozite bicikl ili volite da plešete, pretvorite nešto od toga u dobrotvornu akciju. Održite teniski turnir, biciklističku trku ili plesački maraton, a prihod dajte lokalnim dobrotvornim organizacijama, školskim klubovima, ili nabavite odeću za siromašnu decu.

Hilari Lister, recimo, voli jedrenje. U trideset sedmoj godini života odlučila je da oplovi Britansko ostrvo. Planirala je da plovi četrdeset dana i prikupi novac za svoj dobrotvorni fond, *Hilarin trast snova*, koji pomaže invalidima da nauče da jedre. Ona veruje da jedrenje jača duh i samopouzdanje invalida.

Hilarina vera u lekovito dejstvo jedrenja zasnovana je na njenom iskustvu, jer je od petnaeste godine paralizovana usled teškog neurološkog oboljenja. Ta kvadriplegičarka je, ipak, uspela da diplomira na Oksfordu i upravlja brodom pomoću specijalne opreme izrađene na principu duvanja u slamke. Jedna slamka je povezana sa polugom a druga sa točkom krme, te je Hilari, krmaneći po tom principu, bila prva kvadriplegičarka koja je preplovila Lamanš i oplovila Britansko ostrvo.

JEDNO PO JEDNO

Dve godine posle zanimljivog puta i iskustva u Južnoj Africi, pozvali su me da držim govore u Indoneziji. Poziv je stigao elektronskom poštom, a uputio mi ga je gospodin Han-Han, koji živi u Pertu. On je Australijanac kineskog porekla i pastor u jednoj indonežanskoj crkvi u Australiji.

Pozvao sam ga čim sam dobio poziv i satima smo telefonom razgovarali o njegovom pozivu. Rekao je da sam u Indoneziji stekao renome propovednika zahvaljujući internetu i DVD snimcima. Ponudio mi je turneju na kojoj bih svakog vikenda govorio desetinama hiljada ljudi. Roditelji i ja smo se neko vreme molili i, najzad, su se saglasili da odem na taj put.

Nikada mi nije previše putovanja i upoznavaja nepoznatih delova sveta, susreta sa raznim ljudima i novim vrstama hrane. Han-Han mi je napravio veoma naporan raspored govora, pa sam počeo da brinem zbog vremenskog tesnaca, a onda sam shvatio da pomoćnik kojeg mi je odabrao ne zna engleski. Jezička barijera je sama po sebi predstavljala veliki problem, a onda sam dobio i neko stomačno virusno oboljenje. Pomoćnikovo nepoznavanje engleskog i moj nedostatk ruku i prstiju kojima bih mu barem nešto pokazao doveli su nas, na tom putovanju, u neke vrlo nezgodne situacije.

Moji domaćini su upriličili veliku svečanost da bi proslavili moj dvadeset treći rođendan, ali moj stomak i ja nismo bili sposobni za slavlje. Trpeo sam takve bolove da sam u jednom trenutku počeo da molim Boga da mi pomogne. Kad sam to uradio, prikazao mi se Isus na krstu, a bol je malo popustio. Zahvalio sam Bogu i lepo proveo ostatak večeri. Narednog dana me je pregledao lekar i dao mi lekove, pa se moje zdravstveno stanje znatno popravilo pre povratka u Australiju.

Nekoliko godina posle toga Han-Han me je pozvao da ponovo gostujem u Indoneziji. Tom prilikom sam poveo svog pomoćnika i pio samo flaširanu vodu bez leda. Indonežanski biznismen Pa Čokro organizovao je moje govore pred skoro četrdeset hiljada ljudi, na stadionima u pet indonežanskih gradova. Prenosila ih je i televizija.

Jednog nedeljnog jutra, pošto sam održao tri govora u crkvi, napravili smo malu pauzu do predviđenih večernjih događaja. Bio sam umoran i gladan i rešio da treba nešto da pojedem. U blizini smo pronašli neki kineski restoran i otišli tamo sa grupom lokalnih sponzora i lidera. Ušli smo u restoran, a mene je nosio moj pomoćnik Von.

To nije bio neki pomodni lokal, već obična prostorija sa betonskim podom i drvenim stolovima i stolicama. Čim smo posedali, na vratima se pojavila neka devojka, koja se odjednom uhvatila za dovratak. Plakala je i obraćala mi se na indonežanskom jeziku. Nisam imao pojma šta mi govori, ali sam video da pokazuje na mene i da joj je potreban zagrljaj.

Činilo se da su ljudi oko mene bili dirnuti onim što je kazala. Zatim su mi preveli da je ta devojka, Ester, odrasla u gradskom naselju limenih i kartonskih straćara. Ona je sa majkom, bratom i sestrom kopala po đubrištu u potrazi za hranom i komadima plastike koje su nosili u pogon za reciklažu. Čvrsto je verovala u Boga, ali je, kada ih je otac napustio, pala u očajanje i poželela je da se ubije. Mislila je da takav život ne vredi ništa.

Razmišljala je, dakle, o ocu i želela da izvrši samoubistvo. Zatim se molila i priznala Bogu da više ne želi da ide u crkvu. No, baš toga dana je njihov pastor prikazao jedan moj DVD u crkvi. To je bila jedna od 150.000 kopija mojih DVD-a koje kruže po crnom tržištu. Bog deluje i preko crnog tržišta, a Ester se u to uverila i može da potvrdi.

Preko prevodioca mi je objasnila da ju je moj DVD naterao da prestane da očajava. Osetila je da postoji nada i da i ona ima neki cilj u životu. Kazala je: „Ako Nik može da veruje u Boga, onda to mogu i ja." Molila se i postila šest meseci a zatim je našla posao baš u tom kineskom restoranu u koji smo slučajno ušli.

Pošto sam saslušao njenu priču zagrlio sam Ester i upitao je šta planira. Mada je imala malu platu i radila četrnaest sati dnevno, kazala je da želi da bude dečji propovednik. Nameravala je da pohađa neku vrstu bogoslovije, mada nije znala kada će to moći da ostvari. Stanovala je u restoranu i spavala na podu jer nije mogla da plaća pravi stan.

Samo što nisam pao sa stolice kada sam to čuo. Nisam više osećao želju da tu ručam. Mučila me je misao na devojku koja spava na podu. Podsticao sam je da nađe smeštaj i radi na ostvarenju sna da postane dečji propovednik.

U našoj grupi bio je i jedan pastor. Kada se Ester vratila svome poslu kazao mi je da je lokalna bogoslovija vrlo skupa i da postoji lista čekanja za godinu dana unapred, kao i da se polaže vrlo težak prijemni ispit, koji malo ko uspe da položi.

Preda mnom se ubrzo našao tanjir ukusne hrane koja se pušila, ali sam potpuno izgubio apetit. Mislio sam na devojku koja spava na podu. Dok su ostali molili molitvu zahvalnosti za obed, ja sam se molio za Ester. Pastor koji je sedeo kraj mene kazao mi je da bi njegova crkva mogla da obezbedi smeštaj i nabavi neke potrepštine za Ester ako bih im ostavio izvesni depozit kao pokriće. Upitao sam da li bi u tom slučaju ona mogla da plaća svoju stanarinu i on mi je to potvrdio. Bio sam vrlo uzbuđen i hteo sam da joj sve to lično saopštim, ali je jedan od biznismena za našim stolom izjavio da će on dati depozit za Ester.

Objasnio sam mu da, svakako, želim da uradim ono što sam obećao, ali i da cenim njegovu ponudu.

Onda se javio još jedan čovek iz naše grupe i rekao: „Ja sam upravnik bogoslovije. Pozvaću Ester da polaže prijemni ispit još ove nedelje, a ako položi obezbediću joj stipendiju."

Tako se, pred mojim očima, ostvarivao Božji plan. Ester je dobila svih sto od sto mogućih poena na prijemnom ispitu. U novembru 2008. je diplomirala. Sada vodi grupu učenika koji se školuju za dečje propovednike u jednoj od najvećih indonežanskih crkava i planira da otvori sirotište u svojoj opštini.

Kroz celu ovu knjigu napominjao sam da pravilno usmerenje ima veliku snagu. To pokazuje Esterin primer. Ona je imala vrlo jasan cilj i jaku veru u Boga. To usmerenje i vera stvorili su oko nje pravo magnetsko polje, koje je, na kraju, privuklo mene i našu grupu i navelo nas da joj pomognemo da ostvari svoj san.

SNAGA USMERENJA I VERE

Osećao sam se ništavnim pored Ester, njene plemenite ambicije i nepokolebljive nade u bolji život, vere u Boga, ljubavi prema sebi, pozitivnog stava, neustrašivosti i istrajnosti, spremnosti na rizik i sposobnosti da deluje na druge ljude.

Njena priča me je zadivila i inspirisala. Nadam se da je i na vas tako delovala. Želim da ovom knjigom zapalim plamen nade i vere u svima vama, tako da i vi možete da živite slobodno. Vaše životne okolnosti su, svakako, drugačije od mojih. Možda imate zdravstvene probleme, nemate novca, ili vam je propala dosadašnja veza. Ali, ako imate pred sobom jasan cilj, veru u budućnost i rešenost da ne odustanete, svakako, ćete premostiti sve prepreke.

Ester je uspela u tome. Možete i vi. Dok sam odrastao, nedostatak udova mi je izgledao kao nerešiv problem, ali se pokazalo da je taj „invaliditet" u mnogo čemu pravi blagoslov, jer sam zbog njega naučio da hodam Božjim putem.

Možda ćete i vi naići na brojna iskušenja, ali znajte da, kad god osetite slabost, Bog ima dovoljno snage umesto vas. On me je od invalida pretvorio u strasnog govornika koji uliva veru drugima i nastoji da im pomogne da se izbore sa problemima.

Shvatio sam da mi je cilj da svoju borbu pretvorim u učenje koje slavi Boga i inspiriše druge ljude. On me je stvorio kao blagoslov drugim ljudima. Širite dobrotu i dobru volju oko sebe i znajte da će vam se višestruko vratiti. U mnogo čemu Bog deluje u interesu onih koji Ga vole. On voli i vas, baš kao i ja.

Hrišćanima često govore da smo svi „ruke i noge Hristove" na zemlji. Da sam to bukvalno shvatio bio bih vrlo razočaran. Međutim, ja to shvatam kao metaforu i zato Mu služim i nastojim da utičem na što veći broj ljudi, da im prenesem svoje iskustvo i dam primer. Želim da svima prenesem Hristovu ljubav. On je dao život da bismo mi mogli da delimo dobra među sobom. To osećanje me ispunjava radošću, a i vi treba to da osetite. Nadam se da su vam priče i poruke iz ove knjige pomogle i inspirisale vas da pronađete svoj životni cilj, da se ispunite nadom i verom, da volite sebe, da steknete pozitivne stavove, da budete neustrašivi, nezaustavljivi, da prihvatate promene, verujete u ljude i budete spremni da iskoristite prilike, preuzmete rizik i milosrdno se ponašate.

Javite mi se i pošaljite vaše priče ili mišljenja o ovoj knjizi na adrese: NikVujicic.com ili LifeWithoutLimits.org ili AttitudeIs Altitude.com. Imajte na umu i ovo: Bog ima velike planove za vas. Živite svoj život slobodno!

S ljubavlju i verom
Nik

Izjave zahvalnosti

BOGU: Ocu, Sinu i Svetom duhu.

Onima čija srca želim da ispunim ponosom, mome ocu i majci – mnogo vas volim! Hvala vam za sve! Mome bratu i prvom istinskom prijatelju i osloncu u životu, Aronu, kao i snahi Mišel. Mojoj inspiraciji, osobi koja me je terala da sačuvam integritet i postupam najbolje što mogu, dragoj sestri Mišel.

Baki i dedi Vujičić,Vladimiru i Nadi, koji sada počivaju u miru, zato što su me hrabrili da verujem i budem disciplinovan. Baki Anici Radojević, koja uživa u rajskom naselju. Dedi Dragoljubu Radojeviću i njegovoj supruzi Ani, koja me je naučila da ništa ne dodajem niti oduzimam tekstu iz Jevanđelja.

Sa mnogo ljubavi zahvaljujem stričevima i tetkama, braći i sestrama od tetke i strica i drugim članovima porodice. Sačuvaću najlepše uspomene i na Boška i Roja Zunića, Martina Poljaka, Džošuu Zunića, kao i Stiva i Barnija Nenadova.

Zahvaljujem upravnom odboru kompanije *Život bez udova* u SAD – Bati Vujičiću, Dejvidu Prajsu, Denlu Markemu i Donu Mek Masteru, kao i njihovim suprugama i porodicama. Takođe, zahvaljujem i upravnom odboru iste kompanije u Hong Kongu – Ignejšusu Hou i Džordžu Majksu i njihovim porodicama. Zahvalan sam i dobrovoljnim koordinatorima za međunarodnu saradnju preduzeća *Život bez udova*, Nazarenskoj apostolskoj hrišćanskoj crkvi, a posebno misionarskoj grupi *Džoni i prijatelji*, koja je uvek pomagala našim misionarima i meni lično.

Veoma sam zahvalan svojim izdavačkim agentima koji su pokazali izuzetno strpljenje i veru u mene, Janu Mileru i Neni Madoniji iz firme *Dipre, Miler i kompanija* i njihovim saradnicima. Zahvaljujem i svome piscu iz senke, Vesu Smitu, koji je odradio sjajan posao i sklopio sve moje priče u celinu dok smo putovali u razne krajeve. Zahvaljujem *Krunskoj izdavačkoj kompaniji* i svim njihovim saradnicima. Posebno sam zahvalan Mišelu Palgonu, Trejsu Marfiju i Karin Šulce.

Zahvaljujem svim prijateljima koji su mi iskazali mnogo ljubavi, podržali me i molili sa mnom. Zahvaljujem i svim svojim čitaocima. Želim da vam zahvalim na podršci i širenju poruka nade koje ćete preneti svojim prijateljima i članovima porodice. Mnogo vam hvala!

Izvori

UKLJUČITE SE U FILANTROPSKE AKTIVNOSTI

Želim da vas podstaknem da budete kreativni kao Hilari Lister i da nađete načine da pomognete drugima. U poslednje vreme filantropske aktivnosti svode se na male dobrovoljne poduhvate i akcije, kao i na pozajmice malih iznosa, koje vode do uspešnog prikupljanja milionskih dolarskih fondova. Ako imate mobilni telefon i nekoliko slobodnih minuta možete nam se prijaviti za neku kratku dobrovoljnu akciju kojom ćete se založiti za pravednu stvar, ili pomoći nekome kome je to neophodno.

Posebno društveno preduzeće nazvano *Izuzetni (Extraordinaries)* funkcioniše kao profitna organizacija i okuplja sve one koji žele da se aktiviraju u njoj preko mobilnih telefona ili internet mreže. Mnogi ljudi ne mogu ceo dan posvetiti dobrim delima, ali mogu odvojiti poneki minut tu i tamo, dok izlaze iz voza ili autobusa, dok čekaju u redu, ili za vreme pauze na poslu. Adresa te organizacije je: www.beextra.org, a telefonom se možete dogovoriti za kraće dobrotvorne akcije.

Neke od dobrotvornih aktivnosti koje možete ostvariti preko njih nabrojane su u i audio-knjižicama koje se dele invalidima i prevedene su na neke strane jezike; tako im, recimo, možete naznačiti oštećenja na putevima u vašem gradu, navesti vrste ptica iz vašeg okruženja i dostaviti podatke

Orniotološkoj laboratoriji Kornel, proslediti neke slike *Institutu Smitsonijan*, označiti bezbedna mesta za dečju igru ili tražiti reviziju računa troškova nekog kongresa.

Ovo preduzeće zarađuje naplaćujući pojedinim firmama sve aktivnosti svojih mini-volontera, koristeći savremenu tehnologiju i rad velikog broja ljudi, koji malim akcijama doprinose opštem dobru. Ovo je izuzetna vrsta filantropske aktivnosti koja koristi internet i druge mreže da poboljša uslove života na planeti. Navešću vam neke adrese koje vam mogu biti dostupne preko laptopa ili mobilnog telefona.

CAUSECAST.COM

Ovu kompaniju je osnovao tehnološki stručnjak, multimilioner Rajan Skot, da bi preko nje pomogao dobrotvornim organizacijama da smanje troškove skupih transakcija koje umanjuju njihove mogućnosti pružanja pomoći. Preduzeće u tom cilju koristi najnovije metode, recimo, slanje tekstualnih poruka donatora koje se naplaćuju. *Causecast. com* predstavlja vezu između neprofitnih organizacija i kompanija zainteresovanih za marketinške kampanje. Uz program vredan 1,5 milijardu dolara, ovo preduzeće pomaže svim velikim firmama koje žele da se uključe u dobrotvorne akcije i pritom istaknu svoj logo, ili da daju donacije onima kojima su neophodne.

DONORSCHOOSE.COM

Ovo je obrazovni sajt koji podstiče filantropiju građana i prikuplja ponude za pomoć u dobrotvornim akcijama i podatke od nastavnog osoblja na području Severne Amerike, a pomoć se može sastojati od pošiljke olovki za siromašne đake, opreme za hemijske laboratorije, muzičkih instrumenata, knjiga i slično. Na njihovom veb-sajtu možete izabrati

izdavač retkih i neobičnih knjiga

kategoriju pomoći u koju želite da se uključite, kao i iznos koji želite da date. DonorsChoose.org, zatim, nabavlja i šalje potrebni materijal školama. Vama šalju fotografiju vašeg poklona i njegovu primenu u školi, kao i pismo-zahvalnicu nastavnika, a i podnose vam račun sa podacima o utrošku vaših sredstava. Kod većih donacija đaci šalju donatoru pismo sa izrazima zahvalnosti.

AMAZEE.COM

Ova mreža, takođe, promoviše programe pomoći, i to je neka vrsta fejsbuka za filantropske akcije. Podstiče filantrope da učestvuju sa sopstvenim idejama, da angažuju istomišljenike i sakupljaju priloge u akcijama preko mreže. Aktivno rade na pomoći za izgradnju obrazovnog tehnološkog instituta u Šri Lanki i organizuju akcije za finansiranje izgradnje vodovoda u južnoafričkim selima.

GLOBALGIVING.COM

Ova organizacija ima za cilj da poveže donatore zainteresovane za oko sedamsto dobrotvornih programa sa korisnicima pomoći, preko sopstvene mreže. „Pomoć može biti u vidu priloga sirotištima i školama, donacija za žrtve prirodnih katastrofa, ali, u svakom slučaju, reč je o dobrim delima. Povezujemo 'ljude sa dobrim idejama' sa 'plemenitim donatorima' i pomažemo u ostvarenju svih projekata te vrste, a primamo i sve vrste donacija i sve iznose," piše na njihovom sajtu.

Ljudi kojima je potrebna pomoć šalju im spiskove onoga što im treba koje se postavljaju na veb-sajt tako da donatori mogu da odaberu onoga kome žele da pomognu, a pritom organizatori garantuju „da će 85 odsto iznosa svake donacije stići na odredište u roku od 60 dana i biti odmah namenski upotrebljeno."

KIVA.ORG

Ova mreža povezuje ugrožene i one kojima je pomoć potrebna sa potencijalnim zajmodavcima i donatorima koji daju pomoć u malim ratama. Definišu se kao „prvi svetski veb-sajt za direktne mikropozajmice," a oni koji ga pretraže naći će na njemu adrese manjih preduzeća spremnih da daju male zajmove na rok od šest do dvanaest meseci onima koje sami izaberu. Donatori dobijaju elektronska pisma sa izveštajem o primeni sredstava od zajma i izveštaje o otplatama.

Iznosi od po nekoliko dolara mogu biti značajni ako milioni ljudi žele da daju tu vrstu pomoći. Uplate se mogu obaviti preko *Pejpela* ili kreditnih kartica, prvenstveno za iznose od 25 dolara i malo veće.

KINDED.COM

Inventivni filantropi kao što je Denijel Lubrecki iskoristili su sve mogućnosti koje pruža internet, pa je on, recimo, osnovao kompaniju za pomoć u hrani i robi *Peace/Works*, koja nije isključivo usmerena na profit, ima sedište u mojoj rodnoj Australiji i isporučuje sve vrste prirodnih štanglica na bazi žitarica i voća marke Kind.

Lubrecki je osnovao ovu kompaniju da bi podsetio ljude na mogućnost da ljubaznim gestom pomognu drugima, a adresa je Kinded.com. Na sajtu možete naći obrazac i odštampati sami karticu sa njihovim zaglavljem, a kada nekome pomognete ili mu učinite neku ljubaznost, možete toj osobi dati tu karticu, da i ona nekome učini nešto dobro. Kartice su kodirane i mogu se pratiti, tako da preko veb-sajta možete imati uvid u efekte svog dobrog dela.

IFWERANTHEWORLD.COM

Postoje mnoge kreativne zamisli da se pomogne ljudima. Pojavio se jedan novi veb-sajt sa adresom IfWeRanTheWorld. com, koji podstiče pojedince, organizacije i korporacije da čine dobra dela korak po korak. Ako pristupite njihovom sajtu možete dopuniti rečenicu: *Da ja vladam svetom ja bih...* a onda se povezati sa onima kojima se dopala vaša zamisao i žele da rade na njenom ostvarenju.

NEVER CHAINED (BEZ OKOVA)

U mojoj organizaciji *Život bez udova* radimo na jednom sličnom projektu. Stvaramo onlajn sklonište i centar za savetovanje mladih; na taj veb-sajt ljudi mogu postaviti svoje priče o tome kako su stradali i oporavili se i pružiti drugima duhovnu i emocionalnu podršku.

To mi je palo na um pre tri godine kada sam upoznao jednu sedamnaestogodišnju devojku koja je bila silovana. Rekla mi je da nema s kim da priča o tom groznom iskustvu, ali joj je Bog pružio utehu u vidu molitve. Napisala je i pesmu o tome kako je prebrodila krizu, sa željom da tom pesmom pomogne drugima. „Možda zbog svega što sam doživela mogu da pomognem nekome ko pomišlja da se preda, ili da spasem neku izgubljenu dušu," kazala mi je.

Njena priča me je podstakla da napravim veb-sajt na kome se nalazi njena priča i pesma, tako da ljudi koji pate mogu da se uteše i slede njen primer. Ne mogu ni da zamislim njen bol i emocionalni šok koji je preživela. Nisam mogao da joj pomognem kad se to desilo jer je tada nisam poznavao. Međutim, zato mogu da pomognem drugima da ispričaju slične priče i uteše se međusobno. Nazvao sam veb-sajt NeverChained po biblijskom citatu: „Božja reč je bez okova."

Planiram dve faze ovog mog programa. U prvom delu programa posetioci mogu da ispričaju svoje priče, a u drugom možemo da ih povežemo sa onima koji žele da im pomognu i da ih teše. To će biti vrsta društvene mreže gde oni kojima je pomoć potrebna mogu da se povežu sa ljudima koji žele da pomognu. Naš cilj je skroman: želimo da pomažemo jednoj po jednoj osobi. Ovaj sajt je još u pripremi. Cilj nam je i da podstaknemo tinejdžere na filantropske akcije. Podatke možete potražiti na sajtu: Life WithoutLimbs.org, i to ne samo u vezi sa ovim projekatom već i za naša putovanja, a možete i pročitati priče o ljudima koji su izmenili svoje živote.

Evo još nekih korisnih adresa pomenutih u ovoj knjizi:

Dr Stjuart Braun
www. nifplay.org

Redži Dabs
www. reggiedabbsonline.com

Betani Hamilton
www. bethanyhamilton.com

Gejb Marfvit
www.gabeshop.org

Vik i Elfi Šlater
Fondacija Hrišćanske apostolske crkve
www.accm.org

Glenis Sajverson
www.glennisphotos.com

Joni Irkson Tada
www.joniandfriends.org

Fil Tot
www. PhilToth.com

POSTANITE I VI ČLAN KLUBA LJUBITELJA RETKIH I NEOBIČNIH KNJIGA!

Jednostavnim prijavljivanjem na sajtu www.monoimanjana.rs ili u maloprodajnim objektima knjižara Vulkan postajete član našeg Kluba.

Povoljnosti kluba su:
– popust na sva izdanja Mono i Manjane
– kupovina knjiga Mono i Manjane na više mesečnih rata
– popust pri kupovini knjiga Mono i Manjane u knjižarama Vulkan
– dostava kataloga izdanja Mono i Manjane na kućnu adresu
– redovno slanje obaveštenja o popustima, novostima, akcijama i izdanjima na *e-mail*.

Dobrodošli!

Mono i Manjana
011/3087-515; 3087-514; 062/800-5605
www.monoimanjana.rs